U0931849

林子淳 著

利科

在聖經鏡像中尋索自我

Paul Ricoeur:
In Search of the Self from the Mirror of the Scriptures

▼

系統神學叢書

利科

在聖經鏡像中尋索自我

Paul Ricoeur

In Search of the Self from the Mirror of the Scriptures

作者
林子淳 Jason Lam

責任編輯
梁冠霆

裝幀設計
奇文雲海・設計顧問

■

出版／發行
基道出版社
香港沙田火炭坳背灣街26號富騰工業中心1011室
LOGOS PUBLISHERS
Unit 1011, Fo Tan Ind. Centre, 26 Au Pui Wan St., Shatin, Hong Kong
電話：(852) 2687-0331 傳真：(852) 2687-0281
網址：http://www.logos.com.hk

承印
海洋印務有限公司

●

7/2011 初版
Cat. No. LP251
ISBN: 978-962-457-422-7

Printed in Hong Kong

刷次	10	9	8	7	6	5	4	3	2	1
年份	2020	2019	2018	2017	2016	2015	2014	2013	2012	2011

鄧紹光序

子淳的博士論文是研究利科(Paul Ricoeur)和弗萊(Hans W. Frei)的:“Biblical Hermeneutics and Christian Identity”[1](論文題目的意思為〈聖經解釋學與基督教/徒的身分〉),我們從他繼後的寫作和編輯成果,大概可以看到一條貫串其中的線索。筆者承蒙子淳邀請,為《利科——在聖經鏡像中尋索自我》此書作序,不敢輕率,隨便打發過去,因此嘗試從其一路下來的寫作和編輯成果,把握其研究用心,從而粗略定位眼下這本對利科的研究。

讓我們從子淳已經出版成書的著作,以及其主編或與人合編的文集開始。子淳分別於二○○六年及二○一○年把其某些相關的文章或論文,編輯成書:《多元性漢語神學詮釋——對「漢語神學」的詮釋及漢語的「神學詮釋」》[2]和《敘事·傳統·信仰——漢語神學社群性身份之尋索》。[3]此外,子淳亦參與多本文集的編輯,包括與張慶熊合編的《哈貝馬斯與漢語神學》、[4]個人主編的《漢語基督教經學芻議》、[5]與賴品超合編的 *Sino-Christian Theology: A Theological Qua Cultural Movement in Contemporary China*,[6]以及選編的《潘能伯格早期著作選集》。[7]

單從這些著作和文集的名稱,我們大概也可以有一概括的印象。無疑,子淳一直關注的是「漢語神學」,他在《多元性漢語神學詮釋》就著副題而表明此書之雙重意思:「對『漢語神學』的詮釋(interpreting

Sino-Christian Theology）和以漢語來開展的『神學詮釋』（Chinese theological hermeneutics）」。[8] 筆者以為，這句說話不單點出此書的用心，更同時預告子淳其後的編著路向。子淳的第二本著作雖然重心落在漢語神學是否具有「社羣性」和「信仰」的身分這一爭議性論題，[9] 但是我們可以以此為其第一本書的進一步的深入討論，也回應著其博士論文所涉及的身分議題。究竟漢語神學的羣體，其「社羣性」和「信仰」的身分是怎麼一回事？進入這一問題之中進行討論，很明顯是一種後啟蒙時代的舉動，正視在神學建構過程中的多元羣體格局。

由此，我們可以進一步而言，在這樣的神學建構的格局中，迂迴或繞道他者的可能性甚或必然性，成了必須探討的神學議題。這裏所說的他者，指向的是信仰羣體以外的非信仰羣體，也指向神學學科以外的人文學科。並且，這一迂迴或繞道的知性實踐，對基督教/徒自身身分的建構，又起著怎樣的作用，自然是不能逃避的問題；子淳所編的文集，筆者以為都可以環繞著迂迴或繞道，以及身分這兩者來了解。

事實上，神學建構這兩重互相關連的議題，豈不正是遙遙跟子淳的博士論文呼應而有所發展、衍生嗎？目下這本對利科的研究，一方面上承其博士論文，另一方面在探討漢語神學的建構、對漢語神學作出詮釋方面，很可以起著一種迂迴或繞道的作用。有趣的是，利科的整個現象學的特性或重點，正是迂迴或繞道。如今，子淳進一步採取迂迴或繞道利科的現象學的策略，向漢語神學的建構，顯明或例示人文科學的介入對神學可以起著何種積極正面的作用。

利科這種迂迴或繞道的研究進路，在於其對存有（Being）的理解，乃時間性的，這跟晚近終末取向的神學學派，如潘寧博（Wolfhart Pannenberg）和莫特曼（Jürgen Moltmann），有其不謀而合的地方，就是對上帝的理解，也是時間性的。因為存有的時間向度，利科認為沒有捷徑可走，好像海德格（Martin Heidegger）和伽達瑪（Hans-Gerog Gadamer）那樣子，而只能直面那在時間中開展其自己的存有，而不得不借助其他相關的人文科學，作出一種知識論的迂迴或繞道。簡單來說，因為存有自身之迂迴或繞道，故在認識存有一事上有必要迂迴或繞道。就此而言，潘能伯格的神學建構，與利科的現象學企畫，有一定的相似性，對此，我們可以特別翻閱子淳在其主編的潘能伯格文集中所撰寫的〈出版說明〉。

子淳此一迂迴或繞道研究，展示出利科對基督教神學中的「見證」、「聖經詮釋」、「信仰傳統」，提供了非常富有啟迪的現象學和解釋學的解讀。子淳這一部分的探討（即本書的第三部分：聖經詮釋與信仰傳統），可以跟其主編的《漢語基督教經學芻議》一併閱讀，特別當中所收由子淳撰寫的兩篇文章。至於本書的第四部分「晚期思想的神學反思」，則是進一步探討或展示利科在神學建構上的適切性，一方面承接第三部分對聖經文本的討論，另一方面則涉及與基督教信仰相關的宗教概念：生存、死亡、信仰、復活、寬恕等議題，恐怕這都是漢語神學不能逃避的。這些文章都可以起著一種作用，除了表示可以挪用利科的研究成果和方向，更在於向漢語神學界顯明或例示：如何對「漢語神學」作出詮釋，以及如何以漢語來開展「神學詮釋」。由此，我們對子淳的這一著作，其於子淳一路走來的研究路子，所具有的位置，可以有一了解。

一己宛如他者，這是利科晚年其中一本著作的書名：*Oneself as Another*。[10] 子淳對漢語神學的研究，以及一路下來的著作和編輯，包括這本《利科——在聖經鏡像中尋索自我》，豈不正正在形式和內容上，都體現利科這一名言？那麼，身為讀者的我們，在閱讀子淳這一著作時，又是否正在履行一己宛如他者的知性及信仰實踐，而對自身的信仰與身分，有所得著呢？

是為序。

鄧紹光

香港浸信會神學院基督教思想（神學與文化）教授

二〇一一年五月十一日

註 釋：

1. Jason Lam, "Biblical Hermeneutics and Christian Identity,"（Ph.D. Diss., University of Cambridge, 2004）.
2. 林子淳：《多元性漢語神學詮釋——對「漢語神學」的詮釋及漢語的「神學詮釋」》（香港：道風書社，2006；北京：宗教文化，2008）。下引為香港版本。
3. 林子淳：《敘事．傳統．信仰——漢語神學社群性身份之尋索》（香港：道風書社，2010）。
4. 張慶熊、林子淳編：《哈貝馬斯與漢語神學》（香港：道風書社，2007）。
5. 林子淳：《漢語基督教經學芻議》（香港：道風書社，2010）。
6. Pan-chiu Lai and Jason Lam, eds., *Sino-Christian Theology: A Theological Qua Cultural Movement in Contemporary China*（Frankfurt: Peter Lang, 2010）.
7. 潘能伯格：《潘能伯格早期著作選集》，李秋零、鄧紹光等譯，林子淳選編（香港：道風書社，2011）。
8. 林子淳：《多元性漢語神學詮釋》，頁 19。
9. 林子淳：《敘事．傳統．信仰》，頁xxv。
10. Paul Ricoeur, *Oneself as Another*, trans. Kathleen Blamey (Chicago: University Of Chicago Press, 1995).

孫寶玲序

讀過利科作品的，無不為他迂迴和稠密的論據而困擾。除非有極強的意志和操練，又或者對法德的哲學傳統甚至其它學科有一定掌握，半途出家如筆者，不是迷失在森林中只見樹木，就是乾脆過門不入、放下了事。利科作品的另一特色，是與他本身的人生思想的歷煉與爭扎、際遇和處境有分不開的關係。讀者必須了解，在閱讀利科作品的時候，讀的不僅是一本或幾本書，而是一個生命在思潮不斷湧現的時代裏的雕鑿和開展。讀利科是一件費心耗神的事情。然而，讀利科也是感動的經歷——一個眼見世界荒蕪寂涼的學者，以堅毅不屈的信念和智慧，引介並互涉多門專業，以建構信仰和生命論述的憧憬和可能性。

在近年漢語神學氛圍裏，信仰與公共社會之間的互動或張力已是不爭事實。信仰羣體如何論述公共議題？或者說，信仰羣體如何在公共領域論述？這都是根本問題。隨隨便便的「從聖經看……」除了沒有說服力，也不見得因為引用一兩句經文就必然是聖經的觀點。時髦地挪用哲學、社會學甚至神學，毫無反思和詮釋的論述同樣也有負於信仰的根源。

利科和他的作品是我們應該細讀的。我們不肯定在可見的將來會否有像利科這樣的智者出現於漢語神學圈子，但他可以啟發不同的學者凝聚類近的智囊和生命形態，建構漢語信仰和生命論述的憧憬和可能性。

不用多說，林子淳博士的《利科 —— 在聖經鏡像中尋索自我》其重要性不言而喻。林博士不僅導引讀者進出利科艱澀冗贅的思想，更不時點出利科的生命轉折和負擔，使看似乾枯的思維理念，添上了肢體容貌，成為一幕又一幕的敘述。我相信林博士這書必定引導讀者窺見利科的思想，我更希望這書能啟發更多反思、整合和勇敢的生命。

孫寶玲

新加坡浸信會神學院院長

二〇一一年四月

自序

正如紹光兄在序中提及，筆者在劍橋大學的博士論文主要是針對利科而寫的（其次是弗萊〔Hans W. Frei〕）。過往不少人也問及筆者是否會把論文出版，隨著本書的出現，筆者現在可以較肯定的説應該不會了。當年趕忙著完成該論文畢業，雖有一些不錯的洞見，但總覺尚有許多修訂空間。然而，本書的若干篇章雖然是修訂自或源發於該論文，可是目下的形式和主題都已經偏離了這前傳，並加進了許多後來的研究成果。正因如此，本書雖然已是筆者的第三部專著，卻令筆者深深感到能為自己過往的一段研究作出小結的滿足感。這當然不是説筆者對利科和詮釋學的研究已經結束，這兩方面都是極具廣延性的範疇，可以無限量地延續下去，根本不是窮單一學人之力能完成的事。這甚至不是指本書已涵蓋了當年論文的所有，該作中一些重要的發現並非本書的焦點，故沒有給保留下來，但對於有心的研究者來説，在現時代要尋找大學論文閱讀並不困難。本書作為自己研究的小結之意思，是要指出筆者在這方面的寫作，除勾畫了利科的神哲學沉思之旅外，亦已經交待了自己一條能被辨識的思想進路，雖然它只顯示了其中的一個方向，且仍需要修補增訂。

寶玲兄在贈言中之所指也是十分正確的，閱讀利科是費神的，卻又是令人愉悦的。筆者十多年前在中文大學唸書時，開始接觸現象學與神學的課題，經過多年來的閱讀，至今在研習利科的作品時，仍常有這種感受。費神是因利科的經久閱歷，常令讀者驚訝他知識領域的廣博；可是，在利科表述其深邃的思想時，卻又是條理清晰分明的，在晦澀中指向著明確的出路，這又引領人走向愉悦之境。再者，筆者在閱讀利科時，更常驚詫於發現在另一時空和文化語境中，竟有一人曾如自己發出過類似的神哲思想上的多方探問，而且更給出了令自己心愉誠服的答案作參考——傳統而不保守，開放卻不極端，這種感覺正是利科後期的代表性作品《一己猶如他者》（*Soi-même comme un autre*）之標題所指示，在與他人的對話中更認識到自己。

這種體會也反映於紹光兄所賜的序言中。認識紹光兄已經很多年，這位亦師亦友的總編，一直鼓勵筆者將過往已發表關於利科的論文收集和修訂成冊出版。他不單是使整個計劃得以實現的「始作俑者」，更在序中勾勒出本書在筆者的創作道路中的位置，能得一位前輩對自己的創作作出心思細密的深層詮釋，甚至讓筆者對自己的寫作繞道能有更多的認識，在此必須向他深切致意！

首次認識寶玲兄則是多年前筆者仍在劍橋唸書之時，當時他因安息年假也在該處寫作。回港後雖然見面不算多，但正因利科的研究互相在通訊中結緣。作為哲學家的利科，向來正是促成現代神學家與聖經學者對話的一座橋梁。筆者在此除要向寶玲兄致謝外，也甚願我們這種對話可在漢語學界中發展下去，成為促進華人神學學術發展的動力。

此外，在本書出版過程中，得到梁冠霆博士努力費神的編輯監製；林鴻信教授在學年結束期間，在百忙中抽空為拙著撰推薦文；本書當中一些篇章在不同學術會議和期刊中發表過，得到許多同道和匿名評審者的寶貴意見，並各出版社准予修訂再版，在此都一併致謝！

林子淳

二〇一一年五月十五日

序於大埔家中

目錄

前言：如何閱讀本書

作為探究利科(Paul Ricoeur，1913～2005年；或譯李克爾、呂格爾等)神哲學思想的一部漢語作品，本書首先應該回答一條最基本的問題：為甚麼漢語的神學界要閱讀利科的思想？他的文字晦澀多義，其論據也迂迴細密，更緊扣著法國和德國現象學的深邃傳統，並廣泛地與英美哲學對話。一般人要掌握其神韻已不容易，要轉引到漢語語境中的困難程度可想而知，更何況要融入神學建構的過程中？

然而，利科的思想卻緊纏著語言、意義、真理等神哲學家無法迴避的基要問題，並且能自如地伸延其討論至眾多的人文和社會科學領域，要數算他曾涉獵的範疇，至少要包括現象學、存在主義、結構主義、人類學、神學、詮釋學、語言學、政治和社會理論、文學理論、歷史學等。從狹義的漢語神學來看，[1] 其立足點恰恰就是利科身處的廣泛的人文和社會科學領域，並要在其中建構基督教研究和神學論述。即使從廣義的漢語神學而言，神學作為一門學術，在當下這個知識爆炸的時代，教會中的知識分子也必須回應以上的基要問題和與各學科溝通，否則信仰羣體只會淪為一個與世隔絕的祕密社團，遭主流文化所卑視。再者，作為一位有基督教認信的知識分子，利科從不諱談自己的信仰關注和立場，卻無損其學術的嚴謹性，其成就更廣備尊重，值得華人信徒作為反思和學習對象。利科在一次訪談中更直言：

> 在我看來，不論我回望得如何久遠，我總是以兩條腿來走路。我並不只因方法論的理由不混和文類（genres），也因我堅持一雙重指涉，這對我來說是絕對重要的。[2]

綜合本書往下的檢閱，這「兩條腿」簡單來說就是哲學和宗教的反思。利科的作品確是異常小心地避免把「兩條腿」交叉著的，可是我們的分析會發現它們之間絕非沒有關聯，反倒因它們同屬一個軀體，以致能相互承托著利科的豐富思想歷程。

然而，利科的學術生涯超逾七十載，以上列出他曾涉足的領域已教人目不暇給，即使要對其作品作一全面的引介也是極其困難的。在一九九五年出版的《利科的哲學》（*The Philosophy of Paul Ricoeur*）一書中，[3] 第三部分列出了其以不同文字發表的原著清單，數量已達一百二十多頁之眾，而這尚未涵蓋他生命中最後十年的作品。按照於二〇一〇年底成立的利科館藏（Fonds Ricoeur）所載，單單其法語論文篇目已長達五十三頁，[4] 主要書目多達三十二部（未計其他人為其集成的編著），[5] 要認識這位二十世紀人文學界的一代宗師談何容易？因此之故，本書的大部分篇章雖然屬於專業性的評析作品，但筆者也希望由淺至深地把讀者引導進利科既廣闊又深邃的學術殿堂，並作相應的神學反思。

第一部分的「總體性概覽」特別是為入門者而寫的，第一章嘗試為利科的生平和主要著作作一速寫，讓讀者能盡快掌握其豐富經歷並與其作品之間的關係，更可發現利科的成就，遠不止於一位哲學詮釋學者。第二章則在這基礎上勾勒出利科的重要思想主題，包括早年的意志哲學、一般詮釋學的轉向、由隱喻到敘事，及晚期在倫理和政治中探索敘事身分，並指出這些主題與神學之間的關係，希望能讓讀者方便地找到與自己有切身關係的部分，並可與利科進行更深入的對話。

倘若讀者已對利科的思想有一定的認識，可直接跳入第二至四部分的討論去。第二部分的「神哲學理的奠基性探討」是比較深入的哲學性分析，從利科一九六〇至七〇年代的作品檢視其「後黑格爾—康德主義」(post-Hegelian Kantianism)的形成，從中可理解他如何從哲學史上各大家攝取養分來建構其思想大樓，並且當中的核心問題，更與信仰的見證傳遞有密切關係，甚或乎是終其一生的思想目標。在我們的分析中，對他產生啟發作用的不止於康德(Immanuel Kant)、黑格爾(Georg W. F. Hegel)、馬克思(Karl Marx)、韋伯(Max Weber)這些哲人，莫特曼(Jürgen Moltmann；或譯莫爾特曼)這位當代德國新教神學健將的盼望神學，對他也起著不能低估的作用，而後來利科發展出的(聖經)詮釋論述，也與這段早期思想有一脈相承的關係。

不過，若讀者對利科的詮釋理論和神學論述更感興趣，又或不想太過深入其玄奧之哲理基礎，也可將焦點集中於第三、四部分。第三部分主要分析利科的普遍詮釋學，從文本詮釋到敍事理論，尤其關注到聖經詮釋和信仰傳統的關係，也是一般神學研究者對利科產生興趣的環節。因此，第五章也藉利科對布特曼(Rudolf Bultmann；或譯布爾特曼)這位既是聖經學者也是神學家的解讀開始來作引介，指出這位法國哲人的詮釋學，如何承續其早年的哲學企劃，又同時作出信仰的實踐。第六章定名為「互文性聖經神學的藍圖」，明顯是要勾畫出利科的詮釋學對聖經神學之意義了，我們可看到利科如何既從當代的神學家(如拉德〔Gerhard von Rad〕和布特曼)和哲學家(如結構主義者)獲得啟發，但又不囿於他們的局限，來發展有其特色的聖經神學路線。不過，我們也會發現，這時期的利科在理論理上是碰到阻礙的，更成熟的建構，需待一九八〇年代他同時創生出來的敍事理論，因為它能更好地處理文本與讀者之間的互動關係，甚至可伸延至(信仰）傳統之形成與傳遞的討論，這對神學建構有重要的啟迪。

既然我們已經碰觸到聖經與信仰傳統之間的互動，最後的第四部分便直接地討論到利科後期思想中幾個神哲學者皆關心的課題。第八章「會遇文本以外的上帝」先比較了以德里達（Jacques Derrida；或譯德希達）和利科為代表的解構主義和詮釋學，並指出何以後者更有利於基督教神學的建構，倘若我們要求的是要從聖經文本與上帝相遇。第九章則主要在解讀利科兩篇備受忽略的吉福德講座（Gifford Lectures）神學講稿，從中指出利科在聖經以至整個西方思想史為其神哲學思想找到說明的案例。而第十章則從利科去世前十年間的一些手稿，並將之關聯至他的一些晚期著作，來透視其對一些重要宗教概念的體會，其中包括生存、死亡、信仰、復活、寬恕等。作為一個哲學家，利科從沒有很刻意地把以上的各項主題連貫起來，但上帝、死亡與復活等，豈非神學研究者不能不深入反思的課題嗎？

由此觀之，本書各篇章既有時間承續上的聯繫，也有由淺入深和不同課題的探討，目的是要讓讀者能較全面地了解這位能契通法、德、英幾個語系的一代大哲的心靈，尤其他對神哲學各課題可能作出的啟發。

註 釋：

1. 賴品超應是最早嘗試劃分出廣狹兩義的漢語神學者（參賴品超：〈漢語神學的類型與發展路向〉，載《漢語神學芻議》，楊熙楠編〔香港：漢語基督教文化研究所，2000〕，頁3～4），當時他把劉小楓和文化基督徒的論述視為狹義漢語神學的代表，但隨著此學術運動的發展，狹義的漢語神學似乎應涵蓋更多不同種類的學者，因為在上世紀九十年代起，這運動受到包括中、台、港等漢語地區學者的關注以至參與，詳參林子淳：《敘事．傳統．信仰》（香港：道風書社，2010），頁4及以下；Pan-chiu Lai and Jason Lam, "Retrospect and Prospect of Sino-Christian Theology: An Introduction by the Editors," in *Sino-Christian Theology: A Theological Qua Cultural Movement in Contemporary China*, ed. Pan-chiu Lai and Jason Lam (Frankfurt am Mainz: Peter Lang, 2010), 1～17；至於廣義的漢語神學，則通常泛指一切以漢語為載體的神學論述，但也會強調論述者的當下生存語境和文化資源。

2. Paul Ricoeur, *Critique and Conviction*, trans. Kathleen Blamey（Cambridge: Polity, 1998）, 139.
3. Lewis E. Hahn, ed., *The Philosophy of Paul Ricoeur*（Chicago & La Salle: Open Court, 1995）.
4. http://www.fondsricoeur.fr/doc/LISTEDESARTICLESDEPRENFRANCAIS.PDF；瀏覽於 2010 年 12 月 21 日。
5. http://www.fondsricoeur.fr/index.php?m=4&dev=&lang=fr&rub=2&ssrub=；瀏覽於 2010 年 12 月 21 日。

第一部

總體性概覽

1

利科的生平及主要著作[1]

在一般人的理解中（尤其是英語世界），利科乃為伽達瑪（Hans-Georg Gadamer；或譯伽達默爾）之後的詮釋學一代宗師，這固然已是殊不簡單的榮譽；然而，在本章裏，我們將從他的經歷和著作看出，利科的成就遠不止於此。

尚・保羅・吉斯塔夫・利科（Jean Paul Gustave Ricoeur）在一九一三年二月二十七日生於法國南部羅訥河（Rhône）河谷的瓦朗斯市（Valence），特別的是他成長於一個敬虔的新教改革宗胡格諾派（Protestant Huguenots）的家庭中，這有別於法國主流的天主教傳統。利科的母親在他出生後七個月便離世，父親則在他兩歲時，於第一次世界大戰中陣亡，故利科與比他年長兩歲的姐姐，都是在祖父母和姑母的撫養下成長的。至其年歲漸長（據他稱是十至十二歲左右），利科意識到法國對挑起這次戰役負有責任，而之後的凡爾賽條約除了對德國有不公之處外，更促使納粹黨的崛起。這孩提時期的悲苦經驗、後來在第二次世界大戰時的戰爭歷程，以及伴隨著利科成長的基督教和平主義意識，深遠地影響著他的著作和生活實踐。譬如利科在戰前（1935～1940 年）發表於地區性刊物《新領域》（*Terre nouvelle*）的許多文章，便著力為基督教社會主義及和平主義爭辯。戰後，他在有天主教背景的《精神》（*Esprit*）雜誌上發表多篇文稿，論及他對政治、權力、文明、真理和基督教的觀點，後收入了一九五五年出版的《歷史與真理》(*Historie et Vérité*)中，他甚至指出〈非暴力的人及其在歷史上的出現〉(“L’homme non violent et sa présence à l’histoire”)就是此文集的最中心主題。[2] 自五十年代中後期起，利科在阿爾及利亞(Algeria)的獨立戰爭一事上，秉承其和平主義的立場，在報刊上發表多篇立場鮮明的文章，反對作為宗主國的法國出兵，引致他在一九六一年被短暫逮捕和軟禁，並活在右翼極端分子威脅的氣氛中。直至去世前一年(2004 年)，利科在領受號稱人文學界諾貝爾獎的克盧格獎(John W. Kluge Prize)時，曾發表一段錄音講話，當中仍以脆弱的人性為關注：

> 我以自己的能力，即我所能作的，來定義自身。個體常以有能力的人類來標識自身——但我們必須補充，我們也是受苦的人類，來強調人類的脆弱狀況。[3]

因此，縱然利科長期被標(誤)識為一位「純理論性」的哲學詮釋學者，但晚年的他仍極其關注倫理、政治、法制等問題。利科在芝加哥大學的同事、神學倫理學教授施韋克(William Schweiker)就曾如此評論他說：

> 他是一位極其重要的哲學家，但在此之上的，是他乃在不人道的邪惡和不義的恐怖面前，作為人道價值的真正倡護者……他在我們行動與責任的能力中，堅持著人類生命的光榮與混亂，同時也檢視我們墮落與失誤中的來源與動力。[4]

與此相仿，法國前總理拉法蘭(Jean-Pierre Raffarin)在利科去世時的說話是相當恰當的：「我們今天不只失去一位哲學家，整個歐洲的人文傳統也在哀悼其中一位最具天賦的發言人。」要整全地了解利科的思想和他對神學的可能啟迪，也必須按著這個廣闊視野來解讀他。

利科自小便已酷愛閱讀，尤其是經典著作，他更展現出駕馭古代語文（希臘文和拉丁文）的能力。利科在三十年代初先在雷恩（Rennes）上大學，後於巴黎師承納貝爾（Jean Nabert），在一九三五年獲哲學教師資格文憑（*agrégation*），並開始其教學生涯。除此以外，利科在這十多二十年間，除了戰爭時間外，一直都有分參與馬塞爾（Gabriel Marcel）的「週五學術研討會」，並在戰時互通書信。另外不可不提的，當然還包括在戰前數年起，利科已開始著力以德語研讀胡塞爾（Edmund Husserl）和海德格（Martin Heidegger；或譯海德格爾）的著作（《存在與時間》〔*Sein und Zeit*〕要待數十年後才有法語譯本）。法、德兩種現象學和生存哲學傳統，對日後利科的思想發展產生了持久性的影響。

但好景不常，由於德軍在一九三九年九月揮軍進佔波蘭，英、法向德國宣戰，而當時作為年青哲學教師的利科就被徵召入伍，翌年六月他便開始了漫長的戰俘生涯。他從妻子西蒙娜（Simone Lejas）的書信中得悉她懷有了他們的三女兒（前二位為兒子，戰後再誕下兩兒），但當利科首次見到女兒時，她已將近五歲。不過相對許多住在德國集中營的人來說，利科的被擄經驗已不算太差，他不單生存下來，還能與一些法國知識分子一起研究學問。由於戰役比起初預期的持久，這批人的研習竟漸漸成為了正式課程，且在集中營內開辦了不同科目和舉行考試，戰後部分課程更受法國政府承認為正式學位！在紅十字會的支持下，像利科這樣的知識分子可以每月獲贈一本書，他們也彼此交換閱讀。利科便在這幾年間閱畢雅斯貝斯（Karl Jaspers）全集，而其首部個人重要著作《意願者與非意願者》(*Philosophie de la volonté I: Le volontaire et l'involontaire*,1950年)事實上也是仿照雅斯貝斯之《生存哲學》(*Philosophy of Existence*)樣式而寫成的。一九四三年,利科得到了胡塞爾的《理念》(*Ideen I*)一書,由於戰俘營中缺乏紙張,他竟在原書的頁邊上完成了其法文譯稿和註釋!這部譯註和上述《意願者與非意願者》的定稿,後來為他贏取了國家博士(*Doctorat d'Etat*)的資格,也奠定了利科戰後在法國學界的地位。

在戰爭結束後,利科便開展了他超逾半世紀的豐富寫作生涯。開始時,他除發表了在戰俘營時的研究成果《雅斯貝斯與存在哲學》(*Karl Jaspers et la philosophie de l'existence*,1947年;與迪弗雷納〔Mikel Dufrenne〕合著)和《馬塞爾和雅斯貝斯》(*Gabriel Marcel et Karl Jaspers*,1948年)外,最重要的便是著力於「意志哲學」(*Philosophie de la volonté*)三部曲的寫作。這計劃除上面提及第一卷的《意願者與非意願者》外,及後在一九六〇年分兩冊出版了第二卷的《有限性與意志》(*Philosophie de la volonté II: Finitude et volonté*):即第一冊《有限性與罪過:可犯錯的人》(*Finitude et Culpabilité: L'homme faillible*)和第二冊《惡的象徵》(*La Symbolique du mal*)。在這整整十多年間,利科的教學和出訪也多彩多姿。他先在斯特拉斯堡(Strasbourg)大學教授哲學史近十載,後在一九五六年應聘於法國最高學府巴黎大學,並創建了胡塞爾現象學研究中心,出版《巴黎胡塞爾文庫》(*Pariser Husserl Archiv*)。在政治立場方面,利科是立場鮮明的。除上面提及他在阿爾及利亞戰事上表態外,在這些年間,利科長期在主張基督教社會主義及和平主義的《精神》期刊上發表文章。而對漢語讀者而言,饒有興趣的莫過於利科曾於一九五五年,隨同法國教育部走訪中國大陸不同城市,會見當時的國家主席毛澤東,並得到總理周恩來的接見。差不多五十年後，當利科重訪中國大陸時還憶及周恩來的法語說得不錯，與來賓握手時邊說著：「我在雷諾公司（Renault）當過工人。」[5]

六十年代是利科生命的另一個重要轉折期。在學術思想方面，「意志哲學」的計劃在第二卷出版過後便中止了，這十年間可說是利科邁向詮釋學的關鍵期，他先後出版了《論詮釋：佛洛伊德論集》（*De l'interprétation: essai sur Freud*，1965 年）和《詮釋的衝突：詮釋學論集》（*Le Conflit des interéptations: Essais d'herméneutique*，1969 年）兩部力作。這種轉向除了如利科自己指出，是因「意志哲學」為年青時過於理想的企劃外，筆者以為這也見證了法國學界的興趣趨勢。首先，現象學這時已經過了它的高峯期，代之而起的包括對心理分析和結構主義的熱潮，進而邁向對詮釋學的關注。故此，在利科那兩部著作中，前者曾引起當代法國學界的不同回響，包括與當時尚未完全走紅的拉康（Jacques Lacan）及其跟隨者的論戰，而《詮釋的衝突》開始時便指出：「我在這裏的目的，是要經由詮釋學問題對現象學方法的架接，來探索朝向當代哲學之路。」[6]

至於在生活方面，利科同樣經歷了尤如坐過山車的動盪歲月。利科在巴黎大學的十多年教學是相當成功的，時有上千的羣眾來聽他的講課。然而，他對當時的法國大學制度卻相當不滿，尤其是巴黎大學，因為原來為兩萬名學生設計的設施，竟要應付十二萬人的需要，師生之間的個人接觸機會十分稀少。結果，利科在一九六七年與兩位同事作出了驚人的舉動，離開了聲名顯赫的巴黎大學，去到西面近郊新近成立的南泰爾大學（University of Nanterre；現巴黎第十大學的前身），盼望能實踐他們的教育理想，而利科後來更就任那裏的文學院院長。但這時正值法國學生運動的火紅年代，來自不同社會階層與政治取向的學生的示威以至暴力浪潮不斷升級，作為和平主義者的利科無力控制當時的局勢，故請求警方進入校園平息亂事。可是，警察卻在行動中過度運用武力，導致約四百名無辜學生受虐打。在這次事件中，利科深感被不同方面誤解和出賣，導致身心俱疲，故在一九七〇年三月以健康理由向校方請辭，從此展開了約十五年自絕於法國學界的自我流放生涯（從行政上來說，利科只取了三年休假，以後仍在大學帶領高級研討班，但學生多從海外而來）。

事實上，利科與北美和歐陸不同大學的接觸早已開始，只是在七十至八十年代中期，他的大部分作品是以英語發表，即便是法語作品，也主要是在法國以外出版。這一方面固然使利科在拉康、福柯（Michel Focault）、德里達（Jacques Derrida）等眾星湧現的法國學界漸被淡忘；但另一方面，由於他數年來任教於比利時的魯汶天主教大學（Catholic University of Louvain），並每年往訪美國芝加哥大學（利科接任了田立克〔Paul Tillich；或譯蒂利希〕在神學院的教席〔John Nuveen Chair〕，同時參與哲學系和社會思想委員會的工作，直至一九九一年退休為止），使他能更多地融會英法語兩個學術圈的思潮，以致在國際上聲名鵲起，成為了少有能在法、德、英語學界皆為人所認識的學者。利科被廣泛肯定為詮釋學大師的身分，也是從這時開始建立起來的，因他發表了多篇重要的詮釋學作品；至於書籍方面，當然不能不數《活的隱喻》（*La métaphore vive*，1975 年）和三卷本的《時間與敍事》（*Temps et Récit*，1983 ~ 1985 年）兩部巨著。由於利科在國際舞台上的出眾表現，使他獲邀主講一九八五年度的吉福德講座（Gifford Lectures），其講座內容後來成為了代表他思想歷程的《一己猶如他者》（*Soi-même comme un autre*，1990 年）中的部分內容。在此值得一提的是，利科在這地位崇高的講座裏，原包含了兩篇神學講演，但因他希望此書以哲學著作形式出版，故僅在別處分拆刊出，使得這兩篇神學講演鮮有討論。[7]

因著利科在國際學界掀起了廣泛討論，其作品（尤其《時間與敘事》也涉及英語和法語學界在文學理論、歷史研究、哲學思想的互動與對話）使他在八十年代中期起以巨星的身分被法國學界「重新發現」。再者，這時期在法國不單結構主義和拉康式的心理分析已經沒落，連拉康和福柯也先後去世，利科是自沙特（Jean-Paul Sartre；或譯薩特）、梅洛—龐蒂（Maurice Merleau-Ponty）、馬塞爾等大師以來，仍然健在且繼續寫作的碩果僅存者，而這時的利科已經年屆七十有餘了。不過值得留意的是，若說六、七十年代的利科是由象徵的詮釋進到文本的詮釋的話，那麼由七十年代末期起，他則透過對敘事的關注而返回到詮釋人類的意志活動。《從文本到行動：詮釋學論集（卷二）》（*Du texte à l'action*，1986 年）可說是這思想轉變的見證，此書對利科個人發展的重要性，在於它把其在自我流放年間的最重要論文（不少是首先以英語發表的）引介回自己的家鄉。

自九十年代起，利科過著退而不休的生活，寫作上也非常多樣化。其中一個特色，是出現了不少的合著、講演、訪談和文集，比較大部頭和專題性的包括有與芝加哥大學的聖經學者拉科克（André LaCocque）合著的《從聖經思想》（*Penser la Bible*，1998 年）、與神經系統科學家（neuroscientist）尚熱（Jean-Pierre Changeux）談論有關人類思想、倫理、道德的《甚麼使我們思想？》（*Ce qui nous fait penser*，2000 年）等。當然，較值得注意的仍是利科自己的專著。一九九五年利科出版了《公義》（*Le Juste*）一書（第二卷在二〇〇一年出版），論及審訊、法律、公義等問題，而一九九九年當他訪問北京大學時，也以死刑為主題作了〈公正與報復〉("Justice et Vengeance")的學術報告。從表面看來，這與利科過往的討論格格不入，但事實上，法庭和刑罰恰恰是在控辯雙方交遇之外，一個在羣眾監察下要求第三者參與仲裁的過程，符合了利科要把其現象學和詮釋學擴展至具體、涉及倫理並他者語境的意願。自此以後，利科在二〇〇〇年和二〇〇四年出版了《記憶、歷史、忘記》(*La Mémoire, l'histoire, l'oubli*)和《承認的歷程》(*Parcours de la Reconnaissance*)兩部洋洋大作，進一步整合敘事和(個體與集體)自我(身分)(*l'identité du soi*; self-identity)的主題，並再次展現出其思想的廣博與深邃。利科有力地指出，自我並不可能完全被解構，而只能以敘事這種非形而上學方式來建立，但當中必涉及與他人的交往。故此，對他者的承認、羣體的記憶等，不論在個人或羣體中皆指向複雜的實踐與倫理課題，是《時間與敘事》和《一己猶如他者》的重要補充和擴充。直至二〇〇五年五月二十日，利科在睡夢中辭世，享年九十二歲，結束了其超過七十年的思想歷程，但相信他的手稿和其他寫作仍將陸續被整理後發表。[8]

註 釋：

1. 本章修訂自林子淳：〈利科：反思哲學中的神聖見證〉，載《詮釋學與漢語神學》，曾慶豹編(香港：道風書社，2007)，頁 137 ~ 147。
2. 保羅．利科著：《歷史與真理》，姜志輝譯(上海：上海譯文，2004)，頁 9。
3. http://chronicle.uchicago.edu/050609/obit-ricoeur.shtml；瀏覽於 2011 年 5 月 5 日。
4. http://chronicle.uchicago.edu/050609/obit-ricoeur.shtml；瀏覽於 2011 年 5 月 5 日。
5. 參杜小真編：《利科北大演講錄》(北京：北京大學，2000)，頁 85。
6. Paul Ricoeur, *The Conflict of Interpretations* (Evanston, IL: Northwestern University Press, 1974), 3.
7. 兩次講演現刊於 Paul Ricoeur, "The Self in the Mirror of the Scriptures," in *The Whole and Divided Self*, ed. David E. Aune and John McCarthy (New York: Crossroad, 1997), 201 ~

220；Paul Ricoeur, "The Summoned Subject in the School of the Narratives of the Prophetic Vocation," in *Figuring the Sacred*（Minneapolis, MN: Fortress, 1995）, 262～275；這方面的探討可參本書第九章。

8.《至死活著》（*Vivant jusqu'à la mort*〔Paris: Seuil, 2007〕）正是這種手稿，記錄了利科在他妻子和自己臨終前對生存、死亡、歷史、復活等觀念的一些零碎反思，本書第十章將作介紹和反思。

2

思想主題與神學關係[1]

一　引言

通過上一章對利科的生平和著述的介紹，我們發現他的思想歷程經過多番激盪和轉折，並涉及許多不同學科和範疇，要在本章的短小篇幅內作全盤理解根本不可能。因此，以下我們將以詮釋學和自我（身分）建構為主線，嘗試勾勒其思想中與神學有關的論述。這種做法不獨是為了簡化討論，作為納貝爾（Jean Nabert）的學生，利科喜歡把自己描繪為一位反思（*réflexif*; reflexive）哲學家，而主體性對他來說，一直都是舉足輕重的課題。在〈論詮釋〉（"On Interpretation"）一文中，利科曾用三個形容詞來標識他的哲學：反思的、現象學的（phenomenological）和詮釋學的（hermeneutical）；但從他自己的描述看來，其起始與終點皆為反思哲學。[2] 因此，縱然利科幾近探索了人文科學中的所有範疇，把其思想以至宗教論述關聯至自我與詮釋來理解仍是要緊的，[3] 而近期的研究更指出，在利科的神學著作中的相應主題便是見證（*temoignage*; testimony），[4] 在下一部分，我們更將看到這為他在神學與哲學的研究中提供了至關重要的連接。

利科所謂的反思哲學，是指從笛卡兒（René Descartes）式我思（*cogito*）而起的思想模式，透過康德（Immanuel Kant）和法國後康德哲學而傳遞的思潮，而納貝爾和馬塞爾（Gabriel Marcel）則為對他影響至深的兩位哲學家，此傳統關注：

> 主體在認識、意慾、評價等行為的**自我理解**（*comprendre de soi*; self-understanding）的可能性。反思是轉向自身的作為，在其中主體在有清晰理智和道德責任的情況下，抓緊諸運作的統合原則，在這些運作中主體是分散的並遺忘了自己為主體。[5]

如此，自我如何能認出自己？對利科來說，現象學和詮釋學便為反思哲學提供了實現和激進轉化的可能性。反思的過程恆常地存在著兩種慾望，一是絕對的通透（absolute transparence），二是一己與自身的完美重合（a perfect coincidence of the self with itself）。因此，胡塞爾（Edmund Husserl）認定每次對超越的統覺（apprehension）皆應被質疑，但自我內蘊（self-immanence）卻是不容置疑的。然而，作為現象學重要概念的意向性，卻認為對某物的意識總是先於自我意識的。如此一來，反思現象學便陷於無窮後退地詢問的困境中，一種要徹底地為自我奠定根據的要求便十分成疑。故利科清楚知道要得出答案殊非容易，我們必須本真地與這世界交遇才可得到自我，這也構成了他超逾七十年之思想歷程的主要路線。

二　意志哲學

利科雖然經常被標識為詮釋學大師，但在以上背景的觀照下，詮釋學可被視為他尋索我思的一種手段。利科的早期著作，尤其是沒有完成的「意志哲學」三部曲，標識著他對胡塞爾理想傾向的抵抗。華萊士（Mark I. Wallace）對這段時期（一九六〇年以前）的利科有精彩的評述：

> 人類在自由與本質中、自我超越的想像力量和經常受限制的觀點性、破碎的經驗中拉扯著……自我是一要促成的**目標**（task），而非主體被動等候著的**給予**（given）狀態。[6]

換句話說，自我意識是因相遇到一些引發思想的象徵間接地中介（mediated）的。利科因此認定，一種對包括宗教性符號與象徵的自我詮釋性尋索是必要的，且必須深深地植根於意向性對象的現象學。縱然神蝕（eclipse of God）現象與世界的去魅（disenchantment）情況在當下十分嚴重，聖經一類具神話—詩意（mythopoetic）之文學，仍被他視為現代世界的卓越伴侶。利科曾如此說：「我在《意願者與非意願者》（*Le volontaire et l'involontaire*）及《可犯錯的人》（*L'homme faillible*）以後，對《惡的象徵》（*La Symbolique du mal*）之探索，把我帶進詮釋學傳統的中心。」[7]

對宗教研究來說，《惡的象徵》的重要性在於它帶來了一種新的研究方法，即以詮釋學的方法把象徵的意義置於公共領域的探究中，有別於以理性論證的哲學方式和傳統教義的認信辨解。然而，在其中我們仍不難發現，利科在處理希伯來和希臘神話時展現出他的基本確信：在宗教神話和象徵中存在著意義盈餘（*surplus de sens*; surplus of meaning），它只對那些重視神話文類的人有效。這種看法與抗拒胡塞爾的理想傾向是一脈相承的，人類總是與一己疏離的，而且所有人皆無可避免地被據於一比其更偉大的「對手」。對宗教人來說，這自然是屬於神聖的領域。順此，尋索自我並無捷徑，惟有經歷詮釋象徵之啟示能力的彎路，人才可能得到一對自我的更佳理解。《惡的象徵》裏的其中一段話值得在此一提：

> 那是否意味著我們可回到原初的天真狀況(primitive *naïveté*)？不然。在任何一方面來看，都有一些東西無可回復地失卻了：信念的當下直接性(immediacy of belief)。但若我們不能按著原初對其的相信，再活於偉大的神聖象徵中，我們現代人卻在批判中與透過批判把目標對著第二次天真(second *naïveté*)。簡單來說，我們是藉著**詮釋**以致能再**聽聞**。故此，在詮釋學中意義作為象徵的禮物和以解碼來理解的企圖是結連在一起的。[8]

利科在處理宗教神話和象徵以後，便轉向一般詮釋學，但仍不失其尋索第二次天真的熱情。他並視此為一更好地檢視象徵和文本等的舉動，而我們將看到這也關係到建構自我之上。

三　一般詮釋學的轉向

在這新路徑的起始階段，利科發現他必須處理兩套不同的詮釋策略。在馬克思（Karl Marx）、尼采（Friedrich Nietzsche）和佛洛伊德（Sigmund Freud）三位懷疑大師以後，人類的自我被重構為有衝突之慾望和無法調解之不同力量的根源，那麼，一種意圖從第一次天真尋索第二次天真的肯定詮釋學（affirmative hermeneutics）是否仍然可能？若思想主體為一受幻覺愚弄之「受傷的我思」（wounded *cogito*），則欲透過宗教象徵的啟示力量而達致自我的反思哲學看來必定失敗。因此，利科在六十年代的首項任務便是對付虛假意識（false consciousness），以致我們仍能對一滿足的自我抱有盼望，而這也是他嚴肅處理懷疑詮釋學（hermeneutics of suspicion）的原因。

利科從研究佛洛伊德而得的洞見，就是「主體永不是吾人所想之主體那樣」。[9]「因此，反省是雙重地間接的：第一，由於存在只在生命的文件中表現出來，但也因意識首先必為虛假意識，故反省必須以修正性批判由誤解至理解而產生。」[10] 由此觀之，利科以「兩條腿」來行走其一般詮釋學。他很清楚知悉我們一方面必須以心理分析、意識形態批判等方法來擊碎人類自己所作的偶像，但若要使象徵能本真地言說，我們必須同時將以上技藝接連至一正面的路徑。華萊士曾作以下的評述：

> 利科主張對去中心性主體之**考古學**（archaeology）必須與一嚴謹之滿足自我的**目的論**（teleology）置於張力的對揚中，縱然不能字面地理解，幼童夢想、藝術作品和宗教象徵作為一轉化性未來的活生生的可能性。即使有其過分肯定之起源，想像力能激起這些可能性，並為破碎的主體提供新的在世存在模式。[11]

簡單來說，那詮釋的主體為一言說／被言說的主體，它與符號、象徵與文本作建構性與批判性交遇，並只能在這交遇的結果的生存中生出自我理解。

1. 文本詮釋的雙重維度

當利科在七十年代初繼續詮釋學的探究時指出，理解過程必須經由三種主要媒體——記號、象徵和文本——而成，而文本詮釋也漸漸成為其思想歷程的重要部分。再者，順著以上的發展，我們可以想像，利科之詮釋理念已不等同於士來馬赫（Friedrich D. E. Schleiermacher；或譯施萊爾馬赫）以前的聖經註釋或古典語意學。

再者，在受到海德格（Martin Heidegger）和伽達瑪（Hans-Georg Gadamer）的影響下，把一般詮釋學置於本體論中，深深地影響著利科的思想；換句話説，「甚麼是理解？」這問題，必須先於文本意義之探詢。理解（*compréhension*; *Verstehen*; understanding）對海德格及其追隨者來説，是一種存在形式而非認知模式；意思是説，某種生活世界（*Lebenswelt*）總是在個體反思以前被設定著的，對事物的當下直接感知是不可能的。用海德格或生存論的語言來説，理解永遠不能與一參與者的世界分離。這種顛覆也帶來了知識論上的意涵：我們在把對象置於一己面前以前，已屬於某一預設世界中。這種在世存在（*in-der-Welt-sein*）的前置性，拒絕了任何聲稱主體能建基於自身的驕傲（*hubris*）。任何透過與對象間距化（distanciation）後的解釋（*explication*; *Erklärung*; explanation）只能是後來的，一切對象化過程皆預設了一個參與的主體。

順此，在這詮釋過程中，利科指出他一方面不能接受「直接理解的非理性主義，即視之為文本移情的延伸，主體將其自身置於一陌生意識中但卻具面對面的強度」；在另一方面，他「同樣不能接受理性化的解釋，視文本僅為語言而非論述（discourse）之符號系統的結構分析」。[12] 一種把理解和解釋交疊的方法便用以去除此誘惑。「理解」對利科來説，意指那在一己中文本演示其作品結構的能力，當詮釋者願意向文本世界敞開自身，文本與詮釋者之間便可產生一來來往往（to-and-fro）的對話關係。至於「解釋」，利科則指向一植根於理解的第二層次運作，即將作品結構分析的過程。利科從哈伯瑪斯（Jürgen Habermas；或譯哈貝馬斯）那裏學懂，在系統性溝通扭曲下，純對話模式之文本理解是不可能的，因此，一個批判性的解釋過程必須踐行於詮釋過程中，但文本的生存論轉化能力也不容否定。這種雙重的解讀策略，正好承接著六十年代的恢復與懷疑詮釋學。

接受此詮釋的悠長路徑，表示完全的中介（total mediation）必須被放棄，主體性便非此過程的起始而是終結，對自我的直觀只能在反思的盡頭方能得著。他寫道：

> 理解並非要把一己投射進文本之中，而是將一己向其敞開；致使我們能透過將一些由詮釋所開展之建議世界挪用（*Aneignung*; appropriation），而得著一擴展了的自我。總括來說，這是文本的一方給予讀者主體性的維度，故主體便不再擁有理解構成之鑰……閱讀將我引介至自我的想像變化中。〔文本〕演示中之世界變形也是自我的演示性變形（metamorphosis）。[13]

那就是說，作者或讀者的主體性皆不是原初自我向自己呈現自身的本來面目。利科的意思是，大部分詩意（poetic）文本皆能指向一文本世界（the world of the text），雖然它不是我們一般經驗下的世界，卻是一在文本「跟前」（in front of）揭示的世界，為讀者提供了新的可能性，並把他們引向一新世界的視野，而一更深容納性的自我則為其結果。這是在文本與讀者間產生新意義的事件，一種演繹性（performative）而非命題式的啟示。

2. 解神話化的盼望詮釋

利科這種雙重詮釋的策略同樣存在於其神學論述中。六十年代正值布特曼（Rudolf Bultmann）和艾伯林（Gerhard Ebeling）等以詮釋學掛帥的神學家備受注視的日子，利科就曾多次撰文討論他們的神學方法，並且把解神話（demythologization）思想引進法國學界。他曾細緻地指出去神祕化（demystification）與解神話化的分別，前者是一種對抗彊化了的宗教意識形態宰制的懷疑詮釋學，因此幾位懷疑大師對宗教詮釋有其積極作用。但利科也從其雙重詮釋策略指出，解神話釋經並非只是因應現代科學世界觀的要求，對聖經的神話外衣作簡單剝離，而是把聖經文本的解讀，接連上一種正面的生存性詮釋。他甚至認為，這種做法是按宣道（kerygma）自身的要求作出的，使聖道能跨越古代文化的鴻溝、建基於我們的生存經驗作宣講。當保羅與約翰使用「世界」、「肉身」、「罪惡」等觀念來論述基督的死與復活對人類的生存意涵時，已是對聖道召喚的解神話回應，將一己化為見證神聖的宣講者，並且這正是忠於巴特（Karl Barth）之重視上帝之道的路徑。[14]

不單如此，利科更把他這種對詮釋聖道的盼望關聯至莫特曼（Jürgen Moltmann）在六十年代出版的成名作《盼望神學》（*Theologie der Hoffnung*）。利科顯然受到莫特曼的終末式解讀啟發，認為他既然可從聖經中引發出對盼望的神學論述，哲學家也應可以近似方法發展出一種「可理解的盼望」（*intellectus spei*）原則。利科指出，盼望屬於康德稱之為先驗幻相（transcendental illusion）的領域，並指向一超越的源頭；而黑格爾（Georg W. F. Hegel）的辯證法，則與保羅那種超越罪與罰對等地位的「超豐盛」（superabundance）邏輯有一定的向近性（approximation），故若結合起來便可以突破康德對人類認知能力的規限，回應其三大批判中對盼望的探尋，形成一種獨特的「後黑格爾式康德主義」（post-Hegelian Kantianism），以便在人類的認知框架內容納神聖啟示（絕對精神的顯現）。[15] 利科認為，對黑格爾和布特曼來說，對基督復活的回憶在信仰羣體中之所以能成為盼望的根源，正因它指向一種神聖他者的當下直接性的不可能性；而信仰羣體的盼望，則成為了見證文件的聖經，把這種在此世本不可能的中介承傳下去，利科七十年代起對聖經文本的詮釋，也可看作對此論說的一種延展。

順此，利科在七、八十年代即撰寫了多篇與此原則相關的神學詮釋論文。[16] 由於利科相信，包括聖經在內的文本的指涉（*référence*; *Bedeutung*; reference）並非隱藏於文本背後，而是一在文本跟前揭示的可能世界，他認為詮釋學的兩項工作便是直承上節的雙重詮釋策略，即「重構文本的內在動能，並要恢復作品之能力，它將自己籌劃於自身之外，成為一種能使我寓居其中的世界表述」。[17] 在此，第一項目標必須處理文本句子的結構或內在「意義」（*sens*; *Sinn*; sense），故此，一個文本的內在動能必須被重構，以致能展示出其籌劃的世界（projected world）。利科在此以結構分析（structural analysis）作為其工具，因他的關注正是文本的語意部分。然而，他卻明確地指出「詮釋學工作的起始正是語言學終止之處」，[18] 並且聖經的「結構分析可從結構主義的意識形態分離，並與生存性分析接連」。[19] 但當我們被文本的意義把捉之時，如何能得著那籌劃出來的世界？答案就在於隱喻的功能。

四　從隱喻到敘事

利科在《活的隱喻》（*La Métaphore vive*）中寫道：「今天我較少傾向把詮釋學限制於發掘象徵語言的隱藏意義，而寧可將詮釋學與更一般性之書寫語言和文本問題連結起來。」[20] 因此，這部作品可被視為利科從早期對神話與象徵的深層閱讀，走向更一般性之文本詮釋理論的標記，[21] 並且我們將發現更趨精密細緻的著作，也由這裏開始蘊釀出來。

1. 隱喻的法則

《活的隱喻》的其中一個創見，在於利科不單以隱喻（metaphor）

為一種把不同範疇文字結連起來的借喻（troop），更將其使用擴展至整部文學作品。簡言之，利科把隱喻看為文學作品的縮影，而文學作品則為隱喻的大規模擴展。一種詩意的文本能夠產生一個比其個別句子意義總和更大的信息，一種超越語文學的意義盈餘是處理詩意文本的合理期望。

在利科看來，隱喻的字面意義往往是荒誕的，但此現象僅為創造新意義的反面條件。與一種簡約的替代理論相反，利科認為隱喻的荒誕字面意義是一故意的範疇謬誤，新意義之所以產生，正是把本為「遙遠」的範疇拉「近」；譬如當我們說「我的情人是一朵紅玫瑰」或「時間就是金錢」時，就是這種情況。在此過程中，一種具創意的想像力必牽涉其中。然而，此想像過程並非一任意的心理動作，但卻以近似康德之範疇論（schematism）方式運作。[22] 初步看來，這似乎是一種純主觀的閱讀，一種從一己志趣生出的讀者回應。但利科強調，在整個過程中，想像力必須根據隱喻的語意方向運作，否則便無法從字面的荒誕中達致一種可理喻的結果。想像並非創造意象，乃是從語言中產生意象。「隱喻作為一種論述（discourse）享有一種『指涉語言以外之真實的能力』。」[23] 再者，利科早在《論詮釋：佛洛伊德論集》（*De l'interprétation: essai sur Freud*）中寫道：

> 那帶有象徵的語言與其說由人言說，不如說是向人言說，即人是在語言中生出，進到那「照亮一切生在世上的人」之道。正因這期望、這肯定、這相信，使得對象徵的研究來得特別嚴肅。老實說，這促使著我所有的研究。[24]

與此相仿，利科論到隱喻過程非僅為一猜想，而是一涉及創造性想像的對語言的聆聽。尤有進者，由於此過程是超越範疇性的規範，它有重新界定或重新描述真實的能力。[25] 范浩沙（Kevin J. Vanhoozer）正確地指出：「隱喻沒有描述事物字面**是**（is）甚麼，但它卻重新描述事物**猶如**（as）甚麼。」[26] 隱喻的能力正在於其能觸及語言外那真實之能力，或說文本的「指涉」是與其內部表述結構相對著的。當此意念使用在聖經這類詩意文本時，那被視為大規模隱喻的論述在閱讀時會揭示出一個世界，使讀者能將其本真可能性確認於此。這就是利科所謂在理解文本「挪用」中得著擴充了的自我之意，因此，其隱喻理論仍能在反思哲學中找著位置。

2. 敍事功能

我們以上勾畫出利科的一般詮釋理論，不少引介性作品也以此作結，然而其成熟精彩處卻由這裏開展出來。其實早在一九七一年，利科便在《社會研究》（*Social Research*）期刊發表了〈文本的模式：有意義的行動視為文本〉（"The Model of Text: Meaningful Action Considered as a Text"）此一重要論文，[27] 指出其詮釋理論可能應用於社會科學中。利科承認「隱喻僅為一般詮釋學的其中一特例」。[28] 如此一來，利科在一九八〇年至去世以前關於敍事和相關的著作，便可視為其思想歷程中最成熟且全面的階段。正如他曾說：

> 要刻劃我過去三十多年來所思的問題和我處理問題所屬的傳統之最恰切理念，在我看來，是要從我近日關於敍事功能的著作說起……[29]

縱然利科的思想已在多方面有所發展，但這段二十年前所說過的話卻仍十分正確，[30] 而利科的巨著《時間與敍事》（*Temps et Récit*）起始的說話，也很吸引人的注意：「《活的隱喻》和《時間與敍事》為一配對……它們各自所產生的意義效果，皆屬語意發明的相同基本現象。」[31] 利科指出，隱喻和敘事皆以論述構成，並產生出相似的語意發明現象。此現象是以一創造性想像產生，其把原為不同的範疇連結起來。再者，一般詮釋學中的理解—解釋籌劃也可同時用於隱喻和敘事。然而，這些相似性只關注到隱喻和敘事作品的結構或「本意」；隱喻的發明依賴於把不相干的範疇接合而作出新語意籌劃，那麼敘事又如何作出相似的功能？

利科認為，敘事同樣具有把雜多的東西以情節（*intrigue*; plot）匯聚至一單元故事的能力。情節構築活動（*la mise en intrigue*; emplotment）把包括事件和人物等不同原素組成一可明白的整體。若敘事要使人明白，它必須是叫人「可跟從的」（followable）。跟從一敘事即跟從其情節；跟從其情節便能理解該敘事。[32] 情節既由偶發的事件、行動和人物所組成，它如何能展現為一被整理的綜合體？利科在《時間與敘事》一起首便說：「在敘事功能的結構身分與任何敘事作品的真理宣稱中，最終關注的是人類經驗的歷時特徵（temporal character of human experience）。每一敘事作品所開顯的世界皆為一歷時世界。」[33] 以情節為一綜合的最重要意義是其在創作中帶有歷時的特徵，當中涉及的是兩種相關聯的時間性（temporality）：片斷性（episodic）維度（「以後……接著……」；事件與行動原為分散且理論上沒承續關係）和塑形化（configurative）維度（主題；故事從其整合或至結尾的累積得著一大綱）。利科從時間性觀點稱：「創作一故事是……從一承續性關係找出其塑形。」[34]「重述每一事件皆在時間內發生，佔用時間，展現時間性；而在時間中展現的也可被重述。或許事實上每一時間性過程可被辨認，是因它在一種或另一種途徑上可被重述。」[35] 兩種歷時性維度僅能透過我們的創造性中介來聯合，正如處理隱喻一樣。總括來說，一個敘述性的故事是一歷時的整體和在把時間視為一流程和留滯之間的創造性中介。利科指出這種綜合的三個特點：在多元事例和單一故事間的中介、一致比雜亂的優先性，以及承續與形構之間的掙扎。

利科在《時間與敘事》中重複地從現象學處理時間性的問題，檢討奧古斯丁(Augustine)、亞里士多德(Aristotle)、康德、胡塞爾和海德格等的觀點，並成為了著作中的主線。特別在第二和第三部分，他從知識論的層面討論時間如何在歷史學和小說的敘事結構中被經驗。此兩種文類看似無關，歷史學家固然並非說故事者，他們必須服於歷史文件的限制下。從這角度觀看，歷史學便有如自然科學般要建基於實證研究(empirical research)。縱然如此，過去的痕迹卻只有限定的作用，提醒我們已無法進入過去，我們所有的僅為其「痕迹」而非過去本身；因此，歷史寫作也是基於限定資料而重構過去的嘗試。[36] 相反，小說的寫作並不如歷史學家般受過去的痕迹所束縛。不過小說家也非全無限制，因他們也必須遵從人類行動的法規，故同樣被相同的歷時經驗所規定的範疇論所規限，否則他們的故事便無法被理解。如此一來，小說便與歷史展現出一相似功能，[37] 即它可如歷史般重述真實。當中微妙的分別，是歷史以「重說」故事的方式描述真實，而小說則以「創作」的方法行之。范浩沙的評論是有見地的：歷史提醒我們在過去甚麼是可能的，小說則指出未來甚麼是可能的。[38]

利科因此提出在閱讀中歷史與小說的交織。歷史以記憶的方式帶來甚麼是曾經可能的，而小說則以盼望的方式期許將來的可能性。人類能享有一整全的歷史意識，正因著記憶和期望的互相豐富，因此歷史需要被小說化，而小說也需要被歷史化。我們能有歷史意識是因為我們活於時間中，兩種指涉功能能互相豐富是因為我們都屬於一進行中的歷史。講說歷史與活於歷史中，是彼此從屬的，[39] 但這與利科對自我的尋索和神聖見證的傳遞有何關係？

甚麼是生命？從生物學的角度看，這是由生至死的階段，但明顯地我們不滿足於此冰冷的定義。我們希望能得到一更有意義的答案——一個值得去活的生命。蘇格拉底（Socrates）教導我們，未受檢視的生命不值得去活，但甚麼是受檢視過的生命？最低限度，生命必須要被「重述」——以故事的形式被講説，正如亞里士多德相信，每個好好講述的故事都能教導一些東西。他甚至稱故事能啟示人類的一些普遍狀況，故詩詞比歷史學家的記錄更具哲學性。利科看來完全同意亞里士多德的說法，因此很熱切地尋索生命的意義——生命作為故事、敍事，並把精力投放於對其的探尋。[40]

然而，利科也明確知道生命與一般故事的分別：故事只被講述，但生命卻是活出來的。他如何連接二者？

> 我在此的意見是，寫作、塑形的過程並不在文本中成就，卻是**在讀者中**，且在此條件下形構便可能以敍事的形式重塑生命。[41]

利科如何理解「再塑形」（refiguration）？在對文字作品的詮釋中，一個可流逝的論述，因由寫入文本紀錄而成為一具自主性的媒體，而在閱讀中則因隱喻過程而籌劃出一可能世界。今若敍事要提供一類似隱喻的指涉功能，而被記錄的是人類行動而非論述，被創造的新指涉是甚麼東西？為敍事所記錄的行動世界既呈現出歷時性，敍事作為一種記錄也必透過情節展現出歷時性。如此，則在閱讀中被籌劃的世界也必具有歷時性，故利科指出，在整個過程中呈現著一三重的結構：「因此我們是跟隨著一預塑形時間（prefigured time）的命定，它透過一**塑形時間**（configured time）的中介，而成為一**再塑形時間**（refigured time）。」[42]

縱然如此，由敘事而籌劃出來的文本世界具有甚麼樣的地位？我們可在何處找著它？利科認為文本內外的劃分僅為文本分析的造作，那籌劃出來的世界固然非我們的經驗世界，但經驗世界卻被它再塑形著。何時我們可得著這被再塑形的真實？

> 只有在閱讀中塑形的動能完成其運程。也在閱讀以後，在被傳遞著的作品所指引的**效果行動中**（in effective action），文本的塑形才能轉移為再塑形。[43]

利科從伽達瑪學懂「應用」並非僅為詮釋之偶發性附註，而應為其有機體的一部分。文本世界必要與真實世界交碰，以肯定或否定的形式「重造」它。[44] 我們不因聆聽故事而改變一己的態度，並且更以行動來重新塑造真實世界嗎？因此，利科承認：「最終說來，惟一的真實是做事的個人。」[45] 他要做的並非澄清文本世界的地位——它是「真實的」抑或比經驗世界「更真實」，但它卻肯定提供了一可能模式，供我們去重塑真實世界。作為讀者的「我們」被敘事所觸動，以新可能性行動去「重塑形」世界。對利科來說，「故事不單被述說，但也**在想像模式中**被活著」。[46]

3. 互文性神學

以上的塑形與再塑形循環同樣展現於聖經信仰中，利科在二十世紀七十及八十年代，甚至提出了一幅互文性聖經神學藍圖。所謂互文性（intertextuality；或譯「文本互涉」，下同），是指不同類型論述之間的相互作用，即在一段文本中包含著一個以上的基本論述並產生出意義轉化的效果。利科注意到，聖經的基本文類或論述之間經常有這種交織互動的情況。[47] 例如當出埃及的信仰奠基性事件被重述時，能夠觸發讚美、祈求和感恩等表現性效果（performative effects）。利科的詮釋理論正好能廓清這種能產生意義盈餘的轉化式閱讀的機制，為文本的原初意義注入不違本意的延伸性發展。

從建構聖經互文性神學的向度看，利科從一般詮釋學和隱喻的討論轉向專注於敘事的探究，乃是十分值得注意的。因為利科在七十年代便曾跟當代不少聖經學者一樣，認為希伯來聖經中言述上帝的方法，基本上是以敘事形式進行的，例如呼召亞伯拉罕、出埃及、膏立大衛等信仰奠基性事件，皆以故事形式在希伯來聖經裏一而再地表述，形成了拉德（Gerhard von Rad）所稱的「諸傳統神學」（theology of traditions）。[48] 利科在討論先知與律法的互動作用時，便指出先知在重述傳統敘事時不單回望過去，也向未來展望，使以色列在面對政治性問題時有堅定的信心。相對來說，希伯來先知神諭也不獨預告未來，更「使傳統的意識形態用法和歷史現實的真誠判斷相對峙」。[49] 利科認為，先知神諭的歷時結構是對真實歷史的一種突入：未來不僅為過去和現在的延伸，也被預見為一種嶄新的情況。不過利科也指出，這種新並非與過去全無關聯，而是「一種對舊有事物的創意重複」，因此便是對一個「新埃及」、「新曠野」、「新西奈」、「新錫安」、「新大衛子孫」有所期待。這些都是利科之再塑形理念的具體聖經範例，也是數世紀後初期教會對舊約作象喻閱讀（typological reading）的基本方法。[50]

我們在此不能詳述利科對各種聖經文類的處理方法，事實上他曾把互文性現象應用於分析新約和新約對舊約的詮釋之上，當中可清晰地分為四個層次：首先是舊約內的互文性，即舊約文類之間和連結在一起的互動現象；第二是舊約和新約間的互文性，尤其是耶穌的說話包含和重解舊約的信息情況；第三是新約中的互文性，尤其是耶穌的不同說話在福音書中的相互作用，並其行事與受苦敘事的交互作用；最後是聖經文本和讀者生命的交互作用。[51] 在這些運作中，利科的詮釋理論皆被應用為聆聽宣道的器具；舊約在新約中被重釋，新約則被讀進讀者的生命中，這延伸著他在六、七十年代的神學討論。

縱然以上四個層次有著時序上的先後，但在利科的轉化式閱讀中，卻應被看為平行的運作。范浩沙正確地指出：「利科視互文性為隱喻的一種類型」，又「視互文性為其隱喻理論的延伸」。[52] 事實上，利科自己曾指出互文性本就是隱喻式意義轉化的其中一種方式，並以其和隱喻化（metaphorization）及比喻化（parabolization）同義。[53] 因此，若試圖僅從利科的哲學思想來理解其聖經詮釋，將無法得到一幅整全的圖像。利科在這期間所掙扎的，並非僅為建構一種處理隱喻以至敘事的哲學理論，更涉及如何理解聖經論述能引導讀者被宣道「感動」而作出轉化式閱讀的過程；互文性是其中一個相當重要的環節，並對建構基督教神學有著深遠的意涵。因為上帝首先在信仰的奠基性事件中啟示了自己，以致聖經作者能透過作品向讀者見證祂的作為。由於那向讀者傳述的聖經文本已經言述了上帝，使得古舊的啟示事件化成了一份古代見證，讀者才能透過詮釋它以與上帝交遇，正如利科自己寫道：

> 文本是溝通連結中的一環。從一開始，生命經驗的其一便被帶進語言，成為論述……在其中，寫作藉論述的不同作為重新實踐文本，恢復了活生生的言述。閱讀和宣講把寫作實踐成言述。[54]

換句話說，詮釋聖經就是啟動上帝之道的契機，使宣道重新發生（the reiteration of the kerygma），以致讀者們從人言中得聽神聖論述。神學化（theologising）過程早已存在於聖經中，因為它們本為一連續過程。上帝啟示了，而聖經作者記錄下來。言述上帝的過程，尤其是那涉及互文性的寫作，已是一再數算的行為（recounting），一種基於神聖啟示的神學化過程，但那卻仍需經由人言書寫而非機械式靈感默示。

尤有進者，利科更認為這種解讀方式，應延伸至使聖經與讀者的生命作出對話，這便是神學的目標。他曾如此說過：

> 神學的目標是協調聖經文本所指明的經驗和人類細緻和整全的經驗。前者不能忽略後者最重要的論據，並非因前者僅存在於他世，而是這兩極性為宗教經驗和論述的性質所要求著，尤其因此經驗被認為能描述——或再描述（redescribe）！——一個人的所有經驗，以至是所有人的經驗。[55]

在閱讀過程中，我們被聖典召喚作出改變——重述自己的生命，「這就是新約生存性詮釋的不變真理之所在」。[56] 利科在此的前設是聖道正召喚著讀者，但原收信人和當下聽眾的語境和回應是不盡相同的；它們若有類近之處的話，是因它們同屬一個歷史性的信仰羣體，並負有見證上帝在羣體歷史中的奠基性事件的使命。再者，從聆聽至實踐和從實踐到再次把信息書寫成文都存在著鴻溝，它們皆屬於實踐的領域，也超越了文本詮釋的範疇。若當一個信仰羣體指明、見證和傳遞他們與上帝在歷史中的交遇時，這更涉及此羣體身分的建構問題。因此，若把互文性討論限定於書寫文本之內必造成極大困難，而敘事理論的再塑形概念，便更可以扣緊讀者實踐方面的討論，而這也是通向理解利科晚期思想的一個關鍵。

五　倫理與政治中的敍事身分

綜上所述，我們只能透過以故事形式來詮釋我們的生命，才能重新發現我們的「敍事身分」（*l'identité* narrative / narrative identity），並以此來理解自我。因此，每個生命皆為一初始的故事（incipient story），等待著敍事者把其講述得可以理喻。但有趣的是，講述故事是第二層次的過程，首先出現的是個體被牽涉入故事之中，那故事在發生以後才能被重述。換句話說，我們走在自己的「自我」之前！不過麥迪遜（Gary B. Madison）正確地指出：

> 理解與使之能明白的行動 —— 講故事 —— 並非一自由浮動、沒有根基的無目標遊戲（一「無底棋盤」），如一些後結構主義者所堅持的，而是植根於經驗、於生存的歷時性中，即在我們所寫的、關於我們所做之事的故事中所表達出來並顯明的。[57]

利科為要澄清個人身分的意義，分清了兩種身分的概念：作為同樣（*idem*; *même*; *gleich*; sameness）的身分及自我（*ipse*; *soi*; *selbst*; selfhood）的身分。它們並不是非此即彼的範疇，而且其意思更有交疊之處。但利科認為，許多阻礙解決身分的難題乃源於沒有分清兩種用法。[58] 他重新界定同一身分為獨一性、極端的重複、無間斷的連續性與時間中的恆久性。在使用兩種身分意義的用法時產生含混性，是因自我（self 或 ipseity）的構成，只與同一的最後一種定義（時間中的恆久性）交疊，而與其他三項沒有重複。

若自我是以以上同一身分的首三個意思來界定，則它必會指向一「生命過程中自立的恆定性和無間斷的連續性」。[59] 這看法的後果，是把自我看為一存續於時間中之笛卡兒式固定物料，並必帶來兩種批判。在一方面，福柯一類的反自我思想家認為，主體僅為某一種文化實踐所出之論述的總和，一種非言述核心的自我並不存在；另一方面，分析思想家如帕菲特(Derek Parfit)認為，主體實際上可被約化為腦部狀態和身體功能。利科拒絕了這兩種見解。對利科來說，自我的構成是一進行中的過程，而以同一身分的首三項意思來界定自我的困難，乃是它們沒關注到歷時性。若我們堅持自我身分，則自我將指「主體連續地透過它挪用於一己的故事來重塑自身，以忠誠地詮釋自己生命的掙扎」。[60] 它並不是一固定的實體、一文化編碼者或生物化學的承載器。它是一主體建構一己生命故事的身分。因為許多其他人物參與於故事的片斷中，我們並不完全是自己生命的作者，可是我們卻仍可學習如何成為自己故事的敍事者。利科承認在生命與小說間存在著一無法彌補的深淵，但在生命的敍事詮釋中，歷史與小說的交織功能構成了人類歷史性。自我永不是從開始便被給定的，而是一詮釋過程之結果。

由於在相同、自我與身分之間存在交疊處，故容易產生混亂。利科因此建議，我們在尋索自我前要先弄清楚自己問題的性質，又因敍事為人類行動的模擬，故「誰曾幹這或那？」便經常成為問題。由於時間中的恆定性為兩種身分意義的惟一交疊處，故歸屬法(ascription)便變得非常重要。故事中一個角色之所以可持續，正因其有連繫性的要素。但這種要素卻只能在敍述以後才能被提出，因此「我是誰？」便成為尋索自我之長路中不可迴避的問題，而他也難以認同帕菲特所指「個人身分沒有所謂」的立論，因他認為我們至少需回答「對誰來說身分變得不重要」。[61]

這也是利科對反我思思想家的回應，他認為問題並非「我們是否需要一個主體」，而是「我們需要甚麼樣式的主體」。但以這種方式來強調自我意識，必同時帶來他者性的強調。惟有當「我」(I)察覺他者的存在，或他者察覺「我」的存在，「我」才能成為「自我」(self)。換言之，「我」必與「他」同時存在。華萊士對此有如下的評論：

> 人類他者、鄰舍對公義與憐憫的呼喚，保證了塑造一敍事身分的倫理與政治維度。此身分的處方性（prescriptive）維度顯明了《一己猶如他者》許多議題中之一：我的一己是由召喚我作出負擔的他者所構成的。[62]

在文章起首時，我們提到利科的反思原則師承於馬塞爾，而事實上，後者早已指出最原初的經驗正是「你」。「普遍性」(*universel*; universality) 是一種「我們」經驗；這「我們」構成了「你」的可能性和相互主體性 (*intersubjectivité*; intersubjectivity) 的基礎，人類反思必須伴隨著聆聽他者。

因此，利科明白到「沒有倫理中立的敍事」，敘述行動本是描述 (description) 與處方 (prescription) 之間的中介。所以，晚期的利科一直致力於撰寫關於倫理和政治等論題，正因他所尋索的主體是在歷史與小說中的敍事主體，這種主體必須透過人類建制才能被引入。利科對「建制」的理解，是指一歷史性社羣如種族、地域等共同生活的結構。[63] 因此，他毫不含糊地宣稱：

> 我對「自我反思」這個詞是有懷疑的，這是由於我在詮釋學的影響下而遠離胡塞爾的緣故。我一直是擔心著從自身到自身的短路（*je crains toujours le court-circuit de soi à soi*）；在這種循環中，由於自身與其自身的絕對符合，經他者的中介成為不必要的。對我來說，反思是經過繞迂歷史、文化，簡言之，繞迂他者

而實現的。[64]

由於敘述必須有他者在場，故便帶有溝通功能；這功能也必建立於一些歷史的建制當中，如出埃及故事便描述了以色列人祖先的經驗，並幫助他們建構民族身分，因此利科也認為傳統為一重要的溝通渠道。沒有了這建制作中介，敘事也難以從一代傳給下一代。故利科也批評哈伯瑪斯過於強調「共識」（consensus）的重要性，並遺忘了建制透過傳統而產生的功能。任何建制若要有效地溝通，必須從傳統中找到支持。因此，利科認為羅爾斯（John Rawls）對建制功能的見解比哈伯瑪斯顯得更深刻。高宣揚如此總結說：

> 沒有敘述，〔就〕沒有敘述中的歷史的積累，沒有在敘述中的記憶的積累，〔就〕沒有在敘述中的記憶的積累，沒有在敘述中的自我肯定和與「他者」的交往，就沒有制度的創立，就沒有制度的實施過程。所以，利科肯定制度的交往功能，是基於他的最根本的敘述的同一性理論的。[65]

因此，利科末後的一部重要作品《記憶、歷史、忘記》（*La Mémoire, l'histoire, l'oubli*），正在於闡釋在個體與集體之間產生的生命敘事如何成為了記憶，並且進一步轉化為「外在的」歷史知識而非給忘記。這過程除了作為一種通過敘事的溝通機制外，也必須仰賴於證人的見證和讀者的判斷，這便回到了利科「後黑格爾—康德主義」的核心關注，為其超逾七十年的思想歷程劃上了頗完滿的句號。

註 釋：

1. 本章修訂自林子淳：〈利科：反思哲學中的神聖見證〉，載《詮釋學與漢語神學》，曾慶豹編（香港：道風書社，2007），頁 147～173。
2. Paul Ricoeur, "On Interpretation," in *From Text to Action*, trans. Kathleen Blamey and John B. Thompson（London: Athlone, 1991）, 12；另參 Paul Ricoeur, "Intellectual Autobiography," in *The Philosophy of Paul Ricoeur*, ed. Lewis E. Hahn（Chicago & La Salle: Open Court, 1995）, 1～54。
3. 參 Ricoeur, "Intellectual Autobiography," 1～54；Gary B. Madison, "Ricoeur and the Hermeneutics of the Subject," in *The Philosophy of Paul Ricoeur*, 75～92；Kathleen Blamey, "From the Ego to the Self: A Philosophical Itinerary," in *The Philosophy of Paul Ricoeur*, 571～603。
4. 馬奇（Lewis S. Mudge）應該就是指出見證在利科詮釋學中的重要性的首位學者。參 Lewis S. Mudge, "Paul Ricoeur on Biblical Interpretation," *Biblical Research* 24 ～ 25（1979～1980）: 50 及以下，並得到利科的肯定。參 Paul Ricoeur, "A Response," *Biblical Research* 24～25（1979～1980）: 77；其他可參 Andrew D. Wood, "The Wager of Faith: The Philosophy of Paul Ricoeur and a Theology of Testimony"（Ph.D. thesis, University of Birmingham, 1992）；Jean Greisch, "Testimony and Attestation," in *Paul Ricoeur: The Hermeneutics of Action*, ed. Richard Kearney（London, Thousand Oaks & New Delhi: SAGE, 1996）, 81 及以下。
5. Ricoeur, "On Interpretation," 12；強調為作者原有。
6. Mark Wallace, "Introduction," in Paul Ricoeur, *Figuring the Sacred*（Minneapolis, MN: Fortress, 1995）, 3～4；強調為作者原有。
7. Paul Ricoeur, "My Relation to the History of Philosophy," *The Iliff Review* 35（1978）: 9.
8. Paul Ricoeur, *The Symbolism of Evil*, trans. Emerson Buchanan（Boston: Beacon, 1967）, 351；強調為作者原有。
9. Paul Ricoeur, *Freud and Philosophy*, trans. Denis Savage（New Haven & London: Yale University Press, 1970）, 420.
10. Paul Ricoeur, *The Conflict of Interpretations*（Evanston, IL: Northwestern University Press, 1974）, 18.
11. Wallace, "Introduction," 7；強調為作者原有。
12. Ricoeur, "On Interpretation," 18～19.
13. Paul Ricoeur, *Hermeneutics and the Human Sciences*, ed. & trans. John B. Thompson（Cambridge: Cambridge University Press, 1981）, 94.
14. 詳參 Paul Ricoeur, "La critique de la religion," *Bulletin du Centre Protestant d'Études* 16（1964）: 5～16。
15. 利科對莫特曼的討論，可參 "Freedom in the Light of Hope," in *The Conflict of Interpretations*, 402～424；"Hope and the Structure of Philosophical Systems," in *Figuring*

the Sacred, 203～216；漢語學者對此的討論，可參陳佐人：〈盼望之詮釋〉及莫特曼的回應，載《莫爾特曼與漢語神學》，曾慶豹、曾念粵編（香港：道風書社，2004），頁45～72；林子淳：〈邁向對見證的神學詮釋〉，《建道學刊》第二十二期（2004年7月），頁99～135；本書下一部分將對此課題有更深入的探討。

16. 參 Paul Ricoeur, "Toward a Hermeneutic of the Idea of Revelation," *Harvard Theological Review* 70（1977）: 1～37；"Naming God," in *Figuring the Sacred*, 217～235；"Philosophical Hermeneutics and Theological Hermeneutics," *Studies in Religion* 5（1975）: 22～24；"Philosophy and Religious Language," in *Figuring the Sacred*, 39～41；"Biblical Hermeneutics," *Semeia* 4（1975）: 29～145。
17. Ricoeur, "On Interpretation," 17.
18. Paul Ricoeur, "Life: A Story in Search of a Narrator," in *Facts and Values*, ed. Marinus C. Doeser and J. N. Kraay（Dordrecht: Martinus Nijhoff, 1986）, 12；詳情可參 Ricoeur, "Biblical Hermeneutics," 第1.5段。
19. Ricoeur, "Biblical Hermeneutics," 65.
20. Paul Ricoeur, *The Rule of Metaphor*, trans. Robert Czerny et al.（London: Routledge, 1978）, 317.
21. Paul Ricoeur, *Interpretation Theory*（Fort Worth, TX: Texas Christian University Press, 1976）；這是同期的另一部著作。
22. Ricoeur, *The Rule of Metaphor*, 211.
23. Ricoeur, *The Rule of Metaphor*, 6；有關隱喻過程運作的詳情，最重要的著作固為《活的隱喻》，但簡明的闡述可參 Paul Ricoeur, "Metaphor and the Central Problem of Hermeneutics," in *Hermeneutics and the Human Sciences*, 165～181。
24. Ricoeur, *Freud and Philosophy*, 29～30.
25. Ricoeur, *The Rule of Metaphor*, 247; "Biblical Hermeneutics," 75.
26. Kevin J. Vanhoozer, *Biblical Narratives in the Philosophy of Paul Ricoeur*（Cambridge: Cambridge University Press, 1990）, 69；強調為作者原有。
27. Paul Ricoeur, "The Model of Text: Meaningful Action Considered as a Text," *Social Research* 38（1971）: 529～562；現已收於 *Hermeneutics and the Human Sciences* 及 *From Text to Action* 中，*The Philosophy of Paul Ricoeur* 中的許多作者皆提及此文，顯示出其在利科思想中的重要性。
28. "The Model of Text," in *Hermeneutics and the Human Sciences*, 211.
29. Ricoeur, "On Interpretation," 1.
30. 利科在一九八九年曾對高宣揚說，其兩篇文章〈論詮釋〉（"On Interpretation"）和〈敍事身分〉（"Narrative Identity," *Philosophy Today* 35 [1991]: 73～81）勾畫了其思想的發展，參高宣揚：《李克爾的解釋學》（台北：遠流出版事業股份有限公司，1990），頁12。
31. Paul Ricoeur, *Time and Narrative vol. 1*, trans. Kathleen McLaughlin and David Pellauer

（Chicago & London: University of Chicago Press, 1984）, ix.

32. 在利科對隱喻與敘事的討論中，亞里士多德的 *mythos* 和 *mimesis* 兩個與情節相關的概念起著重大作用；因篇幅關係我們在此難以作一詳論，可參利科在《詮釋學與人文科學》（*Hermeneutics and the Human Sciences*）中兩篇有趣的文章〈隱喻與詮釋學的核心問題〉（"Metaphor and the Central Problem of Hermeneutics"）及〈敘事功能〉（"The Narrative Function"）。
33. Ricoeur, *Time and Narrative vol. 1*, 3.
34. Ricoeur, "Life," 123.
35. Ricoeur, "On Interpretation," 2.
36. 對利科如何理解歷史的本質，參 Ricoeur, *Time and Narrative vol. 1*，第二部分；較精簡的說法可參 Paul Ricoeur, "History and Hermeneutics," *The Journal of Philosophy* 73 (1976) : 683～695。
37. 對利科如何理解小說的本質，參 Ricoeur, *Time and Narrative vol. 2*，第三部分；較精簡的說法可參 Paul Ricoeur, "Can Fictional Narratives be True?" *Analecta Husserliana* 14（1983）: 3～19。
38. Vanhoozer, *Biblical Narratives in the Philosophy of Paul Ricoeur*, 92.
39. Ricoeur, *Time and Narrative vol. 3*, 180～193.
40. 參 Ricoeur, "Life," 121～123 中的討論。
41. Ricoeur, "Life," 126；強調為筆者所加。
42. Ricoeur *Time and Narrative vol.1*, 54；強調為作者原有。
43. Ricoeur *Time and Narrative vol.1*, 54；強調為作者原有。
44. Ricoeur, *Time and Narrative vol. 3*, 158; "On Interpretation," 6.
45. Paul Ricoeur, "History as Narrative and Practice," *Philosophy Today* 29（1985）: 217.
46. Ricoeur, "Life," 127；強調為作者原有。
47. 利科所指的基本文類包括有律法、敘事、先知、智慧、詩歌、比喻等，詳參本書第三部分。
48. Gerhard von Rad, *Theologie der Alten Testaments I*（Munich: Christian Kaiser, 1957）.
49. Paul Ricoeur, "Biblical Time," in *Figuring the Sacred*, 174.
50. Ricoeur, "Biblical Time," 174～175.
51. Vanhoozer, *Biblical Narratives in the Philosophy of Paul Ricoeur*, 199.
52. Vanhoozer, *Biblical Narratives in the Philosophy of Paul Ricoeur*, 200.
53. Paul Ricoeur, "The Bible and the Imagination," in *Figuring the Sacred*, 148～149, 160～161.
54. Ricoeur, "Naming God," 219.
55. Ricoeur, "Biblical Hermeneutics," 130～131.
56. Ricoeur, "Biblical Hermeneutics," 127～128.
57. Gary B. Madison, "Ricoeur and the Hermeneutics of the Subject," in *The Philosophy of Paul Ricoeur*, 86.

58. Paul Ricoeur, *Oneself as Another*, trans. Kathleen Blamey（Chicago & London: University of Chicago Press, 1992）, 2～3.
59. Wallace, " Introduction, " 13.
60. Wallace, " Introduction, " 13；另參 Ricoeur, *Oneself as Another*, 1～39。
61. Ricoeur " Narrative Identity, " 76；利科引用了 Derek Parfit, *Reasons and Persons*（Oxford: Clarendon, 1984）, 217。
62. Wallace, " Introduction, " 14.
63. Ricoeur, *Oneself as Another*, 194 及以下；Panl Ricoeur, *Le Juste*（Paris: Seuil, 1995）, xiii, 5 及以下；縱然利科對「建制」的定義明顯地預設了社會學背景，卻仍是頗粗疏的。它可指向如宗教、文化、意識形態、社會等羣體內中任何約定俗成的關係及／或實踐（參高宣揚：《李克爾的解釋學》，頁 44～49）。
64. 引自高宣揚：《李克爾的解釋學》，頁 44～45；雖然有時在利科的使用中 *réflexif*（reflective）和 *réfléchi*（reflexive）可彼此置換，但它們仍有不同含意；參 Henry Issac Venema, *Identifying Selfhood: Imagination, Narrative, and Hermeneutics in the Thought of Paul Ricoeur*（New York: State University of New York Press, 2000）, Ch. 5, esp. 124～125, 178 n.1。
65. 高宣揚：《李克爾的解釋學》，頁 48。

第二部

神哲學理的奠基性探討

3

建基於見證的神哲學架構[1]

一　引言

從第一部分的概覽我們清楚看到，利科是一位富有創造力的思想家，他幾曾穿梭於人文和社會科學的所有領域之間，其中一個明顯的標記，更是他不停地致力於信仰與哲學邊際上的對話。雖然身為一位專業哲學家，利科從來都不羞於從事相關於聖經詮釋的寫作。自一九七〇年代起，他便寫了很多關於文本詮釋的論著，並將其理論應用於詮釋聖經文本。因此，神學界對他的評論，尤其是英語方面的，便普遍地從其文本詮釋理論出發。[2]

然而，上一部分已經指出，在那時期之前，利科已經創作了大量有關涉及宗教哲學領域的詮釋學作品。他在一九五〇至六〇年代年間未完成的「意志哲學」三部曲就與一些如自由、人類本質及罪惡等傳統主題密切相關。一九六〇年代出版了《惡的象徵》（*La Symbolique du mal*）之後的十年，似乎是利科智性之旅的過渡期，不過我們發現他仍繼續不斷地寫作與宗教相關的主題，而見證（*témoignage*; testimony）應該是其中最重要者，並且深遠地影響著他繼後的神哲學創作。

說見證是利科宗教思想中最重要的主題，一點也不誇張，利科喜歡把自己描繪為一位反思（*réflexif*; reflexive）哲學家，而主體性對他來說一直都是舉足輕重的課題。在〈論詮釋〉(“On Interpretation”)一文中，利科曾用三個形容詞來標識他的哲學：反思的、現象學的和詮釋學的；而從他自己的描述看來，其起始與終點皆為反思哲學。[3] 故此，哲學界把反思自我(reflexive self)視作利科思想的核心課題幾已成共識。[4]

倘若檢視利科有關宗教的著作，近年的研究更指出，對應於反思自我這核心主題的便是見證。[5] 其實，早在一九七二年，利科便發表了一篇題為〈見證的詮釋〉(“L'herméneutique du témoignage”)的重要論文，[6] 當中包含了他對見證此課題的哲學闡釋、語意學分析和聖經詮釋，這是一篇跨學科的多維度討論。或許正因如此，文章除顯得冗長外也不易理解，以致這課題在當時沒有多受關注。[7] 本章不擬僅就利科之單一篇論文而作出分析，但在篇幅限制下，也不可能完全描繪利科超逾半世紀的思想歷程，因此會就著見證此課題與他六十至七十年代的相關論著作出討論。我們將看到「見證神聖者的自我」這主題，確實在利科早欲建立的「後黑格爾—康德主義」(post-Hegelian Kantianism)架構中起著重要促動作用。

「後黑格爾—康德主義」並非由利科首先使用的，乃是衛爾(Eric Weil)用以標識其哲學進路的片語，即一種調和人類經驗中之普遍和具體原素的嘗試。[8] 因此，杜因豪爾(Bernard Dauenhauer)曾經指出，利科之所以使用這一標籤，是為了要抗衡一種非此即彼的哲學進路。[9] 可是，若利科的用法是如此寬鬆的話，為何他偏偏要選取康德(Immanuel Kant)和黑格爾(Georg W. F. Hegel)，而非馬克思(Karl Marx)和佛洛伊德(Sigmund Freud)以至是柏拉圖(Plato)和亞里士多德(Aristotle)？因此，皮爾斯(Robert Piercey)在一篇晚近的研究論文中正確地指出，「利科是一位『後黑格爾—康德主義者』，不僅僅是由於其從事哲學的**方法**(how)，但在於其從事哲學的**關注**（about）」。他甚至闡明了康德觀念中的上帝、自我與世界尤其得到利科的注視，且從此粗線條地勾畫了一幅其思想發展的畫像。[10] 從此角度來看，本章的意義便更加明確：由於學界對此課題已有一定的概覽式探討，因此我們便希望在利科六十至七十年代的思想中更細緻地剖析這種「後黑格爾—康德主義」的建構方法和關注，並將發現這為他的哲學與宗教討論提供了重要的連接關鍵，且深遠地影響著其整個思想體系的構作。

二　對黑格爾精神的批判性吸納

利科曾在〈見證的詮釋〉開首時提出一個教人頗意外的論點：若見證要對哲學構成有意義的論題的話，它必須是與絕對（absolute）有關的討論，他甚至認為這種討論必須「嘗試將絕對的**經驗**與絕對的**觀念**相連」。[11] 明顯地，這個探索方向與德國觀念論（German Idealism）尤有關係，而我們也將看到，這正是利科在建構其稱為「後黑格爾—康德主義」架構的一個重要原素。不過，我們在這裏必須首先說明，利科對觀念論的解讀不一定完全中肯，而可能把自己欲建構的思想體系中的原素讀入，但這卻可讓我們更清晰地看到他的宗教意向。

作為一位專業哲學家，利科指出西方哲學從康德起就已經傾向將信仰從純粹理性中排除出去，並將它僅僅保留於實踐領域。因為根據第一批判，歷史上的偶然經驗，都難以被置於永恆真理的討論中，故此，試圖要賦予某些歷史事件確定的評價，即以在人類歷史中經驗到的所謂神聖事件來建構絕對的知識，又或者在這一意義上的真、善、美信仰以至乎神學，都是不合法的。任何歷史的偶然真實，都沒有例外地不能被納入於理性的證明中。但利科卻意識到聖經信仰正是建基於這類歷史事件的見證上，這包括猶太和基督宗教中的出埃及和基督復活等事件，因此，作為一位具明顯信仰意識的思想家，他便認為對見證之詮釋的終極問題是：「我們是否有權賦予歷史的某一時刻以絕對性？」[12]

利科認為，康德哲學沒有為絕對（精神）的自我表現（*Selbst-Darstellung*）留有餘地，因此它驅使人傾向只檢視事例或象徵而非見證。[13] 可是，康德的限制性哲學，也隱含著要在實踐領域中尋求總體性意義的衝動，但利科（如同黑格爾）卻指出，康德的第二批判是對義務的抽象倫理，極少提及我們活生生的真實世界，使得形式與內容、理性與實在相分離。[14] 為回應此一問題，作為當代現象學家和哲學史家的利科，便沿著德國觀念論傳統重訪另一巨人——黑格爾——的思想以尋求他自己的獨特出路。

事實上，從費希特（Johann G. Fichte）開始，德國觀念論學者便試圖將經驗引導回哲學的討論當中，而哲學則要為此尋求根據和條件。在其《全部知識學基礎》（*Grundlage der gesamten Wissenschaftslehre*）一書中，費希特指出要解釋經驗的兩種可能進路：一是古典的教條式實在論（dogmatic realism），它以一些超驗的客體來解釋經驗，故便貶損了主體的角色；另一則為超驗的批判觀念論（transcendental-critical idealism），它倒過來把一切都以一超越主體來解釋，壓抑了客體的位置。[15] 在這種對立的描繪中，費希特意味著其間並沒有一種不證自明的第一原理，而僅能訴諸於人類意識在實踐歷史中的志趣而已，[16] 正如他所說：「哲學反思……只能追隨〔前理論的意識〕而無法給它任何法則。」[17] 這意味著對一般性或說前理論的意識之描述只能是現象學的，如此一來，實踐歷史的探究必須向各種形式的經驗開放，包括美學的、社會的、政治的、宗教的等，這便為黑格爾的意識現象學研究埋下了伏線。[18]

威廉士（Robert R. Williams）沿此角度指出，黑格爾繼承了以上的探索，試圖在費希特的兩種對立進路之間規劃一種中間路線，並建立一種同一性原理（identity theory）。[19] 譬如黑格爾在《哲學全書》（*Encyclopedia of the Philosophical Sciences*，1817年）中，便試圖藉回顧哲學史來闡述他的本體論邏輯，把客體性分為三個接連的階段。[20] 頭一個是實在論的（realistic），即把客體視為外在世界之物；其次則是觀念論的（idealistic），客體必須能被超越主體所攝入；最後則是他所主張的同一性原理，意即要在意識和客體之間找到某種對應性，他性（otherness）必須在絕對知識中被克服，而對絕對的知識便是絕對自身。[21]

當然，以上僅是一個粗略的描述，黑格爾的整個體系是否恰當，是可以有不同評價的。由於其進路所達致的主體性，可能與實踐歷史之經驗有所關連，故學者如威廉士和韋斯特法爾（Merold Westphal）甚至認為，這做法能構建出一種具社羣維度的本體論（social ontology）。[22] 但威廉士注意到更有意思的一點，即《精神現象學》（*Phänomenologie des Geistes*）中雖然預設有一種絕對的觀點，但它卻僅能在最後才可得到意識的批判性確認，而非一種淺薄的天真預設。[23] 正如黑格爾稱其結構為一「轉向自身的循環，它預設了其開端卻只能在終結時才能獲得此開端」。[24] 因此利科評論說，黑格爾所給出的是一種意識的目的論（teleology）而非考古學（archeology），因為意識並非要在其過往尋索意義，而是要併發出一種超越以往的未來形式。[25] 這過程當然就是其所謂精神或靈（*Geist*）在歷史中的作為，亦是一種與宗教有緊密關係的作用。

為要免於陷入費希特對經驗解釋的兩條極端進路當中，黑格爾指出哲學必須走第三條路線：

在哲學來說，上帝的述語（predicates）不獨是存在（being），

> 也是思想(thought)，換言之即自我(ego)，它更能確認上帝為存在與思想的絕對同一。[26]

作為精神或靈的上帝，在黑格爾體系中正肩負著這重任，也是它極之含混和常被誤解的原因。為要符合這第三條進路的要求，精神既不能是前批判哲學中的絕對客體，也不能化約為意識中的主觀存在物，而必須是一完全傳遞的自我超越(a fully mediated self-transcendence)，[27] 用黑格爾的話來說：「概念是其自身在他者中的永恆視象(The Idea is the eternal vision of itself in the other)。」[28] 但同時間，這種同一性原理也必須為經驗在思想中留有位置，故超越也不是與歷史和經驗相背離的，所以：

> 意識……並不發自其內在生命、抽象思想，並將生存(existence)僅僅接連至思想中上帝的抽象概念；相反地，它發自一種生存，其為當下在場(immediately present)並在當中確認(recognizes)上帝。[29]

我們必須在這個觀點之下，才能掌握黑格爾對宗教的理解及其與(思辨)哲學的關係，以及利科的創意詮釋。

思辨在黑格爾來說絕非猜想(conjecturing)，而是如伽達瑪(Hans-Georg Gadamer)所指，有「反映」(mirroring, speculum)之意，而思辨思想所要作的，則是「事物自身的行動(*das Tun der Sache selbst*)」。[30] 因此，正如我們以上已說過，黑格爾是預設著能達致此一觀點，卻又是要在最後才能被意識批判地確認，其精神現象學的前設，正是一種意識與絕對客體的思辨同一性，故它的核心觀念既非(抽象的)上帝也非人，而是精神或靈。在這個基礎上，利科的詮釋指出宗教固然帶有實踐意義，但黑格爾更認為信仰預示著一個思辨的內核，以致它能觸及絕對知識的領域。它一方面雖具備思辨的潛能，卻仍是圖像化的（figurative），故黑格爾將宗教置於那被稱為表象（*Vorstellung*; representation）的領域。表象是一個不易把握的術詞，意即其意義尚未概念化而具圖畫形式，因此，利科建議稱之為圖像化思想（figurative thinking）。[31]

順此，在利科對黑格爾的詮釋中，絕對知識是有可能獲致的，因為絕對精神通過世界精神使其自身可以為人類心靈所認知。在這一過程中，表象構作了一種雙重的運動：外在化（exterioriztion）或客體化（objectivation）和內在化（interiorization）或主體化（subjectivation）。從一方面看，絕對精神在宗教信仰中將其自身展現於意識中並成為其客體，因此信仰的圖像原素便必須關聯於在它之前的一切文化「形式」（*Gestalten*）。但在另一方面，在客體化的過程中，人類意識將捨離自身予絕對精神，以致它能內在化自身成為意識的主體。總的說來，絕對精神通過外在化以呈現自身，並同時在主體化過程中回復自身而成為認知主體，因此絕對知識最終會於自我意識中形成。正是在這種自由的啟示過程中，神性的普遍性（universality）和人性的個殊性（particularity）得到調和（reconciled）。在這一形式的表述上，黑格爾確保了他自己避免片面的唯物主義或信仰的心理學解釋。[32]

當絕對精神以累進的方式在歷史中啟示自身，並通過世界精神在自我意識中回到自身時，相應地啟示與理性應有一刻在絕對知識中相遇。對黑格爾來說，哲學就是展現絕對精神在其啟示過程中之內蘊性（immanence）的思辨思想，因此他可以說，信仰的圖像性思維催生了哲學的思辨性思維，而後者又肯認了前者的進程。從這一角度看，思想的思辨模式並不外在於信仰的圖像模式，宗教表象不是與哲學分離的兩者。[33] 相反，兩者形成了一種辯證關係並有著共同的主題：表象是（絕對精神的）啟示與（自我意識的）體認（appropriation；或譯「挪用」，下同）的共同作用。在這視角下，世界歷史的進程就是絕對精神（在宗教意義上即上帝）的自我揭示，歷史中的每事每物都是他的自我降卑（kenosis）。[34] 因此，如果我們往前回溯，人類可能對絕對的啟示有著驚鴻一瞥，如利科所說：「在最終的分析中，是絕對〔精神〕創生自身並在突破中意識到自身。」[35]

在這一路線上，利科提醒我們黑格爾思想中最基礎的洞見：「在每一階段中精神都以整體臨在，並且……它不是以外在添加的方式引進，而是通過內在的發展並以累進的形式。」[36] 這就是說，雖然絕對知識的總結，只有在精神或靈概括所有文化形式的終末瞬間方為可能，但由於絕對精神在歷史中向意識啟示自身的任何一點上都是通透的（transparent），其間的差異並不在於通透的程度，而僅在於它所運用的外在形式。信仰若要成為一個啟示宗教（*geoffenbarte* Religion），即能反映絕對精神的啟示，則它必須在其象徵結構中包含自我意識的呈現。

對黑格爾來說，表象的這種動力在基督教中曾達到了頂峯。利科對他的詮釋指出，基督的自我正是絕對精神的自我意識的典範。但它同時又構成了使信仰表象轉化為哲學思辨的一種極大困難，因為它與許許多多的歷史事件、形像內容和宗教傳統連成一塊。[37] 在這一意義上，神學便是將這些圖像原素結連為概念框架的論述，因此黑格爾哲學「必須處理宗教的論述，而神學卻又已將它帶入其辯證的表述中」。[38] 這似乎是利科之所以要在其哲學討論中反思信仰的一個原因，因為他接納了黑格爾思想的這一部分，肯定了上帝作為精神或靈的作用。

不過，在利科看來，黑格爾思想中的啟示宗教，相應地經常存在著自我意識對絕對精神的當下直接性（immediacy），但利科對這一觀點卻甚有保留。絕對精神的自我啟示，能使意識對神聖有驚鴻一瞥之經驗，但利科卻強調相反的路徑是走不通的：人不可能以為認知主體具自主性而宣稱已擁有了絕對知識，[39] 黑格爾體系的問題，正在於他是從末後回溯至起始來創作的，故利科寫道：「我所拒絕的黑格爾是位回溯性的哲學家，他不僅以精神的辯證為伴，更重新吸收了已發生意義上的所有理性。」[40] 利科堅持啟示的出現必須先於自我的體認，在啟示宗教中絕對精神或神聖是這進程中的惟一啟動者。利科認為黑格爾絕對知識的概念是一個弔詭的終級意義，它是從中間意義推斷而來的。雖然他的意圖是從康德對歷史生命的具體責任的形式化中轉離出來，可是最終卻無法開放給新的東西而成為了一個封閉系統。

利科這種觀點也是歷來許多評論者的意見，然而，黑格爾是否懷有這種意向卻是值得懷疑的。他發展出來的龐大體系是否成功，固然非三言兩語可以評論，惟若以我們從以上論及的觀念論發展史看來，黑格爾至少在意向上是要發展一套具批判性的哲學，來抵制費希特所指出的兩條極端進路，故我們說他既預設著一絕對的觀點，卻又要求最後的批判性確認。當然，若要在歷史中的某一刻對絕對精神或知識作出確認的話，利科所言的風險的確是存在的，這也反映於黑格爾之歷史哲學中一些獨斷性觀點。因此，利科最後的評論也不無道理：「這一系統的勝利或這一致性與理性的勝利，卻在醒覺中遺有巨大的缺失：這缺失恰恰就是歷史。」[41]

三　以康德思想作限制性檢視

縱然利科對黑格爾之絕對精神或神聖者的自我啟示觀表示認

同，卻以為必須以康德來作出限制，因為其哲學明確地保留了人類知識的限制，避免了黑格爾思辨哲學的絕對性，這也構成其「後黑格爾—康德主義」的關鍵。但繞了一圈以後，結果便回到開始時有關見證討論的最初問題：我們怎樣才能將絕對精神或神聖的顯現納入思想中？

利科試圖指出康德將知性（*Verstand*）與理性（*Vernunft*）（亦相應於認識〔*Erkennen*〕與思想〔*Denken*〕）相區分的重要性。只有前者為受制約的知識所限制，而後者是卻可受絕對（精神）的作用。利科指出，康德的批判是一種抽象的思想，它是對「知性」與「認識」的批判，而非對「理性」與「思想」的批判，[42] 因此「經驗不能限制理性，但理性卻能限制感性宣稱，不將我們實際的、現象的、時空的知識擴展至本體領域」。[43] 因此，對利科來說，在純粹與實踐理性領域中，理性有力圖成為完全的衝動一點也不奇怪，而在純粹與實踐知識中要肯定絕對的慾望則注定是失望的。然而，利科卻指出，我們並沒有被規限去盼望絕對精神或神聖的顯現；更有趣的是，他甚至把這種想法的靈感，歸因於以《盼望神學》（*Theologie der Hoffnung*）名聞於世的新教神學家莫特曼（Jürgen Moltmann）：

> 對我而言，我十分受益於莫特曼以終末論來詮釋基督教宣道（kerygma），我應該說是被其所贏取的。[44]

一位當代專業哲學家如此公開地承認其受惠於神學家，這是十分罕有的，並且我們將看到這種影響之深，甚至令利科試圖重構整個哲學體系，故值得在此稍為探究。

利科所要尋索的，是一種能容納絕對或神聖者經驗之哲學體系，卻又不囿於僅對過去事件的獨斷性回溯，而能展現出一種具開放性之動力。對應於盼望，在莫特曼的神學思想中的關鍵概念，固然是基督的復活。作為一位專業哲學家，利科清楚知悉在黑格爾對空墳墓的詮釋中，復活僅僅是對一過去事件的記憶，甚至是一種鄉愁（*nostalgia*），[45] 然而，若「從一種應許的神學來詮釋，復活並不因滿足了應許而成為了一封閉的事件，反因它肯定了應許而有所增添，成為了一開放的事件」。[46] 他的這種提法，正是從莫特曼獲得靈感，因為後者正是由基督的復活作起點來建構一種朝向未來並能轉化當下的終末論（eschatology），[47] 正如莫特曼所說：

> 基督教終末論所説的並不是一般意義上的將來。它從特定的歷史現實出發，預告該歷史現實的將來、將來可能性和對將來的影響。基督教的終末論所談論的是耶穌基督和他的將來。[48]

要了解莫特曼這種提法，必須明白在歐洲語言中「將來」一詞往往帶有「今後」（*das futurum*）和「到來」（*der adventus*）的雙重意義。前者預設了將來與現在的延續性，並且將來可從現今之事所推斷出來。相反地，後者是認為有嶄新的東西可以從當下的體系以外闖進來，並帶來激進的改變。莫特曼指出，後者是從希臘文的「來臨」（παρουσία）所引進的意思，而基督教的終末觀則再豐富了其意涵。因為基督的復活並非一件可從歷史理性預期的事件，故初期信徒將之視為上帝的作為，上帝在其中啟示自己為一臨在於歷史中的上帝；並且按他們對猶太天啟傳統的一種重新解讀，復活高升的基督將會再臨現於世，滿足其所賜下的應許，故此，信徒仍在盼望這位上帝的「來臨」，以致帶來歷史的更新。[49] 從這理解出發，莫特曼認為，基督的復活並非僅僅一種對希伯來宗教傳統之應許的實現，而且更開啟了人類對上帝續繼參與於受造界之期盼，莫特曼之盼望神學故便帶有要從應許的亮光中重新檢定歷史的色彩，並期待著上帝在歷史中帶來「新」(*novum*)的東西、新的轉變，[50]而這也與黑格爾對絕對精神或神聖之臨現的期盼互相和應。

在這種意念中，利科與莫特曼皆承認自己是受舊約學者拉德(Gerhard von Rad)的啟發，指出以色列人的宗教歷史傳統正是淫浸於「應許的滿溢」(*überschießender Verheißung*)之中。[51] 由於上帝在歷史中不斷顯明自身並賜下新的應許，以色列人的歷史視域便尤如伽達瑪(Hans-Georg Gadamer)所描述的一樣，不是一種「僵硬的邊界」，而是「某種我們進入的並且與我們一同遷移的事物」。[52] 這種說法自然不會逃過詮釋學大師利科的法眼，事實上，利科對於一種以未來為導向、並帶有意義盈餘(*surplus de sens*; surplus of meaning)的生存論詮釋，可以說是從這種在復活之光來檢視被允諾之歷史(promissory history)而觸發出來的，[53] 故此他曾以莫特曼式的口吻稱：

> 何謂在盼望之光中的自由？我會以一句話來說：就是在復活之光中的我的存在的意義，那是在我們稱之為基督復活之未來的動向中所重建的。[54]

但問題是他怎樣能轉化這種宗教性的說法，挪用至其欲發展的「後黑格爾—康德主義」之中？這便關係到利科如何把這種意念接連至康德的限制性哲學。

在黑格爾與康德兩種哲學的交接點上，利科強調從康德著作而來的三個問題是不能夠分離的，那就是：我們能夠(*können*)知道甚麼？我們應該(*müssen*)做甚麼？我們可以(*dürfen*)盼望甚麼？利科指出，這三個不完全分詞「能夠」、「應該」、「可以」應當放在一起來考慮，並且「盼望的領域恰恰與先驗幻相（transcendental illusion）有著一樣的延伸」。[55] 然而，我們卻不能繞過純粹理性的檢驗而直接跳到末端，將上帝的概念把握為一種人類有限的知識是不可能的，正因如此，對上帝的存在論證和否定在哲學上都必然遭到相同的批評。但利科認為，康德這種哲學僅僅在時空對象維度裏限制著客觀知識的幻相，卻未有給哲學論述一個絕定的結束。在這點上，利科指出《單純理性限度內的宗教》（*Religion innerhalb der Grenzen der Blossen Vernunft*）中所表述的盼望，應被視作為可避免把哲學化約為封閉系統的關鍵，而這正好是他受到莫特曼啟發之處：

> 作為一種總結性的辯證法，黑格爾的辯證法是一種繫於真實之永恆當下的思辨神學的哲學對等；作為一種非總結性的辯證法，康德的辯證法與一種盼望神學更加靠近，即按基督教的詮釋來說，盼望是不能被絕對知識或靈知(gnosis)所征服的，因此盼望便開啟了知識聲稱所要封閉的。[56]

盼望之所以能承擔此角色，是因它不會給客觀知識添加任何東西，因它不是必然真的（apodictic）而是假說的（hypothetical）；它不屬於認識論的領域而處於實踐論與存在論的領域。順此，我們所能盼望的上帝，不應如康德所設想為理性的公設，而應是一種無條件的、具恩典性質的源頭，[57] 使黑格爾之精神或靈的契通過程，得以在盼望中繼續保留而不會違背理性的限制。

總括以上，利科的「後黑格爾—康德主義」從黑格爾的現象學中預設了絕對精神或神聖的主動性，並以康德框架中之盼望來檢視其顯現。[58] 在這種觀點下，黑格爾式的本體論既被吸納下來，卻同時又被延緩著。換句話說，人類知識的領域是向絕對〔精神〕或神聖的經驗開放著的，卻又未竟完全。因此，尹雷文（Theodoor M. van Leeuwen）的評論是十分正確的，在利科看來，上帝的在場不是由某種存在原則所確立，而是人類的盼望，故一種終末論的維度便被引入了利科的哲學中，[59] 也反映出莫特曼對他的影響。由於神聖者在歷史中不斷揭示自身，人類才可以期待並憑藉有限理性對其顯現有驚鴻一瞥。雖然那幅完整的圖畫只有在終末時才能得著，人類在歷史中仍有可能確定表象轉化的瞬間，因為神聖者能在任何時候向自我意識顯現自身。因此，雖然任何宗教知識只能在終末時才被確認，但我們卻能在利科的思想中看到，他對詮釋見證為對神聖者的原初肯定，和等待由絕對精神而來的啟示有著澎湃的激情。[60]

四　對「後黑格爾－康德主義」構想的簡評

以上的討論，一直在盤旋於闡釋利科的「後黑格爾—康德主義」，他的這種做法是否以一種外在於基督教傳統的哲學框架來統攝信仰，使得所建構出來的「神學」可能失卻認信性質？當然，我們沒有必要完全按照利科的進路來研究以至建構基督教神學，惟在這最後一部分的檢視下，我們將發現其思想體系反映出一種以神聖啟示為優先的考慮，並因而引致一種具結構性張力的不穩定架構，卻又是欲容納對神聖者（上帝）之見證所必需的。

事實上，利科的「後黑格爾—康德主義」縱然表現得頗具連貫性，但綜觀來看，他從沒有在哲學上為這種立場給出清晰的辯解何以必須要這樣做，[61] 而只闡釋了其全盤構想和宗教原由，這正是德國觀念論從費希特起已經發現的問題：對自我意識的現象描述，不可能成為一種不證自明的第一哲學，而僅能訴諸於實踐歷史中的志趣。因此，利科也指出過他是有意地提出盼望而非信或愛的問題，其用意是要在哲學與神學的對衡中帶出一種根本性的改變。[62] 然而，在這種相互啟發的努力中，利科卻力圖保持兩種學科的自主性。用他自己的說法，這是一種「向近性」(approximation) 之思：

> 我所謂的「向近性」是指一種思想努力，要愈來愈接近那構成一種盼望神學中心的終末事件。因辯證法受惠於這種積極向近的盼望，哲學認識並言說關乎復活佈道的東西。但它所認識和言說的仍保留於純粹理性限度之內。在這種自我規約之內，哲學得以保持其責任與謙遜。[63]

然而，正如史締化 (Dan R. Stiver) 曾指出，利科既吸納了黑格爾對絕對精神或靈之自我降卑或啟示的預設，他基本上是在終末論的宗教語境中建立其認識論的，而這便意味著若沒有原初的宗教見證的話，利科的哲學框架是難以成立的。[64] 若是如此，利科為何仍要保留神學與哲學間的區分呢？在這問題上，他的回應是：

> 哲學家不是佈道者。他也許會聽佈道，就如我一樣；但作為一位專業和負責任的思想者，他保持著作為啟航者的身分，其論述也總是保持著一種預備性質。[65]

換句話說，利科是想從方法論角度來堅持哲學相對於神學來說是一種獨立的學科，縱然他的哲學無可否認是一種「相信的」哲學。[66] 或許，范浩沙 (Kevin J. Vanhoozer) 的研究結論一定程度上是正確的：「利科並不宣揚福音，但卻如施洗約翰一樣，他透過為我們的想像洗禮，為聖道預備哲學的路來服務福音。」[67] 故此，雲迪韓格爾 (John W. van den Hengel) 直稱，利科的框架是建基於神學而非邏輯之上。[68] 利科是努力地去肯定絕對精神或神聖者在人類經驗中的顯現，即試圖在哲學討論中接受這種見證。這便是他的目標與原則，卻沒有為檢證他的立場而勾畫出一套有說服力的哲學解釋。

然而，若從利科的立場出發，正如他所指出，在黑格爾的系統中，表象蘊含著宗教的圖像思想與哲學的思辨思想兩方面，因此要在其「後黑格爾—康德主義」框架中將兩種理性分開是不恰當的。順此來看，利科將見證的討論放置於盼望的領域而非理論理性之中，或許也是一種果斷的關鍵做法；正如尹雷文準確地指出，對利科來說，信仰給予哲學思考更重要的是盼望與應許的邏輯，而不只是康德的義務觀，[69] 這才是要把黑格爾的思辨哲學與康德的限制性哲學互相補充的原因，故此，一種欲於此時此刻檢證其思想的論述，反倒會弔詭地違背著理性的限制。因此，筆者認為此框架的構作注定是一種信心的打賭，也標識著利科這種「後黑格爾—康德主義」的宗教終末論取向。

在檢視過利科這種神哲學框架的宗教性格以後，最後值得一問的是，那麼它又能立足於漢語的人文學術語境中麼？答案應該是肯定的，因為縱然其思想走向存在著張力和不穩定性，利科卻指出它所展現出之自我意識的個體生存模式猶如祁克果（Søren Kierkegaard；或譯基爾克果）所稱之「對可能性之激情」（passion for the possible）；[70] 當然，這位十九世紀的丹麥思想家也深切地影響到二十世紀初歐洲兩位哲學與神學界的巨人：海德格（Martin Heidegger）和巴特（Karl Barth），而利科也曾聲稱是受他們所影響的。一種以神聖啟示為首出考量的思想，或多或少反映著巴特的身影，而當代詮釋學更不可能繞過海德格而行。此二者對漢語思想界的影響固然不用多言，尤其值得考量的，是利科在一次訪問中曾說自己不喜於海德格之「向死存在」（*sein zum Tode*; being toward death）意念，而更鍾情於「至死存在」（being until death）的說法，這可能正受了基督復活所照亮之生存狀態所影響。由於基督的復活顯示出一種面向死亡卻又能跨越的神聖啟示，並且在信仰的語境中為一切受造物帶來終末的盼望，這便為實在（reality）開創出一個新維度，[71] 即所謂之「對可能性之激情」。

這種對有限生命作出以「是」壓倒「否」的肯定，其根源如本章一開首所提及，是出於對絕對或神聖者臨在此世的信仰，但這種具信仰意識的原初肯定，對於在多世紀以來經歷了無數次以神聖名義起「革命」的中國人來說不易倉促接受。尤其黑格爾所提出之辯證法方案，看似是一種無懈可擊的圓融超升，但當一些既得利益者將之轉化為具體的實踐方案時，卻有可能帶來驚世的災劫，中國近代歷史在這方面倒可說是一個活生生的見證。[72] 因此，對神聖啟示見證的接受和傳遞，不可能僅把它處理成一種思想實驗，更不可能是一種毫無批判的天真吸納。正如由復活所帶來的盼望，首先必須通過十字架背後所指向之絕對惡的洗禮方能呈現，因此對黑格爾精神的吸納，即使是在信仰上的，也不應是一種和稀泥的折衷主義，否則很可能僅是又一次之烏托邦夢想的幻滅，這也是利科對黑格爾精神吸納時所提到的告誡。沿著這條思路，在下一章，我們即將檢視他如何將這種源於基督教信仰的設想，挪用至處理具體歷史見證及其傳遞的態度，以致能使我們可既存盼望卻不抱幻想。

註 釋：

1. 本章編修自林子淳：〈對神聖者的見證：利科的「後黑格爾─康德主義」之宗教意向〉，《哲學門》總第二十一輯卷十一第 1 期（北京：北京大學，2010），頁 297～310。
2. 典型例子包括 James Fodor, *Christian Hermeneutics: Paul Ricoeur and the Refiguring of*

Theology（Oxford: Clarendon, 1995）及 Gregory Laughery, *Living Hermeneutics in Motion: An Analysis and Evaluation of Paul Ricoeur's Contribution to Biblical Hermeneutics*（Lanham: University Press of America, 2002）。

3. Paul Ricoeur, "On Interpretation," in *From Text to Action*, trans. Kathleen Blamey and John B. Thompson（London: Athlone, 1991）, 12；另參 Paul Ricoeur, "Intellectual Autobiography," in *The Philosophy of Paul Ricoeur*, ed. Lewis E. Hahn（Chicago & La Salle: Open Court, 1995）, 1 ~ 54。
4. 參 Ricoeur, "Intellectual Autobiography," 1 ~ 54；Gary B. Madison, "Ricoeur and the Hermeneutics of the Subject," in *The Philosophy of Paul Ricoeur*, 75 ~ 92；Kathleen Blamey, "From the Ego to the Self: A Philosophical Itinerary," in *The Philosophy of Paul Ricoeur*, 571 ~ 603。
5. 馬奇（Lewis S. Mudge）應該是指出見證在利科詮釋學中的重要性的首位學者（參"Paul Ricoeur on Biblical Interpretation," Biblical Research 24 ~ 25 [1979 ~ 1980]: 50 及以下），並得到利科親自的肯定（Paul Ricoeur, "A Response," Biblical Research 24 ~ 25 [1979 ~ 1980]: 77）；其他可參 Andrew D. Wood, "The Wager of Faith: The Philosophy of Paul Ricoeur and a Theology of Testimony"（Ph.D. thesis, University of Birmingham, 1992）；Jean Greisch, "Testimony and Attestation," in *Paul Ricoeur: The Hermeneutics of Action*, ed. Richard Kearney（London, Thousand Oaks, New Delhi: SAGE, 1996）, 81 及以下。
6. Paul Ricoeur, "L'herméneutique du témoignage," *Archivio di Filosofia* 42（1972）: 35 ~ 61；英譯本："The Hermeneutics of Testimony," trans. David Stewart and Charles E. Reagan, *Anglican Theological Review* 61（1979）: 435 ~ 461；以下引文主要出自此譯本。
7. 論文當時未受關注的另一重要原因，可能是利科剛從巴黎大學「自我放逐」離開法國學界；利科的生平簡介可參本書第一部分。
8. 詳參其《政治哲學》（*Philosophie politique* [Paris: Vrin, 1956]）和《道德哲學》（*Philosophie morale* [Paris: Vrin, 1961]）。
9. Bernard Dauenhauer, *Paul Ricoeur: The Promise and Risk of Politics*（Oxford: Rowman & Littlefield, 1998）, 3.
10. Robert Piercey, "What is a Post-Hegelian Kantian? The Case of Paul Ricoeur," *Philosophy Today* 51:1（Spring 2007）: 26 ~ 38；強調為作者所加。
11. Ricoeur, "The Hermeneutics of Testimony," 435；強調為原著所有。
12. Ricoeur, "The Hermeneutics of Testimony," 453.
13. Paul Ricoeur, "The Status of Vorstellung in Hegel's Philosophy of Religion," in Leroy S. Rouner, *Meaning, Truth and God*（Notre Dame & London: University of Notre Dame Press, 1982）, 71.
14. Paul Ricoeur, "Hope and the Structure of Philosophical System," in *Figuring the Sacred*（Minneapolis: Fortress, 1995）, 209.
15. Johann Gottlieb Fichte, *Science of Knowledge*, ed. & trans. Peter Heath and John Lachs

（Cambridge: CUP, 1982）, 12 ~ 16.

16. Fichte, *Science of Knowledge*, 93, 198.
17. Fichte, *Science of Knowledge*, 199.
18. 參 Robert Williams, "Phenomenology and Theology: Hegel's Alternative to Dogmaticism and Idealism," in *Essays in Phenomenological Theology*, ed. Steven W. Laycock and James G. Hart（Albany: State University of New York Press, 1986）, 71 ~ 72。
19. Williams, "Phenomenology and Theology," 67 ~ 68.
20. G. W. F. Hegel, *Encyclopedia of Philosophical Sciences*, trans. W. Wallace（Oxford: OUP, 1959）, v. 26 ~ 83.
21. Williams, "Phenomenology and Theology," 76 ~ 79；Peter C. Hodgson, "Hegel's Approach to Religion: The Dialectic of Speculation and Phenomenology," *The Journal of Religion* 64（1984）:160 ~ 162.
22. Williams, "Phenomenology and Theology," 74f.；Merold Westphal, *History and Truth in Hegel's Phenomenology*（Atlantic Highlands: Humanities, 1980）.
23. Williams, "Phenomenology and Theology," 73.
24. G. W. F. Hegel, *Phenomenology of Spirit*, trans. A. V. Miller（NY: OUP, 1979）, 488.
25. Paul Ricoeur, *Freud and Philosophy*, trans. Denis Savage（New Haven: Yale University Press, 1970）, 459 ~ 472.
26. G. W. F. Hegel, *Faith and Knowledge*, trans. W. Cerf and H. S. Harris（Albany: State University of New York Press, 1977）, 169.
27. 參 Williams, "Phenomenology and Theology," 79。
28. Hegel, *Encyclopedia of Philosophical Sciences*, 214.
29. Hegel, *Phenomenology of Spirit*, 458.
30. Hans-Georg Gadamer, *Wahrheit und Methode*（Tübingen: J. C. B. Mohr, 1965）, 439 ~ 442.
31. Ricoeur, "The Status of Vorstellung in Hegel's Philosophy of Religion," 70 ~ 72.
32. Ricoeur, "The Status of Vorstellung in Hegel's Philosophy of Religion," 72 ~ 73.
33. 參 John W. van den Hengel, *The Home of Meaning: The Hermeneutics of the Subject of Paul Ricoeur*（Washington: University Press of America, 1982）, 215。
34. 參 John W. van den Hengel, "Faith and Ideology in the Philosophy of Paul Ricoeur," *Église et Théologie* 14（1983）: 75。
35. 轉引自 van den Hengel, "Faith and Ideology in the Philosophy of Paul Ricoeur," 75。
36. Ricoeur, "The Status of Vorstellung in Hegel's Philosophy of Religion," 74.
37. Ricoeur, "The Status of Vorstellung in Hegel's Philosophy of Religion," 76 ~ 77.
38. Ricoeur, "The Status of Vorstellung in Hegel's Philosophy of Religion," 85.
39. Ricoeur, "The Status of Vorstellung in Hegel's Philosophy of Religion," 78.
40. Paul Ricoeur, "Freedom in the Light of Hope," in *The Conflict of Interpretations*, ed. Don Ihde（Evanston: Northwestern University Press, 1974）, 414.

41. Paul Ricoeur, "Philosophy and Historicity," in *History and Truth*, trans. Charles A. Kelbley (Evanston: Northwestern University Press, 1965), 66；同參其 "Hope and the Structure of Philosophical System," 208；Theodoor M. Van Leeuwen, *The Surplus of Meaning: Ontology and Eschatology in the Philosophy of Paul Ricoeur* (Amsterdam: Rodopi, 1981), 166～167。
42. Ricoeur, "Hope and the Structure of Philosophical System," 209；"Freedom in the Light of Hope," 415；同參 van den Hengel, *The Home of Meaning*, 216。
43. Ricoeur, "Freedom in the Light of Hope," 415.
44. Ricoeur, "Freedom in the Light of Hope," 404.
45. Ricoeur, "Freedom in the Light of Hope," 405.
46. Ricoeur, "Freedom in the Light of Hope," 406.
47. 莫爾特曼：《盼望神學》，曾念粵譯（香港：道風書社，2007），頁 10。
48. 莫爾特曼：《盼望神學》，頁 11。
49. 莫爾特曼：《來臨中的上帝》，曾念粵譯，二版（香港：道風書社，2007），頁 37～40。
50. 莫爾特曼：《來臨中的上帝》，頁 40～43。
51. Ricoeur, "Freedom in the Light of Hope," 405 n.2；莫爾特曼：《盼望神學》，頁 109 及以下。
52. 轉引自莫爾特曼：《盼望神學》，頁 108。
53. Devin Singh, "Resurrection as Suplus and Possibility: Moltmann and Ricoeur," *Scottish Journal of Theology* 61 (2008): 255.
54. Ricoeur, "Freedom in the Light of Hope," 406.
55. Ricoeur, "Hope and the Structure of Philosophical System," 211～212.
56. Ricoeur, "Hope and the Structure of Philosophical System," 216.
57. Ricoeur, "Hope and the Structure of Philosophical System," 211～214.
58. 參 Pamela Sue Anderson, *Ricoeur and Kant: Philosophy of the Will* (Atlanta: Scholar, 1993), 21～22。
59. Van Leeuwen, *The Surplus of Meaning*, 180～181.
60. Dan R. Stiver, *Theology after Ricoeur: New Directions in Hermeneutical Theology* (Louisville: Westminster John Knox, 2001), 196～197.
61. 利科在此僅指出，他是受到衞爾的影響和莫特曼所啟發，參 Ricoeur, "Freedom in the Light of Hope," 404～406, 412；"Hope and the Structure of Philosophical System," 204～205。
62. Ricoeur, "Hope and the Structure of Philosophical System," 203.
63. Ricoeur, "Hope and the Structure of Philosophical System," 216.
64. Stiver, *Theology after Ricoeur*, 96, 202.
65. Paul Ricoeur, "Religion, Atheism, and Faith," in *The Conflict of Interpretations*, 441.
66. 由於篇幅關係，我們不能在此詳論這課題，有興趣的讀者可參 Pamela Sue Anderson,

"Agnosticism and Attestation: An Aporia concerning the *Other in Ricoeur's Oneself as Another*," *The Journal of Religion* 74 (1994) : 65 ~ 76。

67. Kevin J. Vanhoozer，*Biblical Narrative in the Philosophy of Paul Ricoeur* (Cambridge: CUP, 1990), 288.
68. Van den Hengel, *The Home of Meaning*, 214 ~ 215 n.8.
69. Van Leeuwen, *The Surplus of Meaning*, 173.
70. Ricoeur, "Freedom in the Light of Hope," 407.
71. Paul Ricoeur, *Critique and Conviction*, trans. Kathlenn Blamey (NY: Columbia University Press, 1998), 156；同參 Singh, "Resurrection as Suplus and Possibility," 265；這種看法在晚年的利科得到進一步的發揮，詳參第一章的討論。
72. 中國大陸教會近代於這方面的問題，可參邢福增：《基督教在中國的失敗？——中國共產運動與基督教史論》(香港：道風書社，2008)。

4

見證在歷史中的傳遞[1]

一　引言

華裔的法蘭西院士程抱一在一次專訪中，曾對中國的政治文化提出過一個有趣的分析，他認為中國人幾乎是從一元論直接跳到三元論的，欠缺了真誠地面對二元的問題。程抱一這樣說，是以道家之「道生一，一生二，二生三，三生萬物」為背景說起的，意思是中國人過於強調和諧以迴避衝突；而「二」的觀念所代表的，就是一種對立的雙方，容易產生衝突而失卻和諧。因此，老子提出陰陽後便轉向沖氣的概念，孔子在講天道人道後也立即引入五倫的問題，結果「二」的問題往往被忽略掉。但沒有真正的「二」，所達到的「三」也不真實，所謂的和諧可能僅是「天子」所喜悅的局面，而這類「和諧烏托邦」的破滅，更可以構成歷史上的大災難。[2]

反觀西方思想史，包含從一至三結構的佼佼者，莫過於上章所提及之黑格爾（Georg W. F. Hegel）。事實上，「三而一」的格局從來並非神學的專利，從早期教會開始便已產生出政治性的影響，[3]輾轉傳至黑格爾和他的左翼跟隨者手裏，更轉化為對意識形態的診斷與批判，甚至產生出具體的政治實踐議程，並帶來過諸多的動蕩以至災劫。在這過程中，宗教尤其是基督教信仰，多次被視為典型的意識形態批判對象。如此一來，西方這條從一至三的路徑也是波折重重，那麼，基督教神學是否仍要遵循與這種思想有淵源的路線？

然而，若我們真誠面對過往的東西方思想史，那麼一種由一至三的路徑看來還是迴避不了的，因為除非我們是嚴格意義上的虛無主義者，沒有對任何真、善、美等價值的信念，否則我們必須如利科在上一章所言，對一些所謂具啟示性的事件，或說絕對精神或神聖者的顯現，作出絕對的肯定，並在有懷疑以至反對立場的情況下作出當下的綜合。如此一來，問題應是我們在對原初啟示作出確認時，如何能真誠地面對「二」的狀況，而非僅提出和稀泥式的綜合？

利科正是看出了黑格爾主義所隱含著的危機，故從上一章可見，相較於從一個肯定意識自主性和對絕對精神的當下直接性（immediacy）之高點出發，他選擇了從歷史領域開始他對見證（*témoignage*; testimony）的討論。因為如果意識的內容是由人自身所設想的話，則任何有關神聖的觀點都必淪為主體的述詞（predicate）；意識具自主性的觀點必構成對啟示的抵抗，並導致費爾巴哈（Ludwig Feuerbach）式的無神論。[4] 因此，利科明確地拒絕了這一立場，他想要通過一種傳遞或中介（mediation）的觀點，在歷史領域裏保留絕對精神的通透性（transparency），而不是一種已然在此的當下直接性，這便是他重新解釋表象（*Vorstellung*）之雙向度運動的原因。順此一來，惟有在歷史的限制中嚴肅地通過詮釋含混的文化符號體系，絕對精神才會展示自身，絕對知識才能夠被獲取，但這卻無可避免地會帶來關於信仰與意識形態，以及將其傳遞之信仰羣體的角色和詮釋等問題。利科這樣說：

> 因為有啟示，因為絕對〔精神〕與當下直接性之間有著一看來相同之非詮釋性的一刻，一個無限的傳遞過程便開始了。[5]

因此，黑格爾以後的哲學只能是一種詮釋，而利科的「後黑格爾—康德主義」(post-Hegelian Kantianism)則提供了一個重要的基礎，使我們可在歷史中尋索絕對精神或神聖的意涵。本章即要繼續沿利科的理論框架探索，檢視他如何可在這種隱藏危機的路徑中提出批判性機制，使得我們在建構基督教神學時，能不致被不恰當的「意識形態」吞噬，在自我的覺醒與重構中，又能開展出一種具社羣維度的神學。

二　見證傳遞的意識形態功能

論到見證的傳遞或信仰傳統的承傳問題，從社會科學的角度來看，即宗教羣體背後的意識形態之運作與活動的結果。「意識形態」在今天的一般使用中，每每給人一種負面的印象，若將之用於分析基督教信仰，或許會造成不少誤解。因此，往下我們將先簡介「意識形態」一詞在這裏的定義，然後再闡釋這種看法對建構漢語基督教神學的意義。

「意識形態」通常代表著一種在集體中推動著日常運作的意念，是一種公眾意願甚或一般共識(common sense)。但由於集體中的大多數人往往缺乏反思性的批判能力，此意念的前設大都不會受到挑戰或質疑，不僅如此，它甚至還會成為集體中的既得利益者——尤其是管治階層——任意採用的工具，而這樣不斷推進的後果，便是造成集體中各式各樣的不公平現象。這種對「意識形態」的負面印象，很大程度上是受馬克思(Karl Marx)及其後之盧卡奇(György Lukács)、葛蘭西(Antonio Gramsci)、阿爾都塞(Louis Althusser)等一眾思想家的影響所致，是以福柯(Michel Foucault)和德里達(Jacques Derrida)等當代哲人，堅持要對不同的無形操控勢力進行解構。批判當然是必須的，但也因此不斷加深了我們對「意識形態」一詞的負面印象。

我們若追查「意識形態」（*Idéologues*）一詞的起源，不難發現它是法國哲學家特拉西（Antoine Destutt de Tracy）於一七九六年用來稱呼他所創設的那門新學科的。學科的本意是要系統地分析人類的觀念和感知，以及它們的產生、結合和後果等問題。特拉西認為，人類不可能認識事物的自身，而只能對事物的感知形成觀念，分析這些觀念便能為一切科學知識提供堅實的基礎。由此，他為這門新興的「第一科學」提出了一個新字"ideology"，從字面上來說即「觀念學」。[6] 因此，從其歷史淵源來看，「意識形態」或「觀念學」本無任何負面含意，只為一門分析人類觀念的學問，為的是揭示當中的真理和消除幻象。從這個觀念出發，漢斯·巴特（Hans Barth）甚至指出，培根（Francis Bacon）才是這種研究的創始者，並深遠地影響了這種事業的推展。[7]

當然，作為一門學問的「觀念學」和作為一種給人負面印象的「意識形態」，是經歷了很長歷史時段的發展，也應歸屬於不同的理念範疇，在本章的主題下，我們也不可能仔細探討。[8] 不過，以上的討論至少給我們一個提示，即在背後推動著集體意識運作的那些意念，雖然有其需要批判的地方，但其功能並不一定全是負面的，因為它正是使一集體中的人能匯聚一起，以相同意念互相協作的機制，關鍵在於運作的過程有否受某種階層或旨趣所操控，以致產生不公平或宰制（domination）的現象。曼海姆（Karl Mannheim）因此把意識形態理解為在持續的歷史過程中，在特定時空中的社會和政治條件下「社會羣體的整體外觀」（the whole outlook of a social group）[9] 及其「整全的世界觀」（total *Weltanschuung*），[10] 甚至試圖將之分為兩個相對的範疇，即今為人熟知的「意識形態」與「烏托邦」

(utopia)。前者從過往的律則出發，欲維繫當前的秩序，後者則試圖以超越的元素來改變部分或全部現狀。[11]

可以想像的是，在實存的歷史狀況中，最困難便是劃出一條明確的界線，用以分辨哪些思想屬於正面，哪些當受批判。嘉斯丁(L. H. Garstin)就從歷史角度，指出意識形態、神話、信經、理念大綱、世界觀等詞彙往往是互通的，這在原始族羣中的社會如是，在中世紀的基督教世界如是，在現代的世俗社會亦如是。[12] 如此一來，當我們説基督教信仰是一個宗教羣體背後的推動力時，也必須弄清楚它是屬於哪方面的運作：是作為一種烏托邦的理想，激勵信徒不斷從超越的層面獲取向前邁進的力量，還是作為負面的意識形態，叫人只知沉醉於當下，只曉得緬懷過去，而不願在瞬息萬變的今天反省、革新，甚至淪為既得利益者用以宰制別人的工具？

上文已簡略提到意識形態之所以成為一個負面詞彙，很大程度上是由馬克思而起的。然而，同樣從歷史來檢察，馬克思的意識形態批判理論也是源於一種觀念學，不過並非法蘭西的而是日耳曼的，即德國的觀念論(German Idealism)，尤其是我們已一直在探討的黑格爾思想，這種思想正與基督教觀念有密切的內在關聯。[13] 當絕對精神將其自身展示為人類意識的客體時，黑格爾稱此精神的外在化一刻為異化(alienation)。在過程中表象或許會在人類主體中引起不愉快的意識，因為主體必須首先疏離自身，以致可成為絕對精神的自我意識。因此，在一些早期黑格爾著作中，異化或帶有貶義。但在黑格爾成熟的作品中，黑格爾理解到異化為人類精神必須通過的一個過程，以致它可達到絕到精神的自我意識。順此，其後異化便帶有雙重意義：它意味著外在化(*Entäusserung*)和剝奪(*Entfremdung*)。利科認為，只有當異化為一種絕對精神和自我的雙重自我降卑(kenosis)時，這一立場才成為可能。但左翼黑格爾學派，例如費爾巴哈和年輕的馬克思，卻只接納了消極的內涵，即真實自我的剝奪。沒有了絕對精神的自我降卑，即其在歷史領域中的自我啟示，異化對他們來說固然僅僅意味著顛倒了的人性，等同於對真實自我的剝奪，而信仰也成為了「一個虛假的、意識形態的上層建築，用以合法化資本主義的生產模式」，特別是當建制宗教不斷地召喚人們捨棄自我或捨己（self-denial）的時候。[14]

正由於利科理解到左翼黑格爾學派所指出關於意識形態的潛在危險，因此他才抗拒黑格爾對絕對精神之當下直接性，尤其棄絕主體的自我滿足意念。然而，利科同樣也不滿於左翼黑格爾學派的詮釋，因他們拒絕了絕對精神在此世界沛降的意涵，所以他在否決了絕對精神的當下直接性後，竭力要尋找一條介於一面倒地積極和消極之間的中間路線來理解異化問題。有趣的是，在這一交接點上，利科取道於一位新康德主義者——韋伯（Max Weber），並引入了其意識形態觀念，以便與左翼黑格爾學派作出對話，正好促成了其「後黑格爾—康德主義」的延伸。

正如法國大革命之於法國，十月革命之於蘇聯等，韋伯指出意識形態具有統合（integration）的正面功能，可將一個羣體的奠基性事件簡約地圖式化（schematize），從中賦予該羣體一個自我形象，使他們能透過一意符系統，令自身的出現、持存和合一顯為合理。因此，利科指出從這層面來看意識形態，它必然是前意識的東西，是運作性（operative）而非主題性（thematic）的；我們是按著它來思想，而非以它作為思想的對象。[15] 這種理解同樣適用於猶太和基督教信仰。出埃及和十字架事件無可置疑地是一種神聖的奠基性事件，當中雖然牽涉極複雜的歷史和文化因素，聖經作者卻一再描述，並將之塑造為上帝與其子民的救贖和立約故事，使來自不同背景、種族的信仰羣體成員得以聯合、持存，並且堅強地面對逆境，也與上一章述及黑格爾的絕對精神啟示循環相和應。

不過，也正因著這種掩飾性（dissimulative）的特質，意識形態常會展現出抗拒批判的自我保護功能，羣體內的一小撮人便可利用這種特色來合法化和確保其權力。其做法往往是借助羣體內欠缺批判的狀況，隱藏現實世界與由奠基事件而形成的自我形象和理想世界之間的距離，作出扭曲的詮釋，使羣體無法由當下的歷史經驗重組出新的自我理解，致令既得利益者得以維持現狀。[16] 但這種意識形態的運作形式最終會出現一臨界點，就是管治架構欲取得過於能合理化的權力，造成宰制現象。其方法是使意識形態的建立不單基於其統合功能，也同時基於當下的歷史狀況，即把當下所是的（is）當作是應當的（ought），從這刻開始，意識形態便真的成為了馬克思所界定的形式。因此，利科從法蘭克福學派得到啟發，認為意識形態的功能必須與其內容分離，否則我們便真的難以從馬克思所說的攝影機倒像（camera obscura）中走出來。[17] 在猶太和基督教信仰的經典中，耶利米「平安了，平安了，其實沒有平安」的宣告，以及耶穌先知式的格言「你們有話說……」，便是在信仰羣體中揭示這種虛假意識的有力警語。

但這又可如何關聯至利科對信仰和見證的討論呢？對馬克思和費爾巴哈來說，宗教正是意識形態的典範例證。利科也同意，從一個基礎的角度來看，宗教就是信仰的「意識形態」維度；[18] 又或如雲迪韓格爾（John W. van den Hengel）的理解，「信仰將其自身植根在宗教中，而宗教又是信仰的歷史和文化表現」。[19] 若神聖者只能通過外在化才能展示其自身，若我們必須在建制宗教被歷史條件規限的符號中尋索其痕迹，那麼信仰必然要承受馬克思意義上的意識形態潛在危險。因此，利科肯定甚至踐行馬克思形式對宗教的批判，以作為一種去除建制信仰中隱藏宰制旨趣的手段。利科認同費爾巴哈所說，在一種受宰制的語境下，人類是在向絕對倒空自己，我們必須停止這種向神聖的淌血，基督宗教作為一種歷史中的建制也沒有例外，宗教必須去神祕化（demystification）。正因如此，雖然馬克思、尼采（Friedrich Nietzsche）和費爾巴哈經常被看作是基督宗教的最大反對者，但利科卻將他們尊稱為三位懷疑大師（masters of suspicion），因為對他們來說，去神祕化是踐行懷疑的首要標識。

雖然如此，利科並沒有完全遵照左翼黑格爾學派的片面觀點。意識形態或可能淪為宰制的器具而被扭曲，以至產生虛假的意識，但它的功能卻不僅於此，利科在這裏將韋伯納入討論便顯得十分重要了。因為若絕對精神並不是當下直接的話，人類也不可能完全把捉絕對精神，也沒有人可以宣稱擁有真正前意識形態的觀點。正如韋伯所指出，意識形態是歷史處境中的人無法脫離的維度，因此對意識形態的批判是需要的，但不應該僅僅將目標指向摘除「虛假意識」的面具，我們根本無法因要擺脫隱藏的宰制功能而完全消除意識形態。[20]

順此，利科除了支持懷疑大師的詮釋學外，還將其與肯定的詮釋學作平衡處理。前者是一種考古學式的努力，試圖通過對獨特的文化文本進行解碼，來達致詮釋宗教論述和辨別隱藏著的「虛假意識」。後者則是一種終末論的詮釋，它用以辨識宗教論述在我們面前可能揭示的新意義。總而言之，利科認為我們應當揭開隱藏的旨趣，並同時探求絕對精神或神聖者向我們揭示的真實，[21] 這是詮釋者必須努力的方向，以致能與盼望中的神聖者相遇。

這樣看來，利科認為表象的外在化是必然地優先於剝奪；信仰也必須在成為負面現象以先作出積極的貢獻。否定性不能成為人性的第一實在，在某種真實被體認之前，沒有甚麼可以被否棄。[22] 換句話說，通過見證神聖者或絕對精神的自我揭示，利科試圖理解一種真實的雙重自我降卑，這也可說是其「後黑格爾—康德主義」擴充至宗教與意識形態討論上的一種重要意向。然而，若神聖者的當下直接性被轉化為間接的中介，那麼在歷史領域中便難以對絕對精神有肯定的掌握，我們便必須作一打賭，正如利科所指：

> 我們在某一套價值上打賭並試圖與其一致；因此檢證（verification）成了我們整個生命的問題，沒有人能夠逃避。任何宣稱能以一種無價值先設的方式行事的人都將一無所獲。[23]

因此，作為一種意識形態的宗教信仰，也必須存活於積極與消極作用之間的張力之中；[24] 我們不應該再以天真的態度來體認信仰，這正如史締化（Dan R. Stiver）所說，「若我們是天真的話，這也必須是一種後批判的天真舉動，它將這些批判性轉變挪用至我們的理解中」。[25] 為了作出一個相應的批判性挪用，我們往下將發現，利科亦如黑格爾一樣，曾嚴肅地將歷史中的基督宗教作為一種人類建制納入他的討論中，並且可能與他日後大力發展文本詮釋學尤有關係，因為聖經文本的詮釋與基督宗教的信仰羣體之意識形態建立關係密切。

三　信仰羣體的見證負擔

在基督宗教之內，神聖者的當下直接性無疑是由歷史上的耶穌其人來觸發的。然而，我們已無法再通過此途徑來接觸一位當下直接的上帝，而只能隔著歷史的距離來了解祂。利科認為，在黑格爾對基督教的詮釋中，一道隱然的裂縫已經出現於歷史耶穌的個體意識與原初教會的普遍自我意識之間。歷史的耶穌是當下在場的上帝，但祂的「當下存在」(being)已轉化為「曾經存在」(having been)，並在聖靈中復活了。利科指出，對於黑格爾來說，復活僅僅發生於信仰羣體之中，早期教會的記憶已經成為了祂的當下直接性之內在化。換句話說，神聖者的當下在場是保留在作為圖像思想之表象之中，並由信仰羣體承載著。故絕對精神的原初顯現便遺下給信仰羣體一個詮釋的重擔，因為他們就是其見證人。[26] 雲迪韓格爾這樣說：

> 除了通過人類的符號和行為，神聖者不曾進入我們的歷史。這沒有使神聖者依賴於歷史見證，然而若沒有歷史見證，神聖者將仍為完全的他者(Wholly Other)。[27]

儘管如此，見證只能是在歷史中對絕對精神偶然的表述，並從一些人類他者(human Other)中發出，卻又被信仰羣體看作為神聖的見證。[28]

這一微妙的差別固然帶來了體認見證的一連串問題，但利科並沒有把它視作詮釋神聖者自我啟示的消極面，反倒卻認為：

> 神聖者的消失是當下直接性與傳遞的轉折點，因此在可見之在場與圖像的詮釋之間……這直接性的消失正是其自身顯現之普遍化的必須條件。[29]

利科指出，早期教會對歷史人物耶穌，作出了神聖顯現的原初肯認，但是這種認信告白在新約中卻不僅僅是一種生命歷程的記錄，一種事件與意義之辯證性已然發生在原始的見證中，利科這樣說：

> 通過稱呼耶穌為上帝的兒子、彌賽亞或基督、審判者、君王、祭

> 司、邏各斯，原初教會開始了對意義與事件關係的詮釋，其重要性為詮釋不外在於見證，而是隱含於其最初的辯證結構之中。[30]

在這一意義上，表象在歷史中的辯證過程發展了在羣體中的神聖意識，正如原初教會在猶太傳統中重新詮釋了復活的主，以至從希臘文化增添了額外原素。從黑格爾的角度來詮釋，利科寫道：

> 羣體的意識就是表象內容植根於真實顯現之處，並且指向著其向精神的自我意識之回歸。我們也許會懷疑羣體意識是啟示，其表象顯現以及其哲學性再詮釋。[31]

這就是說，絕對精神通過一種內在化過程，向信仰羣體的自我意識顯明其自身，一種外在化過程也同時在發生著，在其中世界精神將文化因素任用於其中，因此在新約重新解讀希伯來經卷的過程中便產生了意義盈餘（*surplus de sens*; surplus of meaning）。[32] 神聖者藉以顯現自身的外在形式可能會改變，但在過程中要詮釋的主題卻總是不變的，即神聖者的自我啟示。

如此一來，既然表象活動有其兩重維度，則信仰羣體作為神聖者的見證，必然在其中扮演著重要的角色。故此，利科一如黑格爾，不單從思辨的維度來討論這問題，也從歷史領域處理信仰羣體，以充實其後黑格爾的觀點。然而，作為一位現代的哲學家而非神學家或社會學家，利科始終沒有很深入地處理信仰羣體的問題，而比較注意在建制宗教中原初見證被扭曲而可能產生消極影響的可能性上。因此，他甚至強調要踐行宗教批判，認為現代人應當在作為信徒與無神論者之間掙扎。[33] 然而，教會是否可以發揮更多積極的影響呢？按照意識形態的正面觀點，基督宗教羣體在其具體的文化、政治、經濟條件下踐行宣道（kerygma），應可能以具創意的方式重新詮釋其原初見證。利科並沒有忽略這一點，正如他寫道：

> 出埃及和復活作為劃時代事件，對它們的記憶分有著意識形態正面概念的某些東西。正如對天國的期盼分有著烏托邦正面概念的某些東西……信仰的根源就近於期盼從記憶中發出之處。[34]

作為傳播的媒介，原初教會的見證被模塑為一個文本，即聖經；因此，經卷便是見證的書寫論述（written discourse），它包含著神聖的兩「約書」（Testaments）。從基督宗教內部來看，教會對上帝的見證即其佈道工作，而這種詮釋也構成了此羣體的持續歷史重要原素。因此，教會必須盡力為現代人提供福音的佈講，雖然在歷史的過程中，它總是僅僅作為終末承諾的部分實現。

從這角度來看，利科認為聖經詮釋的任務就是宣講，使世界能夠聽到福音的意義。如果宣講是神聖論述的傳遞，閱讀經卷則為對這一論述的傾聽，兩者不能分割。反之，傾聽是為了基督宗教的宣講，而聖經詮釋學便不是哲學家的工作，乃為信仰羣體在其歷史進程中所要負擔的責任。所以，利科宣稱信仰羣體是「這麼一個地方，聖道踐行、思想和宣告成為宗教與信仰的掙扎」。[35] 這暗示著利科已將自己置於這歷史性羣體之中，並解釋了為甚麼他曾多次公開地宣稱自己是一位基督教宣講的傾聽者。[36]

可是對一位專業哲學家而言，最重要的問題卻不是如何詮釋聖經，但從這過程中展示出原初佈道可帶來本真生存經驗的可能性，卻也是哲學的工作，這甚至能使讀者的自我得以轉化。而對於神學家，關鍵的一點，即要詮釋信仰羣體由過去傳遞下來的見證行為，這就是為何利科認為神學應當處理見證問題。在這點上，我們再一次碰觸到利科對神學與哲學之分野的理解：

> 在我看來，哲學與神學的分野發生於下述模式。神學在見證的領域中處理可理解性的關係，它是對救贖事件的基督論詮釋的邏輯……信仰和宗教的哲學是另一回事，〔神學〕在基督論基礎上之見證組織東西，宗教哲學則從〔人類〕慾望如此的基礎來從事。[37]

有趣的是，利科在一九五〇至六〇年代創作的「意志哲學」的領域恰恰是在人類意識或慾望。因此范浩沙（Kevin J. Vanhoozer）曾正確地指出：

> 將利科的聖經詮釋學視為與其早期的哲學人類學著作無關的觀點是誤導性的，利科對文本的興趣，包括基督教的，是因為他對人類生存有著更早及更優先的興趣。[38]

事實上，利科自己已經在前期著作如《惡的象徵》（*The Symbolism of Evil*）和《佛洛伊德和哲學》（*Freud and Philosophy*）中指出，見證在其中有著相當密切的關係。[39]

作為一位深具信仰意識的專業哲學家，利科為要在歷史領域的偶發符號中尋索絕對精神的軌迹，故非常努力地去理解「一由詩性論述所形成並願順應之的思想主體可能變得怎樣」。[40] 這解釋了他在一九七〇年代著力於將他的詮釋學應用於聖經文本之上的原因，因為基督宗教的信仰羣體，將聖經視作為對神聖者的原初肯定，而它也確實是原始教會的見證。這正是何以我們在上章一開始便說，對神聖者的見證此意涵，與其「後黑格爾—康德主義」的建構須臾不離，並且對利科把哲學與宗教拉在一起的具創見性體系具舉足輕重的作用。[41]

四　餘論：從對神聖者的見證到詮釋主體的轉化

在當代學者中，馬奇（Lewis S. Mudge）可能是第一個指出見證在利科的聖經詮釋學中的重要性的人，即是説，經常被學界關注的聖經詮釋學，應被置於其見證詮釋的整體來理解，也涉及詮釋者自我（意識）的形成問題；而且馬奇還進一步闡釋在這過程中的三個階段：「形成中的見證」、「批評的時刻」和「後批評時刻」，並獲得利科坦率地承認。[42] 但我們不要以為見證僅屬前批判的階段，由於三個階段並非從時序上來説的，它們乃屬同一個密不可分的過程。正如以上我們曾經討論過的，意識形態能起著韋伯所指出的統合作用，但利科卻認為，它必須經過左翼黑格爾學派的補充來檢視。見證在信仰羣體中也必須如此，難怪利科曾在《惡的象徵》中説道：

> 那是否意味我們可回到原初的天真狀況（primitive *naïveté*）？不然。在任何一方面來看，都有一些東西無可回復地失卻了：相信的當下直接性。但若我們不能按著原初對其的相信，再活於偉大的神聖象徵中，我們現代人卻在批判中與透過批判把目標對著第二次天真（second *naïveté*）。簡單來説，我們是藉著**詮釋**以致能再**聽聞**。故此，在詮釋學中意義作為象徵的禮物和以解碼來理解的企圖是結連在一起的。[43]

從此我們也可以理解，為何利科在這時期會專注於懷疑詮釋學的研究。事實上，利科是更多地把這進路應用於詮釋主體，而不是聖經文本或任何被解釋的客體，這正是一種去除虛假意識的程序，而非理解文本的文學技巧。

若我們考察馬奇提到的詮釋三階段，不難發現一個詮釋主體必然地牽涉入其中：一個見證人有分於形成見證，去除虛假意識是應用於閱讀主體中，而後批判時刻也涉及一讀者對文本和自我的新理解。[44] 如果我們將這一過程與表象的雙向度運動作比較，便可發現，當絕對精神在自我意識裏返回其自身時，便達到了見證的後批評階段，雙重的自我降卑，同時涉及自我疏離的去除虛假意識作用和神聖啟示在歷史領域裏形成見證的過程。由於神聖的軌迹被收納成聖經的見證，史締化在利科的基督教詮釋學發現：

> 從舊約到新約的聖經運動中所發生的，是一激烈的概念內在化過程。最終來說，首要的見證是聖靈上帝在人心中的明證，換句話說，即對加爾文無比重要的「聖靈內在見證」。[45]

因此，在肯定與懷疑的掙扎之間，利科坦率地宣稱：「我希望我是在真理束縛的限度中。」[46]

從此角度來檢視，雖然自我之轉化總是利科聖經詮釋學議程的最後階段，我們也不會訝異於〈見證的詮釋〉（“L’herméneutique du témoignage”）是寫於他大部分關於聖經詮釋學的論文之先，正因一種見證的哲學必先是一種詮釋學，如我們在上面的分析所示。伍德（Andrew D. Wood）在他的博士論文中更進一步地將利科的見證觀點，關連於他的晚期作品《一己猶如他者》（*Soi-même comme un autre*），[47] 其中他正探討著在「他者」在場的情況下自我的構成問題。這個「他者」固然應包括與詮釋主體共在的任何重要對話伙伴，如具軀體的個人、神聖的全然他者、在文化文本或神聖文本中承載著的另一他者之聲音。按著這條路線，伍德看到利科正回轉向他在其事業開端所開展的議程，亦即「意志哲學」。[48] 從利科思想發展的歷程來看，這更顯示他在一九六〇年代後期起轉向普遍詮釋學的原因，是為了更好地發展其源於一九五〇年代的未完成之「意志哲學」三部曲；而其聖經詮釋學，事實上是為了能更好地理解基督教的見證。因此，利科的聖經詮釋學的目標，並非為要過濾出一些釋經原則，而是從經卷中認識與神聖者相遇在過往是如何被經驗、並影響到以往的世代，讀者與此神聖記錄的相遇，又如何能為他們的反思自我提供本真的可能性以致是被它所轉化。難怪利科不僅僅討論主體閱讀聖經文本的經驗，也關注到分析經文的實踐反應和對他者的影響，因為對絕對精神或神聖者的見證，應當能在見證人的倫理生存中反映出啟示者的作為，這些因素驅使利科極注意（反思）自我之轉化問題，而達致一種能擴展的自我，總是其詮釋學的最終目標，不論它是否與聖經文本有關。如此一來，我們也不能夠將利科的聖經詮釋學與他對被神聖者召喚的自我的關注割裂開來。

順此來說，利科毫不含糊地對基督宗教的詮釋總結地說：「所有基督教佈講的前設，是對地上的耶穌與信仰羣體中藉先知之口而言說的基督的連續性與同一性。」[49] 基督徒在這一原初事件上做出打賭，他們將之視為對上帝的顯現。利科明確地意識到對於神聖者或上帝的顯現不能夠被把捉，見證也不是嚴格的證明，它要求人作出是否接受的判斷；這便可能在傳遞過程中帶來懷疑，而信仰也必須作出打賭，我們只能從它的奠基性事件中思想，而無法超越這一根源。然而，由於它是出於一些奠基性事件，信仰也不是一種毫無根據的打賭。從「後黑格爾—康德主義」框架來察看，它是作為源初的神聖啟示的見證而觸發的，因此，利科正面地闡釋了這一現象：「一種不考慮見證的詮釋，注定使得立場無始無終的無限後退」，但「絕對者此時此刻的顯現〔卻〕指示出無限後退之反思的終結」。[50]

總括來說，我們在本章中順著利科之「後黑格爾—康德主義」框架發現，見證在歷史領域的承傳中雖然可能產生出意識形態的宰制性危機，惟基督宗教第一代信徒關於與地上耶穌及復活基督的相遇，便屬於對神聖啟示的原初見證，新約是他們的書寫論述，並且是對既存的猶太經卷的重新詮釋。在這種理解之下，現代「信徒」仍然可以在閱讀這些見證中經驗同一種神聖相遇，並且他們的自我在其中被轉化。從此看來，聖經詮釋對利科來說，是其基督教見證詮釋的一個片斷，信徒是為了傾聽原初之言而閱讀，它應當是一種能轉化自我（意識）的閱讀，並能達致新的信仰身分理解。我們將在下一章開始探討，利科如何進一步以其文本詮釋理論鞏固這一種討論，並探討它對現代基督教神學建構的意涵。

註 釋：

1. 本章編修自林子淳：〈對神聖者的見證：利科的「後黑格爾—康德主義」之宗教意向〉，《哲學門》總第二十一輯卷十一第1期（北京：北京大學，2010），頁310～318，及〈聖經研究與作為意識形態的基督信仰〉，《中國神學研究院期刊》第四十四期（2008年1月），頁55～62。
2. 熊培雲：〈有多少悲劇還會重來？與法蘭西學院程抱一院士對話中傳統與未來〉，《思想國》（2005年11月26日）〔網上文章〕；取自思想國網頁（http://xiongpeiyun.over-blog.com /article-1268494.html）；瀏覽於2011年5月26日。
3. 參科斯洛夫斯基：〈政治的一神論還是三位一體論？〉及福特：〈三位一體與社會〉，載《現代語境中的三一論》，漢語基督教文化研究所編（香港：漢語基督教文化研究所，2000），頁239～279。
4. Paul Ricoeur, "Toward a Hermeneutic of the Idea of Revelation," *Harvard Theological Review* 70（1977）: 27, 30.
5. Paul Ricoeur, "The Status of Vorstellung in Hegel's Philosophy of Religion," in *Meaning, Truth and God*, ed. Leroy S. Rouner (Notre Dame & London: University of Notre Dame Press, 1982）, 78及以下；同參John W. van den Hengel, "Faith and Ideology in the Philosophy of Paul Ricoeur," *Église et Théologie* 14（1983）: 76。
6. 參湯普森：《意識形態與現代文化》，高銛等譯（南京：譯林，2005），頁31～32；特拉西之*Elements d'Ideologie*之英譯節錄可參"The Original Concept of Ideology," in *Ideology, Politics, and Political Theory*, ed. Richard H. Cox（Belmont: Wadsworth, 1969）, 10～27。
7. Hans Barth, *Truth and Ideology*, trans. Frederuc Lilge（Berkeley: University of California

Press, 1976）, Ch. 1.

8. 有興趣的讀者可參湯普森：《意識形態與現代文化》的第一章：意識形態的概念，頁 30 ~ 81。
9. Karl Mannheim, *Ideology and Utopia*, trans. L. Wirth & E. Shils（New York: Harvest, 1936）, 59.
10. Mannheim, *Ideology and Utopia*, 57.
11. Mannheim, *Ideology and Utopia*, 192 ~ 193.
12. L. H. Garstin, *Each Age is a Dream: A Study in Ideologies*（New York: Bouregy & Carl, 1954）, 6 ~ 47.
13. 漢語學界在這方面的討論仍然稀少，讀者可參陸敬忠：〈黑格爾神學性哲思之源生〉，《山道期刊》第十八期（2006 年 12 月），頁 178 ~ 200；趙林：《黑格爾的宗教哲學》（武漢：武漢大學，2005）。
14. 參陸敬忠：〈黑格爾神學性哲思之源生〉，頁 178 ~ 200；趙林：《黑格爾的宗教哲學》；同參 van den Hengel, " Faith and Ideology in the Philosophy of Paul Ricoeur, " 71 ~ 72。
15. Paul Ricoeur, " Science and Ideology, " in *Hermeneutics and the Human Sciences*, ed. & trans. John B. Thompson（Cambridge: CUP, 1981）, 227.
16. Ricoeur, " Science and Ideology, " 228.
17. Ricoeur, " Science and Ideology, " 229。馬克思原來的話是這樣的：" If in all ideology men and their circumstances appear upside-down as in camera obscura, this phenomenon arises just as much from their historical life-process as the inversion of objects on the retina does from their physical life-process. "（載 Karl Marx and Frederick Engels, *The German Ideology*, ed. C. J. Arthur [London: Lawrence & Wishart, 1970], 47。）
18. Paul Ricoeur, " L'herméneutique de la secularization, " *Archivio di filosofia* 46（1976）: 66.
19. John W. van den Hengel, " Faith and Ideology in the Philosophy of Paul Ricoeur, " *Église et Théologie* 14（1983）: 74.
20. 參 Richard Kearney, " Religion and Ideology: Paul Ricoeur's Hermeneutic Conflict, " *The Irish Theological Quarterly* 52（1986）: 114 ~ 116。
21. Kearney, " Religion and Ideology: Paul Ricoeur's Hermeneutic Conflict, " 116 ~ 119; Dan R. Stiver, *Theology after Ricoeur: New Directions in Hermeneutical Theology*（Louisville: Westminster John Knox, 2001）, 146.
22. Van den Hengel, " Faith and Ideology in the Philosophy of Paul Ricoeur, " 72 ~ 73.
23. Paul Ricoeur, *Lectures on Ideology and Utopia*, ed. George H. Taylor（NY: Columbia University Press, 1986）, 312.
24. 參 Kevin J. Vanhoozer, *Biblical Narrative in the Philosophy of Paul Ricoeur*（Cambridge: CUP, 1990）, 108。
25. Stiver, *Theology after Ricoeur*, 146.
26. Ricoeur, " The Status of Vorstellung in Hegel's Philosophy of Religion, " 78 ~ 79, 86 ~ 87.

27. Van den Hengel, "Faith and Ideology in the Philosophy of Paul Ricoeur," 86.
28. Paul Ricoeur, "The Hermeneutics of Testimony," trans. David Stewart and Charles E. Reagan, *Anglican Theological Review* 61（1979）, 456.
29. Ricoeur, "The Status of Vorstellung in Hegel's Philosophy of Religion," 78～79.
30. Ricoeur, "The Hermeneutics of Testimony," 455.
31. Ricoeur, "The Status of Vorstellung in Hegel's Philosophy of Religion," 84；強調為作者原有。
32. 參 Stiver, *Theology after Ricoeur*, 155～156。
33. Paul Ricoeur, "The Critique of Religion," trans. R. Bradley Deford, *Union Seminary Quarterly Review* 28（1973）: 212.
34. Paul Ricoeur, "Ideology, Utopia, Faith," *The Center for Hermeneutical Studies in Hellenistic and Modern Culture* [The Graduate Theological Union and the University of California, Berkeley] 17（1976）:28.
35. Paul Ricoeur, "Tasks of Ecclesial Community in the Modern World," in *Renewal of Religious Structures*, ed. L. K. Shook（NY: Herder & Herder, 1968）, 246.
36. Paul Ricoeur, "Religion, Atheism, and Faith," in *The Conflict of Interpretations*; ed. Don Ihde（Evanston, IL: Northwestern University Press, 1974）, 441; "Naming God," in *Figuring the Sacred*（Minneapolis, MN: Fortress, 1995）, 217.
37. Paul Ricoeur, "The Demythization of Accusation," in *The Conflict of Interpretations*, 343.
38. Vanhoozer, *Biblical Narrative in the Philosophy of Paul Ricoeur*, 224.
39. Ricoeur, "Toward a Hermeneutic of the Idea of Revelation," 27～28.
40. Ricoeur, "Toward a Hermeneutic of the Idea of Revelation," 27.
41. 事實上，這種意向甚至在利科晚期關於敘事和同一性的討論中仍然可以找到痕迹，詳參本書第八章。
42. Lewis S. Mudge, "Paul Ricoeur on Biblical Interpretation," *Biblical Research* 24～25（1979～1980）: 49～62; Paul Ricoeur, "A Response," *Biblical Research* 24～25（1979～1980）: 79；克萊米（David Klemm）在其《利科的詮釋理論》（*The Hermeneutical Theory of Paul Ricoeur* [Lewisburg: Bucknell, 1983]）頁 69 中把這三個階段稱為「第一次天真」（first *naïveté*）、「批判」（critique）和「第二次天真」（second *naïveté*）；特雷西（David Tracy）的《類比想像》（*The Analogical Imagination: Christian Theology and the Culture of Pluralism* [NY: Crossroad, 1981]）頁 151～152 註 107 也簡單地稱之為理解（understanding）「解釋」（explanation）和「理解」（understanding）。筆者以為，重要的乃是要顯示出這過程的辯證本質，也符合利科的「後黑格爾—康德主義」。
43. Paul Ricoeur, *The Symbolism of Evil*, trans. Emerson Buchanan（Boston: Beacon, 1967）, 351；強調為作者原有。
44. 利科對這種過程也作為語意上的分析和從聖經舉出例子，參 Ricoeur, "The Hermeneutics of Testimony," 438～453；林子淳：〈邁向一個對見證的神學詮釋：利科論對宣道的見證〉，《建道學刊》第二十二期（2004 年 7 月），頁 101～103。

45. Stiver, *Theology after Ricoeur*, 298.
46. Paul Ricoeur, *History and Truth*, trans. Charles A. Kelbley（Evanston: Northwestern University Press, 1965）, 54.
47. Paul Ricoeur, *Soi-même comme un autre*（Paris: Seuil, 1990）.
48. Andrew D. Wood, "The Wager of Faith: The Philosophy of Paul Ricoeur and a Theology of Testimony"（Ph.D. thesis, University of Birmingham, 1992）, 6；然而，伍德卻遺漏了利科從《一己猶如他者》刪去、卻原載於其吉福特講座（Gifford Lectures）的兩篇神學論文，它們正是關乎聖經詮釋和被召自我的課題。後者〈先知召命敘事學派中的被召主體〉（"The Summoned Subject in the School of the Narratives of the Prophetic Vocation"）的主要內容，便是對自我的建構的一種闡釋，它從舊約先知開始，通過基督的形象和奧古斯丁的「內在教師」，說到現代哲學中良心見證。我相信這不是一個偶然的巧合，利科的持續關注已經在他的見證詮釋中清晰地展示出來，而我們甚至可以視之為〈見證的詮釋〉有關聖經闡釋部分的延伸，將其原先限制於聖經見證的討論，擴充至西方思想史當中。利科的兩次講演現刊於"The Self in the Mirror of the Scriptures," in *The Whole and Divided Self*, ed. David E. Aune and John McCarthy（New York: Crossroad, 1997）, 201 ～ 220；及"The Summoned Subject in the School of the Narratives of the Prophetic Vocation）," in *Figuring the Sacred*（Minneapolis, MN: Fortress, 1995）, 262 ～ 275；這方面的探討可參本書第八章。
49. Paul Ricoeur, "From Proclamation to Narrative," *Journal of Religion* 64（1984）: 501.
50. Ricoeur, "The Hermeneutics of Testimony," 454.

第三部

聖經詮釋與信仰傳統

5

聖經詮釋與自我轉化[1]

一　引言

在上一部分，我們沿著利科的「後黑格爾—康德主義」(post-Hegelian Kantianisn) 來檢視神學建構的問題，發現詮釋者一方面需要對神聖的顯現作出期盼，但另一方面，又不可以忽視在歷史領域中可能隱藏著的各種宰制旨趣。不過，基督教信仰傳統卻又必須在這道張力之中才能承傳下來，因為若神聖者已闖進歷史的領域並向人顯現自身，則祂必已成為人類文化的事實，甚至為書寫論述所承載，所以「信徒所斷言的上帝之道，僅能藉賴進入我們的論述才能宣講自身」。[2] 出埃及和基督復活等敍事論述，正是基督宗教信仰羣體對神聖啟示的原初見證，並已一而再地在他們的經卷與傳統中被引述和詮釋，而後世傳遞者的自我意識，也是在這過程中被塑造出來的，正因如此，利科寫道：

> 基督教一直存在著一個詮釋問題，因為基督教是從宣講而來。其始於一個根本性的宣講，堅持上帝國以決定性的方式在耶穌基督裏逼近我們。但這根本性的宣講、這言語，是透過書寫、透過經卷臨到我們的，若要使這見證那根本並奠基性事件之原初言語始終為當代所接受，我們必須恒常地使之恢復為活潑之言。[3]

按這說法，我們甚至應視基督教歷史自身便是一個詮釋學問題的歷史，因為基督教將自身表現為一種宣道（kerygma）或向世人發出的一種論述。[4]

順著這種以聖經為聖道見證的看法，聖經詮釋的目的，就是要闡釋一些奠基性的信仰見證，使讀者能重新確認最原初的啟示，自我（意識）得以轉化，以致他們能繼續傳遞由聖經所載的生命之道。順此，教會傳統認為，聖經詮釋應為信徒帶來靈性的模塑，此乃是一個符合信仰傳遞的理念，因為惟有一種被這見證轉化了的生命，才會自覺地承擔傳遞和闡釋聖道的責任。

從範疇上來說，聖經詮釋固然可歸屬於一般詮釋學之下，[5]而詮釋學發展至今，縱然流派多不勝數，但一般來說，仍離不開對以下三個維度的關懷：對文本（text）、詮釋者的自我（the self of the interpreter）和詮釋者的世界（the world of the interpreter）的詮釋；而詮釋學的整體關注，更可說是這三個維度之間的互動關係。若對應於聖經詮釋來說，這便是對聖經文本、讀者自我和其身處語境關係的整合。作為當代詮釋學殿堂級人物的利科，固然體會到不同語境為聖經詮釋過程帶來的複雜性，[6]故本章的目的正是要接續上一部分的討論，從檢閱利科由一九六○年代末至八○年代初的思想，為聖經詮釋和神學反省的關聯尋找根據。不過，我們也將看到這過程為利科的思想帶來嚴重的張力，其來源正是要把聖經詮釋視為一個可帶來自我轉化過程的信念，這種張力更導致利科在一九八○年代起，把其詮釋學討論集中於敘事理論（narratology）方面，並引入閱讀羣體的實踐向度作思考，也是本部分往後要集中討論的一個方向。

二　利科對布特曼的再詮釋

要理解利科的聖經詮釋理念並與其文本詮釋理論的關係，一個簡便的方法是從他對布特曼（Rudolf Bultmann）的評論入手。利科是把布特曼思想引入法語學界的關鍵人物，並在一九六〇年代多次就解神話概念撰文，包括為法語版的《耶穌、神話學與解神話化》（*Jésus, Mythologie et Démythologisation*）作序。[7] 在利科的檢視下，布特曼的解神話詮釋方法，正好呈現出一種要把讀者的自我轉化的意圖。[8]

順著把基督教歷史視為一種詮釋問題的方向來思考，利科指出聖經內在地也反映著這個概念。首先，基督事件的見證，已經是一個對既存經典的詮釋，它使得整個猶太傳統突然變得「陳舊」。因此，第一代基督徒需要澄清一個問題：兩約之間的關係究竟是怎樣的？寓意式閱讀（allegorical reading）應運而生，並廣泛被應用於闡釋古舊經文，使其內在的意義得以轉化。宣道甚或乎整部新約，就是原初教會對猶太經卷的重新閱讀，因此在詮釋的意義上彼此互涉。[9]

此詮釋學問題的第二個來源始自保羅，他邀請其聽眾在基督的苦難與復活的亮光中理解他們的生存狀況，中世紀的詮釋基本上繼承了這一原則，將經文作為可以刺激對世上萬事萬物作反思考的無窮珍寶。在這一方式上詮釋聖經，是為了增強其神聖的意義，並在基督教生存的模式中將整個世界融入其中。總而言之，基督的意義與人類生存意義之相互關係，為上帝之道的傾聽者建立起一個詮釋的循環。[10]

利科認為，基督教詮釋問題的第三個來源，直到現代才完全被確認出來，因為這是在歷史學與語言學等世俗學科被應用於聖經後才出現的。對於信徒來說，上帝之道最終不是經文而是耶穌基督，然而，此宣道是在作為一種文本之見證形式中被表達的。此「約」宣告了這人的事並包含著初代信仰羣體的認信，但對於現代人來說，聖經卻明顯是一種人言的產物；我們只是見證的聽眾，並且只有通過傾聽和詮釋文本才能相信，但這種見證的外觀，已然是一種古代文本的形式了。因此，現代信徒不僅與舊約，即使和新約也是處於一種有待詮釋的關係中。[11]

由於意識到上述的詮釋學問題，利科清晰地指出，布特曼的解神話釋經並非只是對聖經神話外衣的簡單揚棄，而是欲把握宣道意義的反面動作，真正的上帝之道只能通過解開我們與遠古時代間的文化隔膜才能獲得。為方便分析，利科也把布特曼的詮釋過程工整地分為三個層次。

首先，布特曼留意到，要解神話的是現代人，因為他們已難以擁抱神話語言及其背後的世界觀，故此，當代聖經詮釋的一個重要任務，便是要克服讀者與聖經文本之間的文化距離，使聖道能容納於現代論述中。利科認同這種意圖，只是他認為布特曼忘記了神話不應只被看為與科學相違背的一種論述，它更能為一個無法感知的世界提供現世形式。[12]這是一個非常重要的觀點，我們稍後將回到這點上。

第二方面，利科指出解神話化是一種生存論詮釋（existential interpretation）。布特曼認為，現代人雖然未必認同神話的語言和世界觀，但其論述意向卻是不應被一併否定的。利科認為，布特曼這種想法並非出於現代精神或存在主義哲學家的意圖，並指出這其中的一個前設：是宣道自身要求被解神話的。當保羅與約翰使用世界、肉身、罪惡等觀念來論述基督的死與復活對人類的生存意涵時，已是對聖道召喚的解神話式回應。[13]

然而，解神話過程並未終止於此。整個程序的結束點，是布特曼從一位解經者的身分轉變為一位宣講者。這是一種生命或倫理存活狀態（ethical existence）上的轉變，利科指出這顯然並非一位存在主義哲學家的行徑，宣講者之所以宣講是基於信仰的原因，他希望福音被人聆聽，以召喚人們回應基督事件和上帝的作為，以致聆聽者的自我（意識）也得與其一樣的轉化。順此，對基督教會來說，聖經詮釋與宣講聖道是不能分割的活動，也基於這原因，布特曼才試圖以非神話語言向現代人說話。[14]

從以上對布特曼的分析，利科勾勒出解神話釋經的一個重要立場：「『神話語句』的『意涵』（signification）不再是神話學的（mythological）。」[15] 布特曼由於對神話語言存有疑慮，故試圖以另一種語言來替代它，使現代人可從容的把宣道關聯至當代處境，克服文化上的距離。可是利科卻指出，現代人固然難以引用一種把神話客體化的語言來說話，但布特曼在過程中卻只關心「客體化」（objectification）的問題，而沒有對語言自身（language in general）作出反省。利科續指一種不把神話客體化的語言也不是清白（innocent）的，而更重要的問題是，當另一種語言要替代神話語言時，這根本是一種新的解釋。此做法要求讀者投入文本所說的內容並尋索其生存意涵（existential significance），以致為宣道所轉化，並生出一種新的自我理解（*comprendre de soi*; self-understanding）。[16] 這也很可能是利科在一九七〇年代嘗試把其文本詮釋理論應用於聖經之上的原因，因為他既想嚴謹地反省語言性質與功能的問題，亦希望將聖經詮釋視為一種可轉化讀者自我理解的過程。

利科認為，若按布特曼所說，聖經詮釋的終點是要讓讀者覓得其本己的生存意涵，其中必須經過一「體認」或「挪用」（*Aneignung*; appropriation）過程，使讀者能從文本引申出這意涵。為此原因，利科把聖經文本的「意義」(meaning)與對讀者的生存「意涵」(signification)清楚區分;並指這過程內在地要求文本具備一定程度的「客觀性」(objectivity),這也是他強調神話不只是相對於科學,並能為一個無法感知的世界提供現世形式的原因。[17] 由此觀之,對利科來說,整個詮釋聖經的過程是從聖經文本尋找其「客觀意義」,再由此生出讀者的生存意涵,而他對布特曼的主要批評,便是他由文本直奔向生存意涵的步伐「過於急速」。在文本與生存意涵中間,應預留位置給有一定客觀性的「意義」層次,然而,利科卻指此客觀層次並不能在現世或心靈中找到,這乃是弗雷格(Gottlob Frege)和胡塞爾(Edmund Husserl)所提及的「理想」時刻(ideal moment),[18] 我們將看到,這也是利科的文本詮釋理論和聖經研究的交接點。

總括來說,利科對布特曼解神話方案的起點(文本)與終點(意涵)並無異議,可是他卻補充了一個中介性的「客觀」層次,這也關係到他批評布特曼未有對語言的性質與功能作出反思的原因。由此看來,由語言所承擔的此一層次必須提供兩種功能:(1)為聖經神話提供「客觀意義」以作分析;(2)為讀者的生存意涵的產生提供基礎。我們將看到,利科的聖經詮釋為此兩種功能面對極大的張力,一方面他必須引證語言作為符號體系能為文本提供一定的客觀意義;另一方面,客觀層次以外的意義盈餘(*surplus de sens*; surplus of meaning)卻又會在閱讀過程中不斷產生,以至生出能轉化讀者自我意識的生存意涵。

三　詮釋理論作為聖經詮釋的工具

從利科對布特曼的解讀中,我們已看到他需掙扎於文本的客觀性和意義盈餘的張力中;他在一九七〇年代所發展的文本詮釋理論，便嘗試引用索緒爾（Ferdinand de Saussure）和弗雷格的語言學、並海德格（Martin Heidegger）和伽達瑪（Hans-Georg Gadamer）的本體詮釋理論來支援其論述。以下，我們將檢視利科在這段期間，如何應用其詮釋理論來闡述聖經詮釋的工作；然而，我們的目的，並非從哲學角度來檢視此議程的可行性，而會把焦點置於聯繫聖經詮釋和基督教神學的意義上，因為這將導致一種能轉化讀者自我（意識）的過程。

1. 聖經文本作為神聖論述的記錄

利科在一九七〇年代發展的文本理論的一大特色，是他強調了書寫文本具有獨立於作者或言說者之自主性，這點剛好與其上提到的「客觀意義」層次相對應。利科借用了索緒爾的思想，指語言可視為一組系統（*la langue*; language as system）和一種演繹（*la parole*; language as performance）兩個維度。作為一共時性（synchronic）的符號系統，語言能把由此體系所傳遞之歷時性（diachronic）演繹信息記錄下來。然而，由於許多元素無法由文字完全凝固，故語言雖看似是一種無時限性的系統，但它也只能把一個論述（*le discours*; discourse）的命題內容（propositional content）保存下來。利科引用弗雷格的概念，把文本此「客觀」層次稱為本意（*sens*; *Sinn*; sense），然而它又可指向真實的事物，就是文本的指涉意（*référence*; *Bedeutung*; reference）。[19] 可是，利科也提醒我們，被記錄的並非言說事件（the event of speaking）自身，乃是「被說」之事（the "said" of speaking）。再者，由於語言之表現（illocutionary）和表達效果（perlocutionary）活動皆難以被記錄，再加上文字具有的多義性，故此，文本對當今讀者之意義，未必等同於原作者所指，這就是利科對文本自主性所定的意思。[20]

按以上所說，利科認為詮釋理論的最終對象並非是文本，而是被文本記錄下來的「論述」。對於論述，他的理解為：「一個主體欲表述自己的作為；而此表述是指向另一主體所作的；在此作為中表述主體欲傳遞一些資訊或影響對方。」[21] 因此，即使是針對書寫文本的詮釋理論，也不能只關注現成的文本自身，而不涉及論述的發生和接收者的參與。然而，若一個論述已被記錄於文本，我們便可把它視為一連串的共時符號來分析其「客觀」意義；但另一方面，我們也應超越其語文學的意義去尋索論述的意指。對於聖經詮釋來說，這即表示我們可使用不同的批判方法來處理經文，以獲取其「客觀」意義；但同時詮釋的目標卻應置於從聖經文本中擷取神聖論述，以致使當代人能得聽神聖之言。這看法的前提，正是因相信宣道是已被人言所記錄下來的論述，而且「上帝之道只能透過進入我們的論述中，被相信的人宣認為上帝之道，才能宣講自己」。[22]

華萊士（Mark I. Wallace）在比較布特曼和利科之時，正確地指出前者之「解神話—生存論」詮釋方案的問題，在於他以為上帝能夠在一個去語境化的（decontextualized）語言中被聆聽，而人則可以在一個不為神話框架所影響的情況下作出生存論抉擇，然而，承載聖經信息的卻正是這神話框架。對利科而言，除了現存的神話文學樣式外，我們根本沒有其他渠道可直接面對神聖之道，因此，我們務要嚴肅地處理作為文學作品的聖經文本，以致於把其內中的一切元素（包括神話和非神話的）都展示出來。[23] 由此我們可知，何以利科要在他對布特曼的評論中，在文本與意涵之間加插一「客觀的」文本意義層次；沒有了這個介入點，任何聲稱由文本產生的生存意涵，皆有純粹為讀者強加之危險。正因書寫文本把論述記錄下來，一個間距化或遠離化過程（distanciation）才可能發生，以致我們可從文本的語言結構分析中獲取其「客觀」意義。[24]

利科認為，無論我們如何評價聖經，它總是一個在歷史中蘊釀的寫作文本。從這角度看，聖經之語言和寫作與其他文本比較起來沒有任何獨特之處，因此，利科告誡我們切忌過早仰賴任何形式的聖道神學（theology of the Word），聖經文本應首先被視為一般性的文學作品。[25] 因此，比較起傳統以歷史批判釋經的學者來說，雖然利科經常關心如何達致一個轉化自我的閱讀，但其要發掘「客觀」意義層的意向，卻使他的方案能兼容不同的聖經研究方法。作為一位哲學家，利科只曾以結構分析（structural analysis）和文學批評理論來處理經文，[26] 但其近著《從聖經思考：註釋與詮釋研究》（*Thinking Biblically: Exegetical and Hermeneutical Studies*）卻是一部與使用歷史批判法的釋經學者拉可克（André LaCocque）合著之作，這顯示出利科的聖經詮釋，有融合傳統聖經研究方法學的空間。[27]

然而，正如本章一直所強調，利科並不滿足於把聖經文本作為一種古代語言符號來分析，因此與傳統聖經學者不同，利科試圖超越「原初意義」去尋找當代語境下之生存意涵。他認為基督教詮釋聖經的目的，就是要把其聖典恆常地以當代之言重述之，對耶穌基督作見證的新約，就是對已有之猶太經卷的再詮釋，而保羅就是第一批要透過十字架與復活來為「舊約」作出生存論詮釋的人，「在罪上死了的人」與「新造的人」等用語，正是這種詮釋下的結果。故此，利科聲稱我們應該以類似方法為新約作出生存論詮釋，把古舊的文字符號關聯成當代信息，在文字分析和生存論解讀之間架接橋梁。在現代學術語境中，這通常被認為是神學家而非聖經學者的工作，[28] 正因如此，利科的方案為連結二者提供了可能性。

2. 聖經文本世界的開顯作為啟示的模態

從以上的討論看來，利科的詮釋理論十分著重文本的客觀性，也基於此客觀性，他才能批評布特曼由文本至生存意涵的步伐走得太快。可是，要從文本分析轉移至生存論解讀是一重大跳躍，而整個詮釋過程的可行性，也很視乎文本意義與生存意涵之間的關係；故此，我們必須探問的正是此程序究竟如何運作？

利科的哲學詮釋學為此提供了一個很清晰的描述，縱然言說者與文本之間並文本與讀者之間的鴻溝無法被修補，他認為這並不等同於文本沒有了任何指涉意。利科借用海德格思想建立了一個非常重要的說法：

> 理解一個文本即從我們處境之事物交織出意涵來，俾能從我們的周圍世界（*Umwelt*）創生一個世界（*Welt*）。這是對我們生存視域（horizon of existence）之擴闊，使我們能言及由文本開啟的諸指涉意，或由大部分文本之指涉宣稱（referential claims）所開啟之世界。[29]

「世界」在此即利科哲學詮釋學中經常論及的「文本世界」（the world of the text），其準確意義必須從胡塞爾的「生活世界」（*Lebenswelt*）或海德格的「在世存在」（*in-der-Welt-sein*）來理解。[30]

從表面看來，利科的提議似乎是一種純粹由讀者主觀讀入的結果；然而，縱使他指出文本世界是由我們的本己可能性（*eigentlich Möglichkeit*）籌劃出來，在海德格的觀念中，籌劃（*entwerfen*）並非純粹由主體主導的任意作為，因為此在（*Dasein*）總是發現自己已被拋擲於不同的可能性中，[31] 這就是他所謂「現身情態」（*Befindlichkeit*）的意思。故這種籌劃並非讀者的情緒狀態，乃是此在的在世存在結構。再者，當利科解釋其對文本挪用之說時，文本世界的開顯（*erschliessen*; disclose）是運用了伽達瑪之「遊戲」

（*Spiel*）觀念。[32] 按這種說法，文本的存在模態或文本性，就如藝術作品般能在其語意世界牽引著讀者，以致生出一種「非實體」指涉意（non-ostensive reference）。此過程並非單由讀者之主觀意識所產生，反要求讀者放棄對自我的堅持，以致能被籌劃的事象所轉化（*Verwandlung*），而一個嶄新的世界將向讀者開顯，使其視域得到擴闊並達致自我更新的效果。[33]

因此之故，縱然讀者的主體性在開顯過程中是被牽涉在內，但這並非一個毫無限制之主觀心靈活動，而且書寫文本在籌劃活動中已提供了一個「客觀的」基礎。沙樂曼（Robert P. Scharlemann）曾以非海德格式語言生動地勾畫出利科的議程：

> 文本中我們不單可處身於一個非物質性的世界，更可與另一個自我相遇，那就是文本的「聲音」。這就如我們與其他的人相遇一樣，而且這文本之音並不一定等同於文本作者本人。[34]

換句話說，文本世界就是另一世界和另一聲音之存在於此（being-there），猶如每一個人皆是在所關注的世界中之此在一樣。[35] 然而，由於這存在模態是部分地取決於文本，故我們不可能不處理文本結構和其意義而與它相遇。

基於以上的本體論籌劃過程，利科曾指出文本的「客觀性」只是作為解神話的「必要」而非「充分」條件。[36] 以海德格的語言來說，聖經世界的「世界化」（the "worlding" of the biblical world）以語言為其「必要」載體，但卻不是充分要素。由於讀者的主體性被牽涉在開顯過程中，籌劃世界之「在場」並非僅為一種恆常存在事物的重演（reenactment），它每次的呈現都可以是不同的，因此所開顯的文本世界也可能有異。

利科在〈邁向一個啟示概念的詮釋〉("Toward a Hermeneutic of the Idea of Revelation")一文中，更清楚地以神學向度來闡述文本世界之開顯的重要性。他以海德格的語言來說，真理的開顯並非一種檢證(verification)而是顯現(manifestation)過程，即真理自身的呈現。更重要的是，利科對聖經詮釋提出了一個獨特的理解：

> 在〔聖經詮釋中〕每刻呈現自身的是一個建議世界(proposed world)……是在這種意義上的顯現，**語言在其詩意(poetic)功能中成為了啟示的載體**。[37]

利科清楚表明「啟示」在這裏並非聖經自身所用的說法，但他認為這用法有其特殊意義，即已寫成的文本比原作者所受的靈感(inspiration)更為重要，文本的顯現，取代了靈感以往的重要位置。當這概念被應用至聖經詮釋上時，「啟示……便為文本所建議的聖經世界的特徵」。[38]

這啟示過程就是布特曼所追尋的生存論詮釋，聖經詮釋的目的，並非要捕捉作者的神話世界，利科認為這是一種鄉愁(*nostalgia*)。現代人要尋索的卻是當下的「可行的可信性」(*croyable disponible*)，即聖經文本世界所指向的非實體指涉意；此世界賦予我們當下的生存意涵。[39]而更重要的是，利科堅持在整個過程中，啟示的主導者是上帝自己，[40]正如他對布特曼的評論說：「是宣道自身要求被解神話化的。」[41]並非吾人設想出神話的意涵來；聖經文本世界的啟示只由上帝來保證，上帝永遠是啟示的主導者。在一次訪談中，利科甚至聲稱：「事實上，是巴特(Karl Barth)首先教曉我主體並非一中心宰制者(centralizing master)，乃是一種比自我更宏大之語言的跟從者或聆聽者。」[42]因為上帝已透過神話向人類開顯了一個嶄新的世界，此聖經文本世界只由上帝策動，並向自我意識開顯，然而對文本結構的分析卻仍是一個必要條件。

然而，此啟示過程是借用了海德格和伽達瑪的詮釋概念中的本體論觀點來闡述的，文本世界的開顯只在讀者的挪用過程中才形成。再者，儘管文本的客觀性是被強調了，但由於讀者的主體性依然被牽涉於關聯文本意義至當下處境的過程中；在實際操作時，我們能否保證，讀者所得的乃為啟示而得的生存意涵，而非由一己創造出來的幻象？

3. 被啟示轉化的自我

既然詮釋過程必然地涉及文本和讀者及其處境的互動關係，則讀者的生存視域以至自我理解或多或少會被影響，因此自我構成（constitution of the self）在利科的詮釋學中一直佔有重要的位置。[43] 基於同一原因，聖經詮釋對他來說也並不止於一個新世界的開顯而已，在利科對布特曼的解讀中已提到，生存意涵的產生必須要通過對文本世界的挪用過程，[44] 而此過程更是一個可轉化自我意識的活動：

> 理解就是在文本面前對一己的理解，即在文本之「所是」（what）和「關於其所是」（about what）之前的理解……這意味著讀者並不把文本的意義置於其有限的理解力之下，而是把一己向文本開放，以致能從中接收一個新的自我。[45]

簡單地說，這是一個關乎應用（*Anwendung*; Application）的問題——從文本引申出適切於讀者及其語境的意涵。[46] 對聖經詮釋來說，即縱然在明悉我們與經卷的文化距離下，使活著之聖道關聯於我們當下的語境中，並對其信息作出回應，使靈性生命得以模塑、在世生存得以轉化，這也是本章一開始利科所說基督教歷史中的恆常的詮釋議題。

但如此一來，由於主體性的介入和意義盈餘的不斷生出，任何「客觀」方法皆不可能確保閱讀過程最終所獲得的，乃是由啟示所引發的生存意涵，而非由主觀意願所生的幻象。故此，利科認為諸如心理分析、意識形態批判等懷疑詮釋（hermeneutics of suspicion）也應被引入解釋過程中，[47] 這也是我們在上章所及，馬克思（Karl Marx）、尼采（Friedrich Nietzsche）和佛洛伊德（Sigmund Freud）在一九六〇至七〇年代經常成為利科的研究對象之原因。

當然，這種詮釋活動主要並非是在文本上起作用，而是對文本和讀者背後的意識形態宰制作出解構；只有在堅持自我的閱讀意識被去除後，生命才能被文本的真正「主題」（subject matter）所轉化，因此利科曾說：

> 解拆與詮釋：這是現代註釋（exegesis）的兩面。對基督徒來說，解拆是屬於聆聽的活動。我們欲透過解拆過程而得聽更原初（original）和更源發性（originating）之言……其功能是要打開或開創生存的**可能性**。[48]

這也可以說是利科試圖吸納布特曼解神話詮釋的原因，即把世俗對宗教的批判，轉化為基督教內部的自我批判，使現代人得聽聖道之當下意涵，自我可被轉化。

然而，利科也直承活在歷史中的人，是不可能完全不受意識形態干預而作出純粹客觀的判斷的，[49] 因此，縱使是引入了文本分析和懷疑詮釋學等方法，一切詮釋結果也只可能是相對地客觀的。但若沒有一種終極的批判標準，讀者如何能分辨在眾多的詮釋結果中哪個是最好的呢？最終，利科也只能坦認：

> 即使永遠存在著超過一種途徑來分析文本，這不等於說所有詮釋都是等同的……我們永有可能去證立或證偽一種詮釋，去面對諸詮釋，在它們之間作出仲裁並尋求協議，即使**此協議非我們即時所能觸及**。[50]

從神學角度來說，即聖經詮釋的結果只能在終末才能被檢證；[51] 然而，對於活在當下的讀者來說，關鍵問題卻是我們能否作出一種猶如終末已臨的「可能性終末抉擇」？作出此等抉擇的預設是甚麼？代價又有多大？正因利科把啟示觀念建基於這種詮釋過程，而此過程又把聖經與當代語境相關聯，這詮釋抉擇不單關乎聖經詮釋，它們對於建構神學來說同樣重要，更是對一己生命或倫理存活狀態的重大挑戰。

既然生存論意涵會帶來生命的轉化，而利科又直承人不可能活在完全不受任何意識形態干預的客觀狀況中，則他在此應發展一種關涉詮釋羣體的評估過程。我認為利科在一九六〇至七〇年代的討論中，已隱含了一種以相互主體性（intersubjectivity）為基礎，以防止讀者純粹主觀解讀的方案，他在一次訪談中就曾說：

> 若我們只逗留在文本的限制內，我必須承認我們是沒有確切的標準以在衝突的詮釋中作出抉擇的。若我們不能說出我們欲從文本得著甚麼，則在文本的一種意義和任何意義間是有著很大可能性空間的……因此，這預設了某種理性的模型，在其中普遍性、檢證等是催逼性的。[52]

可是，這種關涉閱讀羣體的完整討論，只在一九八〇年代中的敍事理論以後才得到發展，[53] 故此，以下的討論將無可避免地有點概括，但卻有助於指向於一種能把聖經詮釋整合於基督教神學、並可轉化自我意識的議程。

若我們能認同利科把挪用視為一種應用問題，則在不同詮釋間之選取，便應被視為一種生存論確認（existential recognition）過於是經驗檢證（empirical verification）過程，「客觀的」方法只適用於尋索文本的本意而非其指涉意。由於神聖啟示在閱讀過程中發生，故要判別「真」與「假」的詮釋便變成以下問題：一個詮釋是否能在當下生出嶄新的神聖體驗，以致能轉化讀者的自我理解和倫理存活狀況？[54] 更進一步的問題則是：怎樣的自我轉化才算是一種「成功」又「適切」的詮釋所產生的呢？

在這點上，利科曾指出宗教語言的獨特性，正在於它能用以勾勒出宗教經驗，而由此而產生的論述，也聲言自己是有意義並真實的。可是，利科也意識到宗教論述的意義與真實，往往無法為科學法則所證成或否證，其合理性只能由一獨特之羣體所評估，即使用這種宗教語言之信仰羣體。這羣體之所以發出宗教論述，是要作出自我理解並與羣體內和外的人溝通。儘管這些論述所用之文字符號也為公眾所認識，但聖經論述的生存論詮釋並其影響，最終卻只能由參與宗教語言遊戲之信仰羣體，按照其宗教經驗或倫理存活狀態來判定真偽。[55]

為了作出此等評估，我們有必要把宗教論述分為不同層次。利科把聖經中的幾種論述視為原初性的（originary），因為它是用來勾勒和見證信仰羣體與上帝在歷史中的相遇。聖經的作者認為，上帝首先在出埃及和十字架等歷史事件中啟示了自己，以致他們能在聖經文本中提及祂。也由於向我們說話的聖經文本已然論及了上帝，因此我們才可以透過由文本所啟示的世界遇見祂。[56] 故任何生存論詮釋，皆為第二或以後層次的宗教語言，[57] 但也可被視為原初神聖相遇事件透過聖經文本世界開顯的新啟示，而這種詮釋活動則能把讀者的自我轉化，甚至邀請信仰羣體以外的人作其抉擇，把接受它的人轉化為新的見證人。這也是利科認為生存論詮釋的評估，只能由信仰羣體的認信立場（或意識形態）所生出的相互主體性立場作出評鑑的原因。

在此不能不提的是，利科對信仰羣體在歷史中形成的意識形態並不單持負面態度；相反，如在上一章所及，基於韋伯（Max Weber）的觀念，他指出信仰羣體的神聖經驗，可引發出正面的烏托邦思想。[58] 然而，當討論到要評估聖經詮釋所帶來的倫理存活狀態改變時，利科也不得不坦承，一種理智的犧牲（sacrificium intellectus）是少不免的：[59]

> 這等於說福音是由一種特別脆弱的見證所承載，就是那宣道者、個人生命和信仰羣體的見證，其中並不存在可支持任可經驗或理據的明證。在這意義上，十字架在聰明人總為愚拙，在智慧人為絆腳石。[60]

在利科看來，信仰最終來說注定是一場打賭，聖經詮釋無法對未信者作出檢證，但卻能從信仰者的立場來見證宣道。然而，我認同華萊士的說法，即聖經的見證逼使我們要冒這詮釋的風險，因為「這注碼實在太高——這注碼就是聖經語言在猶太和基督徒羣體中忠實地記錄了上帝的臨在」。[61] 但如果這打賭是由一些奠基性事件所引發的話，則信仰也非一場完全無根的賭博，不過我們在往上數章的討論中也提過，我們實在無法越過這些源發性事件而多走半步。因此，我們可以重複地提說，利科的聖經詮釋理念的前設，是相信上帝已在歷史中啟示了自己，而代價則是要求讀者把既有的自我意識豁出去，以致其倫理存活狀態能被聖道所轉化，成為信仰的見證人。

從以上的討論，我們可以看出利科認定了聖經是基督徒羣體在歷史中見證神聖相遇的記錄，而詮釋的目的，則是要啟發聖經文本世界的開顯，使讀者能聆聽聖道在當下的信息、生命得以轉化成為傳遞見證者，然而，這過程又不能繞過嚴謹的文本分析和各種意識形態批判。范浩沙（Kevin J. Vanhoozer）曾指出，哲學家只研究展示聖道的可能性條件，至於宣揚其實在性，則是神學家的責任。[62] 作為一位有信仰的哲學家，利科可謂已克盡己任。而在此之上，其聖經詮釋甚至指向一種以聖經為基礎的詮釋神學議程；它提示我們基督教神學必須以信仰羣體的正典為根據，語言學為起點、宣道為主題、詮釋為方法、[63] 自我轉化為目標。利科甚至指出，基督教的歷史就是一部詮釋歷史：新約文件對耶穌為基督的認信是對猶太經卷的重新詮釋；而保羅和約翰等新約作者，則進一步要求讀者按照耶穌基督的受死與復活事件，來重新詮釋人類的生存狀況和意義；現代信徒的責任，就是繼承這傳統，本著聖經向不同處境下的人宣講聖道在當代的意義。在往下兩章，我們將進一步檢視利科如何逐步將其文本詮釋理論發展成更成熟的敍事理論。

註釋：

1. 本章修訂自林子淳：〈聖經詮釋與生命轉化：一個李克爾式的解讀〉，《山道期刊》第十五期（2005 年 6 月），頁 25～44；後重刊於《多元性漢語神學詮釋》（香港：道風書社，2006），頁 173～196/（北京：宗教文化出版社，2008），頁 166～188。
2. R. Bradley DeFord, "Two Essays by Paul Ricoeur," *Union Seminary Quarterly Review* 28 (1973): 203.
3. Paul Ricoeur, "Preface to Bultmann," in *The Conflict of Interpretations*, ed. Don Ihde

（Evanston, IL: Northwestern University Press, 1974）, 382.

4. Paul Ricoeur, "The Critique of Religion," trans. R. Bradley Deford, *Union Seminary Quarterly Review* 28（1973）: 205；同參第二章的討論。
5. 兩者的關係當然不只是從屬這麼簡單，利科對此的看法，可參 Paul Ricoeur, "Philosophical Hermeneutics and Biblical Hermeneutics," in *From Text to Action*, ed. and trans. Kathleen Blamey and John B. Thompson（London: Athlone, 1991）, 89～101。
6. 參 Paul Ricoeur, David Pellauer, and John McCarthy, "Conversation," in *The Whole and Divided Self*, ed. David E. Aune and John McCarthy（NY: Crossroad, 1997）, 225～228；Paul Ricoeur, "The Canon between the Text and the Community," in *Philosophical Hermeneutics and Biblical Exegesis,* ed. Petr Pokorny and Jan Roskovec（Mohr Siebeck: Coronet, 2002）, 7～26。
7. Paul Ricoeur, "Préface de P. Ricoeur," in, *Jésus, Mythologie et Démythologisation*, by Rudolf Bultmann（Paris: Seuil, 1968）, 9～28（英譯："Preface to Bultmann"）；同參 Paul Ricoeur, "La critique de la religion," *Bulletin du Centre Protestant d'Études* 16（1964）: 5 ～ 16（英譯："The Critique of Religion," trans. R. Bradley Deford, *Union Seminary Quarterly Review* 28 [1973]: 205～212）；Paul Ricoeur, "Le langage de la foi," *Bulletin du Centre Protestant d'Études* 16（1964）: 17～31（英譯："The Language of Faith," trans. R. Bradley Deford, *Union Seminary Quarterly Review* 28 [1973]: 213～224）；Paul Ricoeur, "R. Bultmann," *Foi-Éducation* 37（1967）: 17～35；Paul Ricoeur, "Mythe et proclamtion chez R. Bultmann," in *Les Cahiers du Centre Protestant de l'Ouest*（1967）: 21～23；Paul Ricoeur, *Démythologisation et Herméneutique*（Nancy: Centre Européen Universitaire, 1967）, 27～31；Paul Ricoeur, "Tâches de la Communauté ecclésiale dans le monde moderne," in *La théologie du renoveau II*, ed. L. K. Shooket and G. M. Bertrand（Paris: Cerf, 1968）, 49～58（英譯："Task of the Ecclesial Community in the Modern World," in Renewal of Religious Structures, ed. L. K. Shook [NY: Herder and Herder, 1968], 242～254）。
8. 這種看法其實也有保守的學者提出過，簡單論述可參 Morris Ashcraft, *Rudolf Bultmann*（Peabody, MA: Hendrickson, 1972）。阿什克拉夫特（Morris Ashcraft）為前東南浸信會神學院教授。
9. Ricoeur, "Preface to Bultmann," 382～384；這也帶來互文性閱讀的問題，詳參下兩章的討論。
10. Ricoeur, "Preface to Bultmann," 384～386.
11. Ricoeur, "Preface to Bultmann," 386～388.
12. Ricoeur, "Preface to Bultmann," 390～391.
13. Ricoeur, "Preface to Bultmann," 392.
14. Ricoeur, "Preface to Bultmann," 393；同參 Paul Ricoeur, "Tasks of the Ecclesial Community in the Modern World," 246。
15. Ricoeur, "Preface to Bultmann," 394.

16. Ricoeur, "Preface to Bultmann," 395～396.
17. Ricoeur, "Preface to Bultmann," 392.
18. Ricoeur, "Preface to Bultmann," 395～397.
19. 但我們必須留意的是，不論索緒爾或弗雷格對語言向度的劃分，皆未如利科般的清楚明確；詳參二者原著：Ferdinand de Saussure, *Course in General Linguistics*, trans. Wade Baskin（NY: McGraw Hill, 1959）；Gottlob Frege, "On Sense and Reference," in *Translations from the Philosophical Writings of Gottlob Frege*, ed. Peter Geach and Max Black（Oxford: Blackwell, 1960）, 56～78。
20. Paul Ricoeur, *Interpretation Theory*（Fort Worth, TX: Texas Christian University Press, 1976）, Ch. 1; Paul Ricoeur, *Hermeneutics and the Human Sciences*, ed. & trans. John B. Thompson（Cambridge: Cambridge University Press, 1981）, 134～135.
21. Paul Ricoeur, "Philosophical Hermeneutics and Theological Hermeneutics," *Studies in Religion* 5（1975）: 17.
22. DeFord, "Two Essays by Paul Ricoeur," 203.
23. Mark I. Wallace, *The Second Naïveté: Barth, Ricoeur, and the New Yale Theology*（Macon, GA: Mercer University Press, 1990）, 59.
24. 利科對間距化的哲學討論，可參 Paul Ricoeur, "The Hermeneutical Function of Distanciation," *Hermeneutics and the Human Sciences*, 131～144。
25. Ricoeur, "Philosophical Hermeneutics and Theological Hermeneutics," 19.
26. 利科與結構主義（structuralism）的關係，可參 Paul Ricoeur, *Critique and Conviction*, trans. Kathleen Blamey（Cambridge: Polity, 1998）, 77～80。
27. Paul Ricoeur, *Thinking Biblically: Exegetical and Hermeneutical Studies*（Chicago & London: University of Chicago Press, 1998）；要特別留意此書的 "Preface," ix～xix。
28. Ricoeur, *Thinking Biblically*；Ricoeur, "Preface to Bultmann," 384; Paul Ricoeur, "Biblical Hermeneutics," *Semeia* 4（1975）; 65～66.
29. Ricoeur, *Interpretation Theory*, 37.
30. 參 Ricoeur, *Hermeneutics and the Human Sciences*, 140 ～ 142；Ricoeur, "Biblical Hermeneutics," 87；Ricoeur, "Philosophical Hermeneutics and Theological Hermeneutics," 25；Paul Ricoeur, "Philosophy and Religious Language," *Figuring the Sacred*, ed. Mark I. Wallace, trans. David Pellauer（Minneapolis: Fortress, 1995）, 42；值得留意的是，利科此段時期所論及的文本世界，與他在一九八〇年代在《時間與敘事》（*Temps et Récit*）起的後期著作中所談到的，存在著微妙的不同處；由於篇幅關係，本文將不作這方面的詳細討論，詳參 Jason Lam, "Biblical Hermeneutics and Christian Identity"（Unpublished Ph.D. thesis of the University of Cambridge, 2004）, 159 ～ 163；另參 Dan R. Stiver, *Theology after Ricoeur: New Directions in Hermeneutical Theology*（Louisville, KY: Westminster John Knox, 2001）, 63 n.28。
31. Martin Heidegger, *Being and Time*, trans. John Macquarrie and Edward Robinson（Oxford:

Blackwell, 1962）, 31～32；同參 Ricoeur, *Hermeneutics and the Human Sciences*, 142。

32. Ricoeur, *Hermeneutics and the Human Sciences*, 186～187；同參 Ricoeur, "Philosophical Hermeneutics and Theological Hermeneutics," 30～31；Hans-Georg Gadamer, *Truth and Method*, trans. Joel Weinsheimer and Donald G. Marshall（NY: Continuum, 1995）, 101～134。
33. Ricoeur, *Hermeneutics and the Human Sciences*, 143；Paul Ricoeur, "Toward a Hermeneutic of the Idea of Revelation," *Harvard Theological Review* 70（1977）: 30；Ricoeur, "Philosophy and Religious Language," 42～43；參 Gadamer, *Truth and Method*, 110～121。
34. Robert Scharlemann, "The Textuality of Texts," in *Meanings in Texts and Actions: Questioning Paul Ricoeur*, ed. David E. Klemm and William Schweiker（Charlottesville, VA: University Press of Virginia, 1993）, 21.
35. Scharlemann, "The Textuality of Texts," 15.
36. Ricoeur, "Preface to Bultmann," 398.
37. Ricoeur, "Toward a Hermeneutic of the Idea of Revelation," 25；強調為筆者所加。
38. Ricoeur, "Toward a Hermeneutic of the Idea of Revelation," 25～26.
39. Ricoeur, "Tasks of the Ecclesial Community in the Modern World," 246～247; Ricoeur, "The Critique of Religion," 210～211.
40. Ricoeur, "Preface to Bultmann," 382.
41. Ricoeur, "Preface to Bultmann," 392.
42. Paul Ricoeur, "The Creativity of Language," in *Dialogue with Contemporary Continental Thinkers*, ed. Richard Kearney（Manchester: Manchester University Press, 1984）, 27；利科的思想路徑固然與傳統巴特派有所不同，惟這種看法或許也能與本章中述的位格性轉變符合。
43. 參 Paul Ricoeur, "Intellectual Autobiography of Paul Ricoeur," in *The Philosophy of Paul Ricoeur*, ed. Lewis E. Hahn（Chicago & La Salle, IL: Open Court, 1995）, 3～53；同參 Gary B. Madison, "Ricoeur and the Hermeneutics of the Subject," in *The Philosophy of Paul Ricoeur*, 75～92；Kathleen Blamey, "From the Ego to the Self: A Philosophical Itinerary," in *The Philosophy of Paul Ricoeur*, 571～603；利科關於自我構成的近著《一己猶如他者》（*Oneself as Another*, trans. Kathleen Blamey [Chicago & London: University of Chicago Press, 1992]），更可說是他整個思想生涯的縮影，詳參第九章的討論。
44. 對挪用過程的哲學詮釋，可參 Paul Ricoeur, "Appropriation," *Hermeneutics and the Human Sciences*, 182～193。
45. Ricoeur, "Philosophical Hermeneutics and Theological Hermeneutics," 30.
46. Ricoeur, "Philosophical Hermeneutics and Theological Hermeneutics," 29.
47. Ricoeur, "Philosophical Hermeneutics and Theological Hermeneutics," 30.
48. Ricoeur, "Tasks of the Ecclesial Community in the Modern World," 251.
49. 參 Richard Kearney, "Religion and Ideology: Paul Ricoeur's Hermeneutic Conflict," *The Irish*

Theological Quarterly 52 (1986) : 109 ~ 126；同參林子淳：〈邁向對見證的神學詮釋〉，《建道學刊》二十二期 (2004 年 7 月)，頁 115 ~ 119。

50. Ricoeur, *Interpretation Theory* , 79；強調為筆者所加。

51. 參 Wallace, *The Second Naïveté*, 65 ~ 66。

52. Charles E. Reagan, *Paul Ricoeur: His Life and His Work* (Chicago & London: University of Chicago Press, 1996), 104 ~ 105；強調為筆者所加。

53. 有論者曾試圖從利科不同的文章中建構一融貫的解讀方案，這種努力固然值得尊重，然而，筆者以為要從利科超過半世紀以來林林總總的作品中找出一致的思路，或許只是一廂情願的做法，結果是無法體會利科在這些年間在聖經詮釋方面的思想掙扎與轉變，連佩勞亞 (David Pellauer)、范浩沙 (Kevin J. Vanhoozer)、史締化 (Dan R. Stiver) 等對利科思想研究的前緣性人物，也以為利科在寫畢《時間與敘事》以後，似乎未有在聖經詮釋學方面作更大的推進。參 David Pellauer, "Time and Narrative and Theological Reflection," *Philosophy Today* 3 (1987) : 262 ~ 286；Kevin J. Vanhoozer, *Biblical Narrative in the Philosophy of Paul Ricoeur* (Cambridge: CUP, 1990) , 191；Dan Stiver, "Ricoeur, Speech-act Theory, and the Gospels as History," in *After Pentecost: Language & Biblical Interpretation*, ed. Craig Bartholomew, Colin Greene, and Karl Mölle (Grand Rapids: Zondervan, 2001) , 51；然而，他們是忽略了利科在寫作《時間與敘事》前後一些看似相同的釋經作品中的微妙不同處，詳參本書往下兩章的討論。

54. 參 Vanhoozer, *Biblical Narrative in the Philosophy of Paul Ricoeur*, 260 ~ 261。

55. 利科知道這種看法與奧斯汀 (John L. Austin) 和維根斯坦 (Ludwig Wittgenstein) 的語言分析觀點十分接近，他們皆十分重視語言在社羣語境下之作用；參 Ricoeur, "Philosophy and Religious Language," 35 ~ 36。

56. Ricoeur, "Philosophy and Religious Language," 37; Paul Ricoeur, "Naming God," in *Figuring the Sacred*, 218 ~ 219, 223 ~ 224.

57. 但值得注意的是，聖經論述中已經包含了對原初神聖相遇事件的多層次詮釋論述，而交織成一個錯綜複雜的網絡，詳參往下兩章的討論。

58. Paul Ricoeur, "Ideology, Utopia, Faith," *The Center for Hermeneutical Studies in Hellenistic and Modern Culture*, 17 (1976) : 28；同參 Paul Ricoeur, "Science and Ideology," *Hermeneutics and the Human Sciences*, 225 ~ 231。

59. Paul Ricoeur, "A Response," *Biblical Research* 24 ~ 25 (1979 ~ 1980) : 97.

60. Ricoeur, "The Critique of Religion," 210.

61. Wallace, *The Second Naïveté*, 28.

62. Vanhoozer, *Biblical Narrative in the Philosophy of Paul Ricoeur*, 126.

63. Wallace, *The Second Naïveté*, 31.

6

互文性聖經神學的藍圖[1]

一　引言

作為二十世紀的詮釋學巨擘，利科曾寫了不少有關聖經與神學的論文。不少論著試圖指出其思想可如何貢獻於聖經及神學研究上，可是當中許多卻悖論地專注於其哲學著作，而忽略了其相關聖經詮釋作品。[2] 其中一個原因是利科自己在聖經與神學研究方面從未出版過任何專著，[3] 其努力僅能從無數的短文中發掘出來，當中不少文章更是截至晚近才為學者所能及。不過也有少數學者曾試圖從利科這方面的不同論著整理出一個前後一貫的討論，[4] 這種努力是值得尊重的；然而，我卻對這種「協調」利科橫跨多年的著作的方法有所保留，因為其後果可能是把其思想過程中的張力，以至是把其詮釋理論應用於聖經時的問題忽略掉。筆者甚至以為，這或許是何以有學者以為利科在寫作《時間與敍事》（*Temps et Récit*）以後未有在聖經詮釋上再作發揮的原因。[5] 但事實上，他已經運用了新的解讀方略，卻因在一些寫作此巨著前後的文章中的明顯卻微小的差異被輕易地「協調」掉，才令人忽略了利科思想的微妙變化。若我們能將之指明出來，或許能更理解利科前期思想中的張力和他後期化解的方略，甚至更能欣賞其思想對聖經詮釋和神學研究的意義。

有見及此，本章將承接上一章的討論，檢視利科在一九七

○至八○年代中期的一些相關作品，來展現其聖經和神學研究的互動構思。我們將發現，他在前期十分著重使用結構分析（structural analysis）和生存性詮釋（existential interpretation）來研究聖經文本，這可看為他用以發展一種以聖經互文性（biblical intertextuality）為根基的神學的途徑，不過這線索卻可引發我們尋索其敘事理論對聖經詮釋的重要性，並發現其後期著作的微妙變化。我們將會在分析中看到，讀者或應說詮釋羣體的重要性，是利科在反思過程中嘗試逐步發展的一個重要環節，這深切地關聯至一個詮釋傳統的建構問題，並且這正是聯結整部聖經以至和跨時代的詮釋者的關聯所在，這路線甚至有可能為聖經和神學研究學者提供一種能互相對話的學術路向。

二　聖經文類的結構分析

當利科在一九七○年代發展其文本詮釋理論的同時，便經常對聖經不同文類（genre）或論述（*le discours*; discourse）作出分析。雖然深受當代聖經學者（主要是拉德〔Gerhard von Rad〕和布特曼〔Rudolf Bultmann〕[6]）看法的影響，但作為一位哲學家，利科並不如一般聖經學者對經文採取傳統的（歷史批判）註釋，而是首先使用結構分析（structural analysis）來進行研究，[7] 再配合哲學詮釋學的處理，[8] 以發展其生存性詮釋（existential interpretation）。

甚麼是聖經的文類和論述？何以要對其作出結構分析？利科曾提綱挈領地指出：「我希望集中討論的基本論點是：聖經文件中表述的『信仰告白』(confession of faith)與其論述形式是不能分割的，我所指的形式包括敘事、先知、比喻、詩歌等。」[9] 對利科來說，不同的認信形式是導致不同聖經文類或論述形成的原因，故此，界定不同文類並對其結構作出分析，便被視為一項重要的神學詮釋工作。利科從舊約[10]文本界分了五種原初性論述，就是先知、敍事、律法、智慧和詩歌。還有一點要補充的是，利科並非把舊約的一整卷書界定為某種文類，而是說這五種論述是構成各種經卷的基本單位形式。

在〈邁向一個啟示觀念的詮釋〉("Toward a Hermeneutic of the Idea of Revelation")中，利科把先知論述視為檢視啟示議題的核心文類，其基本形式如耶利米書二章一節所示：「耶和華的話臨到我說：『你去耶路撒冷人的耳中喊叫說……』」利科認為這是傳統啟示觀念形成的核心形式，即先知以上主而非一己之名向羣眾宣告信息，尤如基督教的〈尼西亞信經〉(Nicene Creed)第三段所描述：「我信聖靈……曾藉先知傳言」。上帝以第一人稱在這文類中出現，啟示在此便是「先知言說背後的另一位之言說」，成為了先知背後的聲音，於是其中的言說和書寫都擁有雙重的作者。[11]

不過有趣的是，即使先知論述有著靈感(inspiration)的啟示特徵，與當代的聖經學者一樣，利科更關注舊約的敍事結構，甚至稱聖經中言述上帝的方法基本上是以敍事形式進行的。雖然沒有了先知的雙重聲音，上帝卻以第三人稱的終極行動者出現於聖經敍事中。呼召亞伯拉罕、出埃及、膏立大衛等事件，為舊約塑造出拉德所稱的「諸傳統神學」(theology of traditions)。[12]上帝首先作事並留下痕迹，人言僅是隨後才出現，並對上帝在奠基性事件的作為作出宣認。[13]利科甚至把敍事者與先知的角色作出類比：「當那創生性的具意義事件被帶進語言時，敍事者〔也〕是位先知。」[14]

與此相仿，利科指出「從指令的規定性力量、智慧話語之光照效力、及詩歌中充滿動人情感的品質而得之啟示意義，皆與論述形式相連」。[15]與先知神諭一樣，律法論述指向上帝的旨意，並要求人在實踐中遵行。先知中「你」的地位由雙重聽從的「我」所代入，成為了一負責任的個體。[16] 在詩人的表述中，上帝不由作者的口所啟示，卻成為了抒發情感的對象，是我可以面對的第二人稱的「您」（Thou）。[17] 至於在智慧文學中，上帝往往沒有以人格化形式出現，甚至在苦難和死亡等處境中表現為靜默和缺席。[18] 總括來說，「靈感便指向〔律法的〕規定性力量、〔智慧的〕光照效力、及〔詩歌〕動人情感之臨到語言中，但彼此間僅有類比關係」。[19]

從以上的簡述中，我們不難發現利科的結構分析工作，主要集中於指出上帝在不同聖經文類中如何現身，並與包括讀者在內的其他人物之間的互動關係。這種工作從傳統的聖經研究的角度來看或許並不十分特別，況且利科的不少分析意念，也由當代的聖經學者所提供。故此，其作用可被看作為兩個主題範疇「啟示」和「言述上帝」提供理論分析的基礎，[20] 但這顯然已非專注於文本分析的聖經研究範圍，而是進入了神學和哲學的概念分析領域，故利科以上的工作，也必須從這維度來評定。

在此，沃爾特斯托夫（Nicholas Wolterstoff）一九九三年於牛津大學所發表的懷爾德講座（Wilde Lecture），十分值得留意。他正是從哲學角度對「神聖論述」（divine discourse）此課題作出分析，而部分內容更是針對利科以上對聖經論述的詮釋而發出。[21] 沃爾特斯托夫準確地指出，利科對聖經文類作結構分析的方法，有效的抵抗了把啟示囿限於神聖言說（divine speech）模式的做法，使得其他文類也能類比地理解為平行的啟示模式。不過，利科從一開始卻錯誤地把啟示的核心等同於先知文類，[22] 並以此作為類比分析的基礎。沃爾特斯托夫有力的論證，每個（神聖）言說的內容不一定是最具意義的；正如當上帝命令奧古斯丁（Augustine）打開手中的保羅書信，要求他注視首段讀到的經文時，這個「打開，讀！」的命令，僅僅能被視為啟示者言說的內容，而非啟示本身（the revealing itself），故神聖論述命題內容（propositional content）的重要性不能被過分強調。如此，若利科真要達致一種對啟示概念的詮釋，便不應只專注於神聖論述的內容，而應兼顧包括相關之非語內表現行動（locutionary action）及語言表現行動（illocutionary action）。[23] 沃爾特斯托夫進一步推斷，若果所要關注的不單為言說之內容，而是包含整個啟示行動本身，則利科所需要的不是其文本詮釋理論，乃為原論詮釋（authorial-discourse interpretation）。[24]

不過，沃爾特斯托夫也同時精闢地指出，利科以上的做法的一個重要目的，是為要同時避免浪漫主義（romanticism）和結構主義（structuralism）兩種詮釋策略的問題。前者以為讀者能闖進原作者的心靈世界，而後者則把文本視為一自足體（self-contained entity）來處理。為要超越雙方的問題，利科把注意力集中於結構主義者所謂的文本意義（*sens*; *Sinn*; sense），即論述的命題內容，但強調其並非一自足體，[25] 故此他在〈聖經詮釋學〉（"Biblical Hermeneutics"）一文中寫道：「我自己鍾情於一種詮釋學，它把生存性詮釋植根於結構分析之上。」[26] 從這線索出發，在上章中我們已指出，利科的文本詮釋理論在應用於聖經詮釋時，目的是要達致一「轉化式閱讀」（transformative reading）。不過，這種用意正好與沃爾特斯托夫所提及的原論詮釋相反，並不重視原初語境的狀況，利科自己曾明確地稱：

> 我希望看到的，是閱讀諸如聖經一類的文本時的創意運作，不斷地應用於將其意義去語境化（decontextualizing），又在今日的生活處境（*Sitz-im-Leben*）再語境化（recontextualizing）。[27]

明顯地，利科的做法正是要放鬆原初語境的束縛，使讀者能從文本中尋索符合一己生存語境的意義。正因如此，沃爾特斯托夫更斷言，利科的做法其實是把收信人（addresse）與聽眾（audience）二者混淆了，[28] 尤其當他寫道「保羅的書信不單是對羅馬人、加拉太人、哥林多人和以弗所人而發出，也向我發出」時，[29] 正是忽略了這明顯的一點。我們僅為書信的聽眾而非原收信人；那些書信是向原收信人而非所有人發出的。若我們能以「原收信人」角度處理那些書信的話，那「原初」意義也得從作者「原意」和信息的「原初」具體指涉才能獲得；這也是原論詮釋所希望儘量達致的結果。

承襲歐陸現象學傳統的利科，對言說文體作出分析而產生出沃爾特斯托夫所指出的問題，並不特別令人意外，但利科並非對原論詮釋的問題毫無知覺，他自己就曾指出：

> 若意向性謬誤（intentional fallacy）忽略了文本的語意自主性（semantic autonomy），則相對的謬誤便遺忘了文本仍為一論述，它由某人說出，由某人向某另一人交待某事。[30]

如此，何以利科的聖經詮釋仍會出現以上的問題？筆者以為，強於英美哲學的沃爾特斯托夫，對利科的批評原則上是準確的，然而卻沒有切中利科的核心關注——敘事文體而非先知論述的獨特性才是他心之所繫。惟有當我們對此作出檢視，才能發現利科的神學意圖，並由此檢視敘事文類在聖經互文性中的獨特作用。

三　敘事文類與互文性作用

沃爾特斯托夫的確準確地指出先知文類在利科對啟示的詮釋中

的獨特位置，然而正如筆者以上已經指出，更值得留意的，卻是利科也如當代聖經學者般，經常將注意力集中於敘事文類之上，並視為舊約聖經中最主要的（most prominent）論述，所得到的注意甚至經常超越先知文類。譬如在處理先知論述時，利科提出先知並不只預知未來，而是展望著「上主的日子」，其內容正是一個關於恐怖哀慟日子的敘事。從文法的角度看，先知雙重的「我」的份量便為敘事的「他」所平衡；上帝不僅為先知背後的聲音，也在故事中現身。如此一來，利科似乎是把先知神諭中的雙重第一人稱言述的重要性削減了。[31] 與此相仿，他在分析其他幾種文類時也曾指出：「舊約中的立法本是置於摩西的口中的，也在走向西奈山之路的敘事框架中。」[32] 換句話說，律法是以出埃及等奠基性故事為根基的。而在處理詩歌時，利科甚至說：「事實上，慶賀提升了故事並將之轉為祈求……欠缺了歌頌上帝榮耀的心，或許我們不會有創造故事，也肯定沒有拯救故事。」[33]

利科這種文學分析，表面看來有其一定道理，顯示出敘事在舊約中的遍在性。但我們也可以說，敘事出現在先知文類中是用以強化這最基本的啟示論述，在詩歌中出現也僅顯出其為從屬地位。故除了出現的經常性外，利科未有從概念上清楚辯明，何以敘事的地位竟比作為啟示基本模式的先知論述更加重要。再者，事實上，智慧與律法幾乎也可在舊約的所有書卷中找到蹤迹，這更使利科的解釋難以自圓其說。因此，筆者以為敘事的重要性必須從利科之「轉化式閱讀」來理解，而這也是他欲以敘事作為軸心性文類來建構一種聖經互文性神學的第一步。

那麼，敘事比較起其他聖經文類有何獨特之處？從利科對舊約文類的結構分析看來，敘事論述在言述上帝的現身時的確表現出特點，即上帝僅於此類論述中以第三人稱身分出現於舞台上。除此以外，舊約敘事文類中一般不會出現第一、二人稱的人物，連敘事者也不會在故事的舞台上出現，而是在幕後對事件作全知式描述。[34] 這些特點對於利科的文本詮釋論理非常重要，由於敘事者與原收信人皆不在敘事中出現，文本便似乎是向任何潛在的讀者而發出。利科寫道：

> 信息與講者的關係在溝通連結的一端和信息與聽者關係的另一端，因著那面對面的關係被閱讀與寫作的複雜關係所取代，故此便一起被深深地轉化了，成為了把論述以文字直接寫成的結果。對話的關係被逼破了，寫作—閱讀的關係不再為言說—聆聽之某獨特案例。[35]

由於原初的對話語境被逼破了，詮釋者便只能把其注意力轉向文本的命題內容，以致把自己視為潛在的收信人。若果故事中經常涉及第一、二人稱的人物又或敘事者的話，則讀者在詮釋中便難以忽略「誰是真正地牽涉在內？」等問題。惟有僅當舞台上只出現第三人稱的角色時，原初語境的消失才似乎顯得無關重要，而讀者也不再敏感於自己是否原初作者或讀者／收信人。如此看來，利科的確是有意地把聽眾誤置為聖經文本的原初讀者／收信人，以致文本的閱讀便可被誤認為與「原初」的對話語境結構地相似，而作者的意向和具體指涉也可視為次要以至被忽略。事實上，利科也承認：

> 這對文本之指涉維度（referential dimension）的辯護只對描述性之論述才有效……因此，言述上帝最好是以沒有直接指稱之描述的詩意（poetic）活動；即是指沒有對真實世界知識的直接指稱。[36]

因此，當他討論敘事論述時便經常強調文本實在論（the realism of the text）的重要性，卻少有關注原初的語境。

正因如此，儘管利科在處理不同聖經文類時很關注舊約的敘事「語境」，此「語境」首先卻非指向原作者和收信人所面對的歷史真實，乃是聖經敘事的文字處境（*Sitz im Wort*），所以他並不很關注考古、歷史批判或編修批判等進路，而僅著眼於最後的文本（last text）。從此著眼，我們更能理解何以利科希望我們把焦點集中於舊約的敘事結構，因為當我們處理先知、律法和詩歌論述時，便難以不敏感於「我並非原作者或收信人」的問題，而生出尋索原初語境的動力，正如沃爾特斯托夫之原論詮釋所要求的。然而，若那原初的歷史狀況無法被恢復的話，則我們便或多或少要滿足於那由敘事文類提供的涵蓋性故事，並傾向於轉化式閱讀了。[37]

這種文本內實在論在利科討論舊約中的互文性時顯得更為重要。所謂互文性是指不同類型論述之間的相互作用，即在一段文本中包含著一個以上的基本論述，並產生出互動的效果，利科自己對互文性界定為：「一文本透過提及另一文本時的意義作用，在此雙方皆移置了此另一文本，並從其吸納了意義的延伸。」[38] 正如上面所述，利科留意到基本文類之間經常有交織互動的情況，尤其是當以色列的奠基性事件被重述時，它們能觸發出如讚美、祈求和感恩等表現性效果（performative effects），而結合了不同文類的非敘事論述便成為了書寫的結果。因此，敘事文類便在互文性過程中扮演著關鍵性角色，這也是利科論證敘事論述在舊約中之重要性的主要原因。

然而，一些問題至此必須提出：對誰來說原初語境並非最重要？對誰來說以轉化式閱讀關聯至當代語境是更重要？我們是以甚麼標準來判定生活／文字處境（*Sitz im Leben/Wort*）來得更加／更不重要？縱然利科以敘事為軸心之互文性討論看來有其道理，但以上問題的出現，正因其文本理論預設了書寫文本乃向任何潛在讀者發出。然而，是否所有讀者皆有興趣於對聖經作出轉化式閱讀，以至於傳遞神聖啟示？利科的神學關注又是否能無了期的壓制對原收信人和語境的探索？筆者認為，利科在此所欠缺的是一個對詮釋羣體的說明，因為我們現在已非從原收信人的位置來閱讀，若不是因為信仰羣體擁有適切的（宗教）旨趣（甚至可說是意識形態），[39] 這種互文性的現象根本不可能發生。因為聖經文本中以至信仰羣體內所傳遞著的敘事，乃與此羣體的身分建立有特別關係，尤其當被關注的敘事乃此歷史性信仰羣體的奠基性事件，而這羣體又包含著過去與現在讀者在內。往下當我們繼續探究利科的神學藍圖時，這問題將顯得更形突出。

四　建構互文性神學的意向

從上文可知，利科是有意識地把其分析的著重點置於敘事文類之上，使得它與其他文類作出文本互動時能扮演獨特的角色。換句話說，由敘事文類的互文作用而產生的轉化式閱讀，並非一種強加於文本中的擅自主張，而是一種早已存在於經卷中的神學現象。信仰羣體借藉這種文學作用，來記念和重述他們認為的神聖作為，它們也因此在歷史中被傳遞著。[40] 對他們來說，聖經互文性本就是永活之道的神聖作為，它使用人類的論述，以敘事作為骨幹，乃至於在歷史中被傳遞著。利科也因此把這文學討論接連至其神學關注，他要做的是應用其詮釋理論於聖經文本，以達至一轉化式閱讀來傳遞神聖宣道（kerygma），而非創製另一種註釋方法。由於信仰羣體認為上帝已藉著聖經啟示他自己，又呼喚其子民回應，故讀者便被鼓勵把自己敞開於神聖文本面前，並為其轉化。

由於篇幅關係，我們以上只簡述了利科對舊約文類的處理方法，事實上，他曾把互文性現象應用於分析新約和新約對舊約的詮釋之上，這正是建構一種以互文性網絡為基礎的聖經神學藍本。范浩沙（Kevin J. Vanhoozer）曾清晰地把利科的處理方式分為四個層次：首先是舊約內的互文性，即舊約文類之間和連結在一起的互動現象；第二是舊約和新約間的互文性，尤其是耶穌的說話包含和重解舊約的信息情況；第三是新約中的互文性，尤其是耶穌的不同說話在福音書中的相互作用，並其行事與受苦敍事的交互作用；最後是聖經文本和讀者生命的交互作用。[41] 在這些運作中，利科的文本詮釋理論皆被應用為聆聽宣道的器具；舊約在新約中被重釋，新約則被讀進讀者的生命中。

縱然這四個層次有著時序上的先後，但在利科的轉化式閱讀中，卻應被看為平行的運作。范浩沙正確地指出：「利科視互文性為隱喻（metaphor）的一種類型。」他又「視互文性為其隱喻理論的延伸」。[42] 在此，我們有必須要簡單補充一下利科對隱喻的看法。與一種簡約的替代理論相反，利科認為隱喻的荒誕字面意義是一故意的範疇謬誤，新意義之所以產生，正是把本為「遙遠」的範疇拉「近」；譬如當我們說「我的情人是一朵紅玫瑰」或「時間就是金錢」就是這種情況。在這過程中，一種具創意的想像力必牽涉其中；但利科強調，在整個過程中，想像力必須跟據隱喻的語意方向運作，否則便無法從字面的荒誕中達致一種可理喻的結果。然而更重要的是，利科不單以隱喻為一種把不同範疇文字結連起來的借喻（troop），更將其作用擴展至整部文學作品之上。簡言之，他是把隱喻看為文學作品的縮影，而文學作品則為隱喻的大規模擴展。文本能夠產生一個比其個別句子意義總和更大的信息，一種超越語文學的意義剩餘（*surplus de sens*; surplus of meaning）是處理詩意文本的合理期望。[43] 利科自己曾指出互文性本就是隱喻式意義轉化的其中一個方式，並以其和隱喻化（metaphorization）及比喻化（parabolization）同義。[44] 因此，若試圖僅從利科的哲學思想（如隱喻理論）來理解其聖經詮釋，將無法得到一幅整全的圖像。筆者以為，利科在這段期間所掙扎的，並非僅為建構一種處理隱喻以至敘事的哲學理論，更涉及如何理解聖經論述能引導讀者被宣道「感動」（inspired）而作出轉化式閱讀的過程；互文性是其中一個相當重要的環節，並對建構基督教神學有著深遠的意涵。

從此觀之，我們更能理解何以利科會在一九七〇年代以「啟示」和「言述上帝」作為其聖經詮釋的關注點。因為上帝首先向聖經作者啟示了自己，以致他們能在作品中見證祂的作為。[45] 由於那向讀者傳述的聖經文本已經言述上帝，使得古舊的啟示事件化成了一份古代見證，信仰羣體才能認為透過詮釋它可以與其中所載的上帝交遇，正如利科自己寫道：

> 文本是溝通連結中的一環。從一開始，生命經驗的其一便被帶進語言，成為論述……在其中，寫作藉論述的不同作為重新實踐文本，恢復了活生生的言述。閱讀和宣講把寫作實踐成言述。[46]

換句話說，聖經詮釋對信仰羣體來說，就是啟動上帝之道的契機，使宣道重新發生（the reiteration of the kerygma），以致我們能從人言中得聽神聖論述。[47] 因此，縱然利科聲稱敘事為聖經中連結各種論述的最重要文類，但他也強調每種文類也有其獨特的啟示模式。由此觀之，我們能夠明白何以利科比較喜歡稱自己為「一位基督教宣講的聆聽者」（one listener to Christian preaching）而非神學家，他甚至說：「當哲學家反思宗教時，應與釋經者而非神學家為伴。」[48]他在此要作的，並非為卑視神學家，乃是要強調神學論述必須經由詮釋聖經論述而來，並且神學化（theologising）過程早已存在於聖經中，因為它們本為一連續過程。上帝啟示了，而聖經作者記錄下來。言述上帝的過程，尤其是那涉及互文性的寫作，已是一再數算行為（recounting），一種基於神聖啟示的神學化過程，但那卻仍需經由人言書寫而非機械式靈感默示。[49]

簡言之，利科要說的，是任何第二層次論述，或以此為定義的「神學」，必須植根於第一層次的宗教論述，而非一種抽空的玄想。[50]范浩沙的意見在此值得引述：

> 事實上，利科看來是要指出神學應為一種對聖經互文性的詮釋。神學家應在福音書的光照下詮釋比喻（及相反而作），在新約其餘書卷的光照下詮釋福音書（及相反而作），在舊約的光照下詮釋新約（及相反而作）。[51]

尤有進者，利科更認為這種解讀方式，應延伸至使聖經與讀者的生命作出對話，這便是神學的目標。他曾如此說過：

> 神學的目標是協調聖經文本所指明的經驗和人類細緻和整全的經驗。前者不能忽略後者的最重要的論據，並非因前者僅存在於他世，而是這兩極性為宗教經驗和論述的性質所要求著，尤其因此經驗被認為能描述——或再描述（redescribe）！——一個人的所有經驗，以至是所有人的經驗。[52]

在閱讀過程中，讀者被聖典召喚作出改變——重述自己的生命，

「這就是新約生存性詮釋的不變真理之所在」。[53]

不過，在以第一層次論述來建構第二層次論述時，上文所提過的問題便再度出現。利科的前設是聖道正召喚著讀者，但原收信人和當下聽眾的語境和回應是不盡相同的；它們若有類近之處的話，是因它們同屬一個歷史性的信仰羣體，並負有見證上帝在羣體歷史中的奠基性事件的使命。[54] 再者，從聆聽至實踐文本論述存在著一巨大的鴻溝，利科也明白到這點：「在想像（imagination）中新存有首先在我裏面形成。留意我是說想像力而非意志，因為容讓一己被新可能性抓住的能力先於決定與選擇的能力。」[55] 尤有進者，從實踐到再次把信息書寫成文，也存在著另一鴻溝，它們都屬於實踐的領域，也超越了文本詮釋的範疇。若當一個信仰羣體指明、見證和傳遞他們與上帝在歷史中的交遇時，這更涉及此羣體身分的建構問題。或許，把其討論限定於書寫文本之內，正是利科早期聖經詮釋的困難所在，當他把文本間的互動和文本與讀者間的互動作平行對照時，這問題便更顯露無遺。[56] 這也許是他由邁向一九八〇年代起愈來愈專注於敘事理論和更扣緊讀者實踐方面的討論之部分原因，也是我們往下一章要處理的課題。

註 釋：

1. 本文的最原始版本，曾在二〇〇六年六月十九日第八屆香港神學人團契年會時宣讀，謹此致謝與會者所給與的意見和討論；其後曾刊於〈保羅．利科的互文性聖經神學藍圖〉，《神學與生活》第三十期（2007 年），頁 107～123。
2. 例如 James Fodor, *Christian Hermeneutics: Paul Ricoeur and the Refiguring of Theology*（Oxford: Clarendon, 1995），只有一章論及利科的釋經作品；Dan R. Stiver 的 *Theology After Ricoeur*（Louisville: Westminister John Knox, 2001）注意利科的其他著作比其釋經作品多；Gregory J. Laughery, *Living Hermeneutics in Motion: An Analysis and Evaluation of Paul Ricoeur's Contribution to Biblical Hermeneutics*（Lanham: University Press of America, 2002），是這方面的出色作品，但卻過於注重其詮釋過程而忽略了他的神學企劃；

Kevin J. Vanhoozer, *Biblical Narrative in the Philosophy of Paul Ricoeur* (Cambridge: CUP, 1990)，是較平衡的研究，但當其完成時許多利科的後期作品仍未出版；我的進路較貼近 Mark I. Wallace, *The Second Naïveté: Barth, Ricoeur, and the New Yale Theology* (Macon: Mercer, 1990)，但分別正在於我較注視利科釋經作品發展的歷程。

3. *Essays on Biblical Interpretation* (Philadelphia: Fortress, 1980)、*Lectures III: Aux frontiéres de la philosophie* (Paris: Seuil, 1994) 及 *Figuring the Sacred* (Minnea-polis: Fortress, 1995) 乃文集；*Thinking Biblically* (Chicago: University of Chicago Press, 1998) 則是與拉可克 (André LaCocque) 的合著。
4. 例如 Vanhoozer, *Biblical Narratives*, chap. 8；Fodor, *Christian Hermeneutics*, chap. 6；Stiver, *Theology after Ricoeur*, chap. 4；Wallace, *The Second Naïveté*, chap. 2。
5. 例如 David Pellauer, "Time and Narrative and Theological Reflections," *Philosophy Today* 31 (1987) : 262～286；Vanhoozer, *Biblical Narratives*, 191；Dan Stiver, "Ricoeur, Speech-act Theory, and the Gospels as History," in *After Pentecost: Language & Biblical Interpretation*, ed. Craig Bartholomew, Colin Greene, and Karl Möller (Grand Rapids: Zondervan, 2001), 51。
6. 有關利科之聖經詮釋與布特曼的關係，可參上一章的討論。
7. 所謂「結構性分析」，固然是與當代法語學界的結構主義 (structuralism) 有一定關係；然而，利科與此種哲學派系的關係是若即若離的。因篇幅關係，我們在此無法詳述，讀者可參 Paul Ricoeur, *Critique and Conviction*, trans. Kathleen Blamey (Cambridge: Polity, 1998), 77～80；同參 Paul Ricoeur, *The Conflict of Interpretations* (Evanston: Northwestern University Press, 1974), part I。
8. 比照 Paul Ricoeur, "Toward a Hermeneutic of the Idea of Revelation," *Harvard Theological Review* 70 (1977) : 1 ～ 37；Paul Ricoeur, "Naming God," in *Figuring the Sacred*, 217 ～ 235；Paul Ricoeur, "Philosophical Hermeneutics and Theological Hermeneutics," *Studies in Religion* 5 (1975) : 22 ～ 24；Paul Ricoeur, "Philosophy and Religious Language," in *Figuring the Sacred*, 39 ～ 41；Paul Ricoeur, "Biblical Hermeneutics," *Semeia* 4 (1975) ; 29～145。
9. Ricoeur, "Philosophical Hermeneutics and Theological Hermeneutics," 22.
10. 由於本文往後將探討利科在基督信仰立場下對新、舊兩約關係的看法，故為方便起見，本文將使用「舊約」一詞而非「希伯來聖經」。
11. Ricoeur, "Toward a Hermeneutic of the Idea of Revelation," 3; Ricoeur, "Naming God," 225～226.
12. Gerhard von Rad, *Theologie der Alten Testaments I* (Munich: Christian Kaiser, 1957).
13. Ricoeur, "Toward a Hermeneutic of the Idea of Revelation," 5～6; Ricoeur, "Naming God," 224～225.
14. Ricoeur, "Toward a Hermeneutic of the Idea of Revelation," 17.
15. Ricoeur, "Toward a Hermeneutic of the Idea of Revelation," 17.

16. Ricoeur, "Toward a Hermeneutic of the Idea of Revelation," 8; Ricoeur, "Naming God," 226.
17. Ricoeur, "Toward a Hermeneutic of the Idea of Revelation," 15; Ricoeur, "Naming God," 227.
18. Ricoeur, "Toward a Hermeneutic of the Idea of Revelation," 11 ～ 13; Ricoeur, "Naming God," 227.
19. Ricoeur, "Toward a Hermeneutic of the Idea of Revelation," 17.
20. 指"Toward a Hermeneutic of the Idea of Revelation"和"Naming God"。
21. Nicholas Wolterstorff, *Divine Discourse*（Cambridge: CUP, 1995）, esp. Chs. 4 & 8.
22. Wolterstorff, *Divine Discourse*, 62～63.
23. Wolterstorff, *Divine Discourse*, 19～20f.
24. Wolterstorff, *Divine Discourse*, 152.
25. Wolterstorff, *Divine Discourse*, 152.
26. Ricoeur, "Biblical Hermeneutics," 30.
27. Ricoeur, "The Bible and the Imagination," in *Figuring the Sacred*, 145.
28. Nicholas Wolterstoff, "Are Text Autonomous? An Interaction with the Hermeneutic of Paul Ricoeur," in *Aesthetics: Proceedings of the 8th International Wittgensteins Symposium*, ed. Rudolf Haller（Vienna: Höler-Pichler-Tempsky, 1984）, 144f.
29. Ricoeur, *Interpretation Theory*, 93；有趣的是，利科自己其實極少談及新約書信，這些著作少有提及其背景敘事，故必然把原作者與收信人的問題顯得尖銳。
30. Ricoeur, *Interpretation Theory*, 30.
31. Ricoeur, *Interpretation Theory*, 3～4; "Naming God," 225～226.
32. Ricoeur, "Toward a Hermeneutics of the Idea of Revelation," 9.
33. Ricoeur, "Toward a Hermeneutics of the Idea of Revelation," 14.
34. 這種對舊約敘事特色的觀察，也由奧爾巴赫（Erich Auerbach）所發現和注視，並引起弗萊（Hans W. Frei）的注意，因此也造就了兩位當代北美聖經詮釋學者在一九八〇年代的對話和轉變，參 Jason Lam, "Biblical Hermeneutics and Christian Identity" (Ph.D. thesis, University of Cambridge, 2004）, Chs. 4 & 5。
35. Ricoeur, *Interpretation Theory*, 29.
36. Ricoeur, "Naming God," 221.
37. 因此，應用利科的文本詮釋理論的一個條件，便是處理原初處境的有限性；參 Ricoeur, "Biblical Hermeneutics," 29～30。
38. Ricoeur, "The Bible and the Imagination," 148.
39. 參林子淳：〈聖經研究與作為意識形態的基督信仰〉，《中國神學研究院期刊》第四十四期（2008 年 1 月），頁 55～72。
40. 比照 Fodor, *Christian Hermeneutics*, 229～236。
41. Vanhoozer, *Biblical Narratives*, 199.
42. Vanhoozer, *Biblical Narratives*, 200.

43. 我們在此不能詳述此觀點，《活生生的隱喻》(*La Métaphore vive*)固然是這方面的重要參考，但讀者也可參 Paul Ricoeur, "Metaphor and the Central Problem of Hermeneutics," in *Hermeneutics and the Human Sciences* (Cambridge: CUP, 1981), 165 ~ 181；同參 Dabney Townsend, "Metaphor, Hermeneutics, and Situations," in *The Philosophy of Paul Ricoeur*, ed. Lewus E. Hahn (Chicago & La Salle: Open Court, 1995), 193 ~ 209；Mary Gerhart, "The Live Metaphor," in *The Philosophy of Paul Ricoeur*, 215 ~ 232；Eugene F. Kaelin, "Ricoeur's Aesthetics: On How to Read a Metaphor," in *The Philosophy of Paul Ricoeur*, 237 ~ 253，當中正確地指出閱讀「意義盈餘」此主題，能在利科有關象徵、隱喻和敍事的作品中察覺得到。
44. Ricoeur, "The Bible and the Imagination," 148 ~ 149, 160 ~ 161.
45. 「見證」乃利科思想中的一個關鍵性觀念，詳參本書第二部分的討論。
46. Ricoeur, "Naming God," 219.
47. 比照 Wallace, *The Second Naiveté*, 30 及以下。
48. Paul Ricoeur, "Fatherhood: From Phantasm to Symbol," in *The Conflict of Interpretations* (Evanston: Northwestern University Press, 1974), 482.
49. 比照 Ricoeur, "Philosophy and Religious Language," 38。
50. 比照 Fodor, *Christian Hermeneutics*, 238；Wallace, *The Second Naiveté*, 75。
51. Vanhoozer, *Biblical Narratives*, 201.
52. Ricoeur, "Biblical Hermeneutics," 130 ~ 131.
53. Ricoeur, "Biblical Hermeneutics," 127 ~ 128.
54. 詳參本書第二部分。
55. Ricoeur, "Philosophical Hermeneutics and Theological Hermeneutics," 33.
56. Ricoeur, "The Bible and the Imagination," 161，便很明確地指出這個問題。

7

從敍事理論到信仰傳統[1]

一　引言

聖經是基督宗教的正典，為教會和信徒提供規範性（normative）的功能，故基督教神學的建構建基於聖經，這是順理成章的，神學也必然是「聖經的」（biblical），因為並不存在「非聖經的」（unbiblical）神學。但另一方面，聖經也是一個古代文獻的集成，與現代人有著歷史和文化上的距離，故此，在詮釋上便可出現多元性的看法，詮釋者所選取的處理方法，也反映出他（和其所屬羣體及傳統）與經文之間的關係和立場。

事實上，經卷在過往傳遞中的篩選和編纂等過程，已顯明其內含的神學也往往是聖經作者、編者以至詮釋者建基於他們當前已有的文本或信仰傳統所促成的神學。再者，歷代信徒已對此經典作出種種選擇性和處境性的詮釋，並發展出不同的信仰傳統，而聖經又再在這些多元語境中被繼續使用，因此，在詮釋過程中詮釋者（或羣體）必須深刻地一再反省自己與經文和過往歷史之間的關係，以推導出在當下語境中的嶄新意義。[2]

在此觀點下，「聖經裏蘊含的神學」（the theology contained in the Bible；聖經學者的描述性工作）和「建基於聖經的神學」（the theology that accords with the Bible；與神學家的教義論述有內在關連）事實上有許多地方是重疊的，聖經學者與神學家的分工，也難以從專業角度來劃分清楚，故若把「聖經神學」僅置於聖經學者的專業範疇內，在實際運作中必會產生諸多困難。[3]當代聖經學者沃森（Francis Watson）就曾直率地指出，聖經學者對聖經的詮釋和理解本已各持己見，聖經學者與神學家的進路之間，更是出現極大差異；尤有甚者，不同看法的分別，不獨是學術分工所帶來的後果，更顯明了詮釋者（或羣體）背後是受到不同的傳統以至意識形態支配著。[4]

聖經詮釋、神學建構和信仰傳統之間的關係錯綜複雜，固然不可能以本章有限的篇幅來作全面探討，但筆者卻希望透過利科的敍事理論所蘊含的詮釋學洞見來作出反省。利科的見解之所以值得參考，是因為他以哲學家的身分來參與討論，並不落入各種聖經和神學研究的學苑「黨派」中，他更不懼於跨越不同範疇來反思，甚至是以人文科學的語言和方法來整理和表述其結果，這正好讓我們透過一位專業範疇以外的「局外人」的視角來檢視以上問題。再者，在上兩章我們已看到，利科的思想歷程除了不斷在構築起一個接一個的哲學理論外，也有意識地在一九七〇至八〇年代建構一種互文性聖經神學（a theology of biblical intertextuality），其中更考慮過上面提及有關聖經論述之多元性、經文與詮釋者以至詮釋傳統的關係等重要元素，甚至是在一個自我完善化的歷程中。以下，我們將先簡介利科敍事理論中的詮釋學洞見，再藉此對聖經詮釋、神學建構和信仰傳統作出一些反思。

二　利科的敍事理論

從建構聖經互文性神學的向度看，利科從一般詮釋學和隱喻逐步轉向專注於敍事的探究，這是十分有意義的。[5]利科在這方面的著作，當然首推其三卷本的《時間與敘事》(*Temps et Récit*)。[6] 作為一部哲學史上的鉅著，任何對它的描述都是過於簡化的，但為方便以下討論，我們不得不先從詮釋聖經(敘事)文本的向度來分析此作品的獨特性。

利科在此著作開頭的說話很吸引人的注意：「《活的隱喻》(*La Métaphore vive*)和《時間與敘事》為一配對……它們各自所產生的意義效果皆屬語意發明(semantic innovation)的相同基本現象。」[7] 以上的說法，明確地表示他在一九八〇年代發表的敘事理論是延續著他在此以前的文本詮釋理論。至於延續的方式，利科指隱喻和敘事皆以論述(*le discours*; discourse)構成，並能產生出相似的語意發明現象。此現象是從一創造性想像產生，把原為不同的範疇(categories)連結起來，以下我們將進一步闡釋箇中的機制。

1. 從隱喻的轉化至情節的綜合功能

如上章所述，利科指出隱喻的字面意思是荒誕的，不過這卻是一種故意的範疇謬誤；新意義之所以能自隱喻產生，正因其把本為「遙遠」的不同範疇拉「近」。若說隱喻的語意發明仰賴於把原不相干的範疇接合而作出新語意籌劃，那麼敘事又如何能產生相似的功能？利科指出，敘事具有把雜多的東西以情節(*intrigue*; plot)貫串成為一整個單元故事的能力。情節的作用或說情節化(*la mise en intrigue*; emplotment)，就如隱喻一樣能把包括事件和人物等不同原素組成一可明白的整體。若一敘事要使人明白，它必須是叫人「可跟從的」(followable)。跟從一敘事即跟從其情節，跟從其情節便能理解該敘事。

情節有甚麼特點以致能為敘事提供綜合功能？就在於其創作中帶有歷時(temporal)的特徵：「在敘事功能的結構同一性與任何敘

事作品的真理宣稱中，最終關鍵是人類經驗的歷時特徵。每一敍事作品所開顯的世界皆為一歷時世界。」[8] 在敍事中涉及的是兩種時間性維度：(1) 片斷性 (episodic) 維度——在敍事中事件與行動原是分散的，且理論上沒承續關係，但卻可藉「以後……接著……」形式來表達其關聯性；(2) 塑形化 (configurative) 維度——從故事由始至終的積累和整合，可得出一主線或大綱。兩種歷時性維度僅能透過我們的創造性想像來聯合，正如處理隱喻中本不相干的範疇一樣。總括來說，一個敘述性故事是一歷時的整體，作為時間的流程和留滯的中介行動 (mediation)。[9]

2. 歷史與小說的時間性交織

以上對情節的描述，已隱約透現出敍事與時間性的緊密關聯，利科在《時間與敍事》中重複地以現象學來處理這個問題，並檢討奧古斯丁 (Augustine)、亞里士多德 (Aristotle)、康德 (Immanuel Kant)、胡塞爾 (Edmund Husserl) 和海德格 (Martin Heidegger) 等人的時間觀，成為了此著作的其中一條主線。[10] 特別在書內的第二和第三部分，他從知識論的層面討論時間如何在歷史學和小說的敍事結構中被經驗。此兩種文類看似毫無關係，歷史學家固然並非說故事者，他們必須服於歷史文件的限制下。從這角度觀看，歷史學便有如自然科學般要建基於實證研究。縱然如此，過去的歷史痕迹卻只有限定的作用，提醒我們已無法進入過去，我們所有的僅為過去的「痕迹」而非過去自身，因此，歷史寫作也是基於限定資料而作出重構 (reconstruct) 過去的嘗試。[11]

相反，小說的寫作並不如歷史學家般受過去的痕迹所束縛。不過，小說家也非全無限制，因他們也必須遵從人類行動的法規，故同樣被相同的歷時經驗所規定的範疇論所規限，否則他們的故事便無法被人理解。如此一來，小說與歷史在這方面便展現出一相似功能，[12] 即小說可如歷史般重述(redescribe)真實。當中微妙的分別，是歷史以「重說」故事的方式描述真實，而小說則以「創作」的方法來進行。

利科因此提出，在詮釋過程中歷史與小說的歷時性交織(interweaving)現象：歷史以記憶的方式帶來甚麼是曾經可能的，而小說則以盼望的方式期許將來的可能性；人類能享有一整全的歷史意識，正因著記憶和盼望的互相豐富作用。因此，利科認為在人的生命歷程中，歷史須要被小說化而小說也須要被歷史化。人類能有歷史意識乃因我們都活於時間中，這兩種指涉功能透過互相豐富，使我們同屬於一進行中的歷史。但如此一來，讀者的主體性參與便無可避免地必須牽涉在這過程中。[13]

3. 詮釋敘事的三重結構

利科在詮釋一般文本的過程中已指出，一個可流逝的論述因書寫文本的記錄成為一具相對自主性(autonomy)的媒體，而在閱讀中文本的隱喻化過程，使得讀者能重新發掘到生存意義。[14] 以海德格式語言來說，這是籌劃(*entwerfen*)一可能世界(possible world)的契機。若敘事能提供一類似隱喻的創造性功能，而被記錄的是人類行動而非論述，則在詮釋中所開顯出的是甚麼東西？利科指出，敘事所記錄的行動世界既呈現歷時性，敘事作為一種記錄也透過情節展現出歷時性，則在閱讀中被籌劃的可能世界也必具有歷時性，故整個過程便呈現出一個三重結構：「我們是跟隨著一預塑形時間(prefigured time)的命定，它透過一塑形時間(configured time)的中介，而成為一再塑形時間(refigured time)。」[15]

在《時間與敘事》中，利科承接了《活的隱喻》裏常用的一個詞彙「摹擬」(mimesis)來標明這三重架構。這詞是利科從亞里士多德的《詩學》(*Poetics*)中演繹出來的，用以表示想像力對人類真實活動的創意模仿。簡單來說，「摹擬一」($mimesis_1$)所指的預塑形(prefiguration)就是真實的存活世界，「摹擬二」($mimesis_2$)則指敘事所載的塑形(configuration)，至於「摹擬三」($mimesis_3$)是指讀者所籌劃的再塑形(refiguration)。敘事作者是以「摹擬二」的塑形來重構真實世界的「摹擬一」，而讀者則因閱讀了「摹擬二」的塑形而籌劃出影響其實踐的「摹擬三」。

然而，我們不要以為歷史作品就是「摹擬一」，小說即是「摹擬二」，這是不能畫上等號的。因為正如以上所述，歷史學與小說皆不可能是真實存活世界的完全再現，它們二者皆有自身的限制性，不過兩種敘事形態皆可在讀者的詮釋活動中，產生出「摹擬三」的再塑形現象。故現在的問題是，利科如何理解敘事的這種再塑形現象？讀者是如何牽涉其中？

4. 讀者參與的再塑形現象

利科指出在詮釋過程中，敘事能「無分別地既啟示也轉化〔讀者〕」。[16] 在此語境下，「啟示」指在我們的經驗與實踐中，某些被遺忘或被遮蔽的特質得著照亮，不過特別的是利科並不視那被籌劃的再塑形世界為一空中樓閣，卻認為這種閱讀效果是一種具創造性的指涉(productive reference)，甚至能轉化或再塑形讀者的真實生命。[17] 可是，由敘事籌劃出來的可能世界具有甚麼樣的地位？我們可在何處找著它？

利科認為，那籌劃出來的世界固然並非我們的經驗世界，但經驗世界卻被它所重塑著：「只有在閱讀中塑形的動力能完成其運程。也在閱讀以後，在被傳遞著的作品所指引的有果效行動中(in effective action)，文本的塑形才能轉移為再塑形。」[18] 利科從伽達瑪(Hans-Georg Gadamer)學懂「應用」(*Anwendung*; Application)並非僅為詮釋過程之偶發性附註，而應為其有機體的一部分。文本世界必要與真實世界交碰，以肯定或否定的形式「重造」(remake)它。[19] 我們不單因聆聽故事而改變一己的態度，更以實際行動來重新塑造真實世界。因此，利科承認：「最終說來，惟一的真實是作事的個人。」[20] 順此，他最終要做的並非澄清文本世界或再塑形世界的地位——不是要指出它是「真實的」抑或比經驗世界「更真實」，卻要指出它肯定提供了一可能模式，供我們去重塑真實世界。讀者被敘事所觸動，以新的可能性去「再塑形」世界。因此，對利科來說，「故事不單被述說，但在想像模式中也是活著的」。[21]

既然詮釋敘事能影響讀者的實踐世界，那麼，傳統鉅著對於塑造詮釋者並其所屬閱讀羣體之歷史必然有巨大的影響力。聖經敘事便為一活生生的具體例子，在歷史中它一直影響著其讀者的實踐生活，並塑造著信仰羣體的身分。從此看來，利科早前既已對敘事文類深表興趣，《時間與敘事》的突破，則在於他能更放膽地吸取敘事理論的分析，並宣稱讀者在詮釋過程中扮演著積極的角色。利科在同期(1982年)一次題為「敘事神學」的會議中，其報告指出敘事功能的持續性在宗教敘事中是特別強烈的，非世俗故事所能比較，尤其當聖經敘事在信仰羣體的歷史中運用時更是如此。[22] 利科所說的「功能」，是指聖經故事在信仰羣體中使用的情況，包括所具備的傳統性(在歷史中一再被重述)、權威性(有著正典地位)和禮儀性(在祭儀中被重新演示)。但教人驚訝的是，利科竟在《時間與敘事》中也作出相似的宣稱：

> 閱讀行為因此是在閱讀羣體中進行的，它在合適的條件下發

> 展出我們從鉅著所認識的規範性（normativity）和正典地位（canonical status），這些著作在最不同的文化情境中，仍不會停止被去語境和再語境化自身。[23]

若然如此，當神學和宗教研究學者在使用聖經敘事時，便比文學批判者有多一層考量，因為他們不能僅從文本理論來思考它，信仰羣體在過去歷史中如何使用這些文本便為一重要的參考指標。

從這向度出發，利科甚至宣稱敘事學之著重傳統角色對神學應為一項貢獻，因為傳統不單在傳遞文本中起著作用，也是一種思想沉澱和創新的辯證作用，[24] 而這又見證著宗教與非宗教敘事仍有其一定的連續性。不過，利科仍覺得聖經敘事能更有效地強化（intensify）敘事的某些性質，他在《時間與敘事》中明說：

> 對於強化效果（intensification），我所指的是：從某方面看，宗教敘事，尤其是聖經敘事，以其方式進行著一切敘事所做的——它們構築著那述說和重述那故事的羣體身分，而他們所構築成的是一種敘事身分。[25]

由以上的討論看來，利科並不是把其哲學旨趣強加於其神學著作中；相反，聖經的例子甚至可能是引發其哲學思路轉化的一個原因。利科更毫不諱言信仰羣體之實踐和傳統在再塑形過程中有須臾不離的關係，這對於他後期的聖經詮釋作品有何影響？

三　聖經互文性與詮釋傳統

利科在寫作《時間與敘事》此鉅著的同時和以後，仍陸續創作了一些聖經詮釋作品，[26] 可是學界比較少注意它們與他前期著作的分別，而有些更是近年才正式出版，致使這方面研究在過往難以推進。若我們能找出它們獨特之處，或可更體會利科自己如何以其敘事理論推進互文性聖經神學的發展。

利科在上述的「敘事神學」會議中，曾就著敘事理論對聖經詮釋作演說。一如以往對敘事的看重，他引用舊約耶典（the Jahwist）從創造到在應許之地駐足的宏大故事，和路加作品所反映從舊約先知透過耶穌的故事延展至其再臨（*parousia*）的基督教救贖史（Christian *Heilsgeschichte*）為例子，指出基督教羣體在其歷史中重述這類故事時，乃是在建構著自己獨特的身分，他甚至援引韋恩利克（Harald Weinrich）的話說：「這決定了基督教傳統的地位：『我們也成為了一不可分割之講故事傳統中的部分。基督教就是一講故事者的羣體。』」[27] 信仰羣體和詮釋傳統的重要性，在這裏表述得清楚不過。

若我們把利科一些與前期作品與他這期間的著作對照起來，所得的印象或許更叫人驚訝。在〈聖經時間觀〉（"Biblical Time"）、〈神律與自律〉（"Theonomy and Autonomy"）等後期作品中，利科同樣向讀者列舉出舊約中的不同文類，不過他從一開始便將注意力集中於它們之間的互動關係，個別文類的結構分析，已變得簡略甚或欠奉。在過往利科已指出，以色列的奠基性事件在其子民的歷史中被述說和重述著，因它們奠定了以色列的身分，而這身分是以「約」的形式表述的，故聖經敘事在信仰羣體的傳統中，便帶來了實踐的指引和產生建制的動力。[28] 在〈聖經時間觀〉中，利科進一步指出，耶典無可置疑地把敘事與律法交錯起來；故此，律法便不是無時間性的（atemporal），它為給予它的條件和地點所標示著，也成為了一被傳頌的紀念性事件，「這種聯合的結果是倫理的敘事化和敍事的倫理化」。[29] 因此，不單單是律法或奠基性事件建立了以色列的身分，更應説是兩者的互文性作用。在〈神律與自律〉中，利科甚至宣稱「道德的主線可被視為希伯來聖經的骨幹」。[30] 這些現象反映出利科從寫作《時間與敍事》起，對詮釋羣體的實踐性和倫理維度的注視一直在增加著，甚至有超越對敍事關注之勢，並反映在其聖經詮釋中。

當我們檢視利科對先知與律法的互動討論時，將發現更多這方面的變化。他認為重述建構身分之敍事的傳統不單只回望過去，也向未來展望，這使得古代以色列人在面對政治性問題時有著執著的信心。相對來説，希伯來先知神諭也不獨預告未來，更「使傳統的意識形態用法和歷史現實的真誠判斷相對峙」。[31] 利科認為，先知神諭的歷時結構是對真實歷史的一種突入：未來不僅為過去和現在的延伸，也被預見為一種嶄新的情況。不過利科也指出，這種新並非與過去全無關連，而是「一種對舊有事物的創意重複（a creative repetition of the old）」，因此便是對一個「新埃及」、「新曠野」、「新西奈」、「新錫安」、「新大衛子孫」有所期待。這些都是利科之再塑形理念的具體聖經範例，也是數世紀後初期教會對舊約作象喻閱讀（typological reading）的基本方法。[32]

既然對文本的嶄新解讀是容許的話，信仰羣體的身分便非不能改變，否則聖經敍事便會淪為宗教和政治建制的意識形態操控工具。正因如此，利科對於把聖經敍事實質化（hypostasizing）的意圖顯得相當小心，因為它們雖為建構基督信仰身分的原材料，卻不能忽視個人或羣體的自我理解必須兼顧當下語境的因素，重新解讀傳統的敍事身分，這正是先知神諭展示的意象。[33] 用《時間與敍事》的語言來説，耶典一類的聖經敍事，的確不斷提醒著信仰羣體過去甚麼是值得記念和本真的可能性，然而，他們仍有責任重新創意地閱讀這些故事，以釋出當下的可能性。正因如此，信仰羣體不應試圖把聖經詮釋凍結為一種超歷史和不能改變的敘事閱讀方略，否則的話，其自我理解和身分，便會成為了受意識形態操控的建制身分，聖經文本作為主體的地位，反倒在不知不覺間被泯滅。換句話説，再塑形過程必須在信仰羣體的詮釋歷史中一再地重複著，以致在變化著的時代中不斷更新和深化著其自我理解。

事實上，當代聖經神學經常掙扎著的一個問題，正是如何從不同時代、多元化的聖經論述中取得一種聯合。在這點上，神學與歷史學者艾伯林（Gerhard Ebeling）在一九五五年的一篇重要論文〈「聖經神學」的意義〉（“The Meaning of‘Biblical Theology’”）最後所提出的問題，至今仍十分值得深思：不論人們如何定義聖經神學，又或採納的方法若何，不能迴避的核心問題是：如何處理整部新舊約聖經的合一性（unity）？[34] 這問題不單止新、舊約學者可能各有不同的看法，聖經與神學研究者也可能各執一詞。在當代聖經學者中，沃森（Francis Watson）在《文本與真理》（*Text and Truth*）中更曾直截了當地指出，不同看法的分別不獨是學術分工所帶來的後果，更顯明了詮釋羣體背後受到不同的意識形態支配。[35] 筆者以為，利科的詮釋方略之所以成為一個備受關注的參考，正因為他讓我們透過一位「局外人」來檢視以上所提出過的問題。利科既不落入各種聖經和神學研究的學苑「黨派」中，其論説更不懼於跨越不同範疇來作反思，甚至是以人文科學的語言和方法來整理和表述其結果。再者，利科的思想歷程除了不斷在築構起一個接一個的哲學理論外，也明顯可見到他是有意識地在建構著一種應用其詮釋理論的互文性「聖經神學」，其中更考慮過不少重要原素。

在此值得一提的是，以提出正典評經法（canonical criticism）著稱的蔡爾茲（Brevard Childs），也曾對利科的詮釋觀點表示認同。蔡爾茲雖然建議以基督教正典角度來閱讀新舊約聖經，以建構出一種新舊約的聖經神學，[36] 可是，他也從不諱言猶太學者與基督徒對希伯來正典的理解相當不同，並且他們各自都有權利去繼續自己的方法，他們的聲音都應被聆聽。蔡爾茲甚至指出，當「舊約」被置於基督教的「新舊約全書」來閱讀時，其語意層次（semantic level）是被調整過的，以致可與新約文本協調起來。[37] 更有趣的是，蔡爾茲在這種閱讀進路中，竟認同了利科的詮釋學概念：

> 正典進路確認（利科式）「第二次天真」（second *naïveté*）的需要，以致能肯認經典形態的複雜性，卻同時又可從不同和合一的視野來審視聖經：它是信仰羣體用以見證那獨一神聖真實之不斷的救贖介入的傳遞，那就是教會所宣認耶穌基督的父上帝。[38]

「第二次天真」是利科前期思想中的一個重要述詞，[39] 用以說明詮釋者無法如浪漫主義者的想法般闖入原作者內心去透析原初意蘊（第一次天真），但即使在溝通受各種外在意識形態扭曲的情形下，讀者仍須帶著確信去接近真理，以獲致從文本開顯出的一個可能世界。[40] 這可能世界固然不同於文本的原初意蘊，卻又與其有須臾不可離的關係。

這種詮釋明顯地超越了文本「註釋」（exegetical）的目標，它既超越了發掘生活語境（*Sitz-im-Leben*）的「歷史真實」（摹擬一）的意圖，也不僅為欣賞文字語境（摹擬二）的藝術美感，甚至要讓作為神聖見證的文本轉化（transfigure）讀者的真實世界（摹擬三）。這正是利科的再塑形概念的核心關注，也是把聖經研究和神學接連的一個機遇，[41] 它要求讀者的實踐世界與這種「第二次天真」所開顯出的可能世界交遇，以重塑讀者的自我理解；在信仰羣體中，這就是身分建構的歷史過程。

沃森也曾檢視過伽達瑪和利科的詮釋理論，並很大程度上認同他們的見解。沃森指出，正因我們沒有一個絕對終末的視點來作回溯式觀望（retrospection），所以對讀者來說，所謂經文的「最後意義」是不能及的。然而，對於信仰羣體來說，十字架與復活一類的歷史性事件（historic event），卻又僅可能從回溯式觀望來奠定其認信地位。若我們必須承認當下的真實在當下反倒是不能及的話，當下便必須向未來敞開，以迎向真實自身的開顯。我們更要肯認歷史性事件的回溯式意義在此時此刻已經內蘊著，卻必須在未來的行動中才能獲取，這正是伽達瑪稱之為效果歷史（*Wirkungsgeschichte*）所產生的成效。因此，過去、現在與未來並非獨立的，乃是互相依賴的（interdependent）。[42] 基督教的福音正要求這種歷時中的同一性，正如希伯來書十三章8節所稱：「耶穌基督昨日、今日、一直到永遠是一樣的。」如此一來，聖經的意義並非如歷史文物般靜止不動地待人去發掘，乃是讀者在實踐中與它交碰而觸發的，這正是神學思考的關鍵。

以上對互文性的看法，既正視了聖經文本具有多層次和多元的聲音，又同時釐清了經文之間的互文性關係。無可諱言，假若我們以猶太人傳統閱讀方式為正統，初代信徒（在新約中）對希伯來聖經的詮釋法，確是可看為一種在特定「意識形態」（對被釘十字架的基督的認信）指導下的閱讀法。可是，對於初期基督信徒來說，正是基於對基督事件的認信來重新詮釋「舊約」，他們才能靠近那走向十字架的真理。但確實正如布賴頓（Carl E. Braaten）和詹森（Robert W. Jenson）所言，這類型的進路聽來是非常巴特式的（Barthian），即以某一教義視點來統攝經文，但這大概是任何欲正視聖經為教會正典和上帝之道的神學家所難以避免的命運。[43] 然而，巴特（Karl

Barth)與布特曼(Rudolf Bultmann)等學者正同時是神學家和釋經學者，嚴格的學科分野也是一種具時代性的(受某種意識形態指導)企劃方式。因此，利科當時這種對聖經互文性的關注，正指向著一種超越歷史與編修批判的新進路，以期達至一種豐富的神學思考。[44] 到《時間與敘事》完成了二十年的今天，許多學者已經藉不同的文學手法來詮釋經文，利科建議的這種(神學性)閱讀方法固然不再新鮮，但卻一再提醒聖經和神學研究學者一個非常基本的事實：聖經是信仰羣體對基督教上帝的見證，因此，閱讀聖經不僅為歷史學家或文學批判者的玩意，也屬於信仰羣體的基本關注。[45]

不過利科也坦承，在創意更新的要求下，在重視信仰羣體傳統的聖經詮釋進路中，一種理智的犧牲(*sacrificium intellectus*)是少不免的，否則的話，原初的見證也會隨之失去：[46]

> 這等於說，福音是由一種特別脆弱的見證所承載，就是那宣道者、個人生命和信仰羣體的見證，其中並不存在可支持任何經驗或理據的明證。在這意義上，十字架在聰明人總為愚拙，在智慧人為絆腳石。[47]

故此，互文性聖經神學的建立，最終也必須承認無法越過信仰的奠基性事件而多走半步。順此，利科曾義無反顧地對投入基督教傳統作出十分正面的結論：「一種不考慮見證的詮釋，注定使得立場無始無終的無限後退……絕對者此時此刻的顯現〔卻〕指示出無限後退之反思的終結。」[48] 與此相仿，蔡爾茲也認為歷史描述式的聖經詮釋是不能沒完沒了地繼續著，有關真實的問題不可能無限地拖延，涉及某種形式的主題批判(*Sachkritik*)總是需要的。對於基督教的信仰羣體來說，這就是要指出聖經最終要見證的，是由耶穌基督所啟示的上帝。[49] 對於學術圈中的聖經和神學研究學者來說，雖然他們不一定有此種認信，但詮釋羣體與傳統的存在，無可否認是聖經之所以流傳至今的一個歷史原因和事實，也是信仰傳統在聖經和神學研究中須要得到正視的一個重要原因。

四　關於現代詮釋方向的結語

以上我們用了不少篇幅來分析《時間與敘事》對詮釋敘事的洞見，並嘗試藉此闡述其對聖經詮釋、神學建構與信仰傳統的意涵。總括而言，利科在此過程中（1）嘗試從敘事理論分析和比較歷史與小說兩種形式的敘事，使我們能對聖經（敘事）文本以至基督教信仰的奠基性認信事件的本質有更好的把握；（2）承認聖經對同一個認信的奠基性故事，曾在不同語境和不同層面作出重述，這種文學上的表達技巧也是神學反省的表現，並且是回溯式和多元性的；（3）敢於肯定詮釋者並其所屬信仰羣體的傳統，對於詮釋聖經敘事的積極作用，並且指出信仰身分正由此機制而獲得，因此，今人繼續這種詮釋作為仍有其合理性。以上數點，對聖經詮釋、神學建構與信仰傳統的基本理念都能產生深遠的影響。

若我們認同利科對聖經敘事的理解，即聖經敘事雖包含了歷史性元素，但本質上為一種見證文件，則我們更可直承，猶太教與基督教的特點，並非其為「歷史」的宗教或對「歷史」的詮釋，而是其講故事的特質，引領歷代以至今日的信徒，由聽故事繼而成為一繼續傳講故事的羣體。這對基督教神學有甚麼意涵？在這點上，巴爾（James Barr；或譯白雅各）曾作出精彩的分析，他認為這種觀點對於（聖經的）教義內容應該沒有太大影響，改變了的是它的位置。他引用蓋爾西（David H. Kelsey）的教義圖解，指出傳統的教義次序為：上帝→啟示→聖經。然而，若以上的詮釋概念得到肯定的話，次序或應修訂為：上帝→教會→傳統→聖經。[50]啟示的觀念雖然沒有在此過程中特別地標示出來，但並不代表可被別樣概念取代，不過卻明顯地突出了詮釋者和其所屬的羣體和傳統在此過程中的角色。

若我們認同利科對聖經敘事的理解，即它雖包含了歷史性元素，但本質上為一種見證文件，則我們更可直承，猶太教與基督教的特點，並非其為「歷史」的宗教或對「歷史」的詮釋，而是其講故事的特質，引領歷代以至今日的信仰羣體，由聽故事繼而成為一繼續傳講故事的羣體。事實上，利科的再塑形理念，正要求讀者的實踐世界與文本的「第二次天真」所開顯的可能世界交遇，以重塑讀者的自我理解（*comprendre de soi*; self-understanding）；在信仰羣體中，這便關係到其歷史身分的建構過程。利科對聖經多層次和多元聲音的正視，正顯明了再塑形過程在信仰羣體的詮釋歷史中一而再地重複著，並且仍然在進行，使傳統能在不同時代中不斷地變化，而詮釋者以至整個羣體，皆可因此而得著更新和深化其自我理解。如此一來，從正面看，敘事者創作或詮釋時的實踐智慧（practical wisdom），便必然牽涉於其中；[51]但從負面看，他們不同方面的動機，包括操控性和宰制性的，都可能牽涉在內。聖經和神學研究學者在這情況下可以怎樣自處？

在一個大傳統已經分崩瓦解的時代，實踐這種詮釋的確是極艱巨的。沃森就曾說：

> 西方有一控制系統保護其知識產業，但這往往是低效率和昂貴的。許多製作者只滿足於重抄舊題或理念，提供毫無突破性的詮釋。幸虧聖經學者並非如此，而是在一更嶄新範疇裏製作新典

範，這些典範是足以支撐廣大社羣的詮釋實踐。[52]

然而，筆者以為，聖經學者在面對聖經文本時，其實並不比其他人輕鬆。克萊斯（David A. Clines）就曾遇上以下困境：

> 甚麼的詮釋才算是合法，這確實是根據一個詮釋能否獲得某些羣體的確認而定。這並沒有客觀的標準讓我們可以得知甚麼是對錯，我們只可講論那已被接受的。就如學術羣體今天決定如何是對詩篇二十四篇合理的詮釋，那就成為合理的詮釋，並直至我的羣體決定我的詮釋是可接納的，否則即是不可接納……[53]

簡單來說，詮釋者所面對的挑戰，乃是既要敢於在當代處境下重新解讀聖經文本以釋出適切的意義，卻又同時要尊重過往傳統遺留下來的豐富智慧與經驗，使文本免被濫意解讀；但這種張力並不容易處理得好。

近年許多學者從不同向度，例如解放旨趣、女性主義、後殖民主義等來詮釋聖經與建構神學論述的情況，可說是符合了利科當年所指出的思想軌跡，[54] 這些進路少不免是受到當代某些觀點與旨趣所促動或影響。貝格爾（Peter L. Berger；或譯柏格）在《異端的命令》（*The Heretical Imperative*）中曾指，「異端」一詞最根本的意思就是「選擇」。在現代語境中，當沒有任何一種（宗教）立場再可被辨認為不受挑戰的觀點時，我們基本上是注定要去挑選某種視點作為一己或羣體的底線；換句話說，我們無可選擇地成為了一種委身的詮釋異端（committing hermeneutical heresy）。[55] 因此，現任天主教教宗本篤十六世（Pope Benedict XVI）在接近二十年前的一段講話，值得我們一再深思：

> 現代釋經論爭的核心……是一哲學性論爭。惟有循此途徑才能正確地前進。否則的話，這將會是一場在迷霧中的爭戰。釋經問題很大程度上是與我們時代的奠基掙扎一致的。[56]

最終聖經與神學的詮釋如何、能否以至應否達至某種統一的共識，對現代詮釋者來說，仍是一個開放著的議題，並深遠地影響到其所屬羣體的身分建構。

註 釋：

1. 本文的最原始版本，曾在二〇〇六年六月十九日第八屆香港神學人團契年會時宣讀，謹此致謝與會者所給與的意見和討論；其後曾刊於〈對《時間與敘事》的神學反思：聖經詮釋、神學建構和信仰傳統的關係〉，載《山道期刊》第十九期（2007 年 7 月），頁 122 ～ 142。
2. 這方面的討論也可參 James D. G. Dunn, "The Task of New Testament Theology," in *New Testament Theology in Dialogue*, by James D. G. Dunn and James P. Mackey（London: SPCK, 1987）, 1 ～ 26。
3. 參 Gerhard Ebeling, "The Meaning of 'Biblical Theology'," in *Word and Faith*, trans. James W. Leitch（London: SCM, 1963）, 79 ～ 97。
4. Francis Watson, *Text and Truth*（Edinburgh: T & T Clark, 1997）, 2 ～ 9.
5. 不少學者都試圖指出利科從隱喻轉向敘事的一些變化，如：Wallace, *Second Naiveté*, 55 ～ 56；Mario J. Valdés, *A Ricoeur Reader*（NY: Harvester Wheatsheaf, 1991）, 27 ～ 28；Dan R. Stiver, *Theology after Ricoeur: New Directions in Hermeneutical Theology*（Louisville: Westminster John Knox, 2001）, Ch. 2。
6. Paul Ricoeur, *Temps et Récit*, 3 vols.（Paris: Seuil, 1983, 1984, 1985）。英譯：*Time and Narrative*, 3 vols., trans. Kathleen McLaughlin and David Pellauer（Chicago: University of Chicago Press, 1984, 1986, 1988）。
7. Ricoeur, *Time and Narrative*, vol. 1, ix.
8. Ricoeur, *Time and Narrative*, vol. 1, 3.
9. 在利科對隱喻與敘事的討論中，亞里士多德的 *mythos* 和 *mimesis* 兩個與情節相關的概念起著重大作用；因篇幅關係我們在此難以詳論，讀者可參利科在 *Hermeneutics and the Human Sciences* 中兩篇有趣的文章："Metaphor and the Central Problem of Hermeneutics" 及 "The Narrative Function"。

10. Ricoeur, *Time and Narrative*, vol. 3, part IV.
11. 有關利科如何理解歷史的本質，參 Ricoeur, *Time and Narrative*, vol. 1, part II；較精簡的說法可參 Paul Ricoeur, "History and Hermeneutics," *The Journal of Philosophy* 73（1976）: 683～695。
12. 有關利科如何理解小説的本質，參 Ricoeur, *Time and Narrative*, vol. 2, part III；較精簡的說法可參 Paul Ricoeur, "Can Fictional Narratives be True?," *Analecta Husserliana* 14（1983）: 3～19。
13. Ricoeur, *Time and Narrative*, vol. 3, 180 ～ 193；另參 Kathleen Blamey, "From the Ego to the Self," 577 ～ 578；Peter Kemp, "Ethics and Narrativity," in *The Philosophy of Paul Ricoeur*, 378～387。史提文斯（Bernard Stevens）指這種時間觀很大程度上是源自西方文化傳統（一種希伯來和希臘思想的磨合），若能與東方思想對話的話，應可有更豐富的效果。見其"On Ricoeur's Analysis of Time and Narrative," in *The Philosophy of Paul Ricoeur*, 499～506。利科的回應可參"Reply to Bernard Stevens," in *The Philosophy of Paul Ricoeur*, 507 ～ 509；另參利科兩篇文章："Biblical Time," in *Figuring the Sacred*（Minneapolis: Fortress, 1995）, 167 ～ 180；"The History of Religions and the Phenomenology of Time Consciousness," in *The History of Religions: Retrospect and Prospect*, ed. J. M. Kitagawa（New York & London: Macmillan, 1985）, 13～30。
14. 參本書第三章。
15. Ricoeur, *Time and Narrative*, vol. 1, 54.
16. Ricoeur, *Time and Narrative*, vol. 3, 158.
17. 在這方面，利科深受海德格「高於現實性的是可能性」之説法的影響；海德格的意思可參張燦輝：《海德格與胡塞爾現象學》（台北：東大，1996），頁206～213。
18. Ricoeur, *Time and Narrative*, vol. 3, 159.
19. Ricoeur, *Time and Narrative*, vol. 3, 158.
20. Ricoeur, "History as Narrative and Practice," *Philosophy Today* 29（1985）: 217.
21. Ricoeur, "Life: A Story in Search of a Narrator," in *Facts and Values: Philosophical Reflections from Western and Non-Western Perspectives*, ed. Marinus C. Doeser and J. N. Kraay（Dordrecht: Martinus Nijhoff, 1986）, 127.
22. Ricoeur, "Toward a Narrative Theology," in *Figuring the Sacred*, 243～244.
23. Ricoeur, *Time and Narrative*, vol. 3, 179.
24. Ricoeur, "Toward a Narrative Theology," 240.
25. Ricoeur, "Toward a Narrative Theology," 241.
26. 例：Ricoeur, "Toward a Narrative Theology"，"Biblical Time"及"Interpretive narrative"等，現載於 *Figuring the Sacred*。
27. Ricoeur, "Toward a Narrative Theology," 241; Ricoeur quoting Harald Weinrich, "Narrative Theology," in *Concilium 9: The Crisis of Religious Language*, ed. Johann-Baptist Metz and Jean-Pierre Jossua（NY: Herder & Herder, 1973）, 45～56.

28. Ricoeur, " Toward a Hermeneutic of the Idea of Revelation, " 10 ~ 11; " Naming God, " 226 ~ 227.
29. Ricoeur, " Biblical Time, " 172.
30. Paul Ricoeur, " Theonomy and / or Autonomy, " in *Future of Theology*, ed. Miroslav Volf, Carmen Krieg, and Thomas Kucharz (Grand Rapids: Eerdmans, 1996) , 284.
31. Ricoeur, " Biblical Time, " 174.
32. Ricoeur, " Biblical Time, " 174 ~ 175.
33. Ricoeur, " Toward a Narrative Theology, " 242.
34. Gerhard Ebeling, " The Meaning of ' Biblical Theology ' , " in *Word and Faith*, trans. James W. Leitch (London: SCM, 1963) , 95 ~ 97.
35. Francis Watson, *Text and Truth* (Edinburgh: T & T Clark, 1997) , 2 ~ 9.
36. 其成果可參 Brevard S. Childs, *Biblical Theology of the Old and New Testaments* (Minneapolis: Fortress, 1993) 。
37. Brevard S. Childs, " On Reclaiming the Bible for Christian Theology, " in *Reclaiming the Bible for the Church*, ed. Carl E. Braaten and Robert W. Jenson (Edinburgh: T&T Clark, 1996) , 12 ~ 13.
38. Childs, " On Reclaiming the Bible for Christian Theology, " 9.
39. Paul Ricoeur, *The Symbolism of Evil*, trans. Eberson Buchman (Boston: Beacon, 1967) , 351.
40. 這點可參第五章的討論。
41. 這種詮釋方案的細節，可參 Ricoeur, *Time and Narrative*, vol. 1, ch. 3; vol. 3, ch. 7；另參 Ricoeur, " The Hermeneutics of Testimony " 。
42. Watson, *Text and Truth*, 54 ~ 56.
43. Carl E. Braaten and Robert W. Jenson, " Introduction: Gospel, Church, and Scripture, " in *Reclaiming the Bible for the Church*, xi.
44. 雖然如此，利科並沒有為此提供即時的答案，並寫道：" ... adding a theory of *structural reading* to the method of historical criticism, as I am now trying to do with biblical narratives, provides only an incomplete answer. " 見 Ricoeur, " A Response, " 79 。
45. 比照 Mark I. Wallace, *The Second Naiveté: Barth, Ricoeur, and the New Yale Theology* (Macon: Mercer, 1990) , 50 。
46. Paul Ricoeur, " A Response, " 97.
47. Paul Ricoeur, " The Critique of Religion, " trans. R. Bradley Deford, *Union Seminary Quarterly Review* 28 (1973) : 210.
48. Paul Ricoeur, " The Hermeneutics of Testimony, " trans. David Stewart and Charles E. Reagan, *Anglican Theological Review* 61 (1979) : 454.
49. Childs, " On Reclaiming the Bible for Christian Theology, " 14 ~ 15.
50. James Barr, *The Scope and Authority of the Bible*, 48；另參 David. H. Kelsey, *Proving Doctrine: The Uses of Scripture in Modern Theology* (Harrisburg: Trinity, 1999) 。

51. Ricoeur, "Toward a Narrative Theology," 239～240.
52. 中譯文引自謝品然：《衝突的詮釋》（香港：建道神學院，1997），頁 26；原出自 Francis Watson, "Liberating the Reader: A Theological-Exegetical Study of the Parable of the Sheep and the Goats," in *The Open Text: New Directions for Biblical Studies*?, ed. Francis Watson（London: SCM, 1993）, 57。
53. 中譯文引自謝品然：《衝突的詮釋》，頁 71；原出自 David J. A. Clines, "A World Established on Water（Psalm 24）," in *New Literary Criticism and the Hebrew Bible*, ed. J. Cheryl Exum and David J. A. Clines（Sheffield: JSOT, 1993）, 79。
54. 特別值得注意的，是利科在一九八六年於愛丁堡大學主講吉福特講座（Gifford Lectures），其中大部分討論已被收入 *Oneself as Another*, trans. Kathleen Blamey（Chicago & London: University of Chicago Press, 1992）中，不過最後兩篇神學講論卻沒有在此書出現，故一直未得到充分關注，概括性的評述可參本書第九章的討論。
55. 參 Peter L. Berger, *The Heretical Imperative*（Garden City: Anchor, 1980）, 25 ～ 26；同參以下的討論 Thomas G. Long, "Committing Hermeneutical Heresy," *Theology Today* 44（1987）: 165～169。
56. Cardianl J. Ratzinger, "Biblical Interpretation in Crisis," *This World* 22（1988）: 14.

第四部
晚期思想的神學反思

會遇文本以外的上帝[1]

一　引言

在通俗的理解下，現代詮釋充滿著不穩定性，猶如一種玩弄文字意符的遊戲。倘若吾人欲與那位由聖經文字指涉著的上帝相遇，似乎必會被困於迷霧中。然而，上一章在檢閱利科的敘事理論及其對聖經信仰的關聯時，我們已指出現代釋經的論爭，很大程度上在乎立場的選定，因此，本章欲轉過頭來回望和整理以利科為代表的詮釋學進路，並將之與同期在學界引起熱烈討論、以德里達（Jacques Derrida）為代表的後結構主義（post-structuralism）作比較，我們將發現，雖然在義理上他們雙方面皆可提出具圓融性的思想體系，惟利科的進路對基督教神學的建構或許會更為有利，正因他的目標是要勾畫出一種本於聖經互文性的神學意圖。故此，他對痕迹和歷史等概念能提出較整體性的理解，但又因其精緻的敘事時間觀，致使其不會落入於把歷史總體化的巢臼，卻又能符合人類智性的想望。

二　比較後結構主義與詮釋學對文本轉義的處理

1. 德里達的立場

德里德曾經提出過「文本之外無一物」的著名說法，[2]但這名句的更恰當理解應為「不存在外在的文本」(*il n'y a pas le hors-texte*)。從其寫作的脈絡來看,這種提法是因執著於延異(*différance*)和痕迹(trace)現象而強化了他異性(alterity)的地位,甚至熱烈地期盼語言指涉著的他者。[3] 因為若沒有那一連串差異所形成的痕迹,便談不上指涉(referent),更欠缺所指向的他者,我們反倒會被幽禁於虛無之中,所以德里達甚至宣稱:「解構本身是對他異性那必然的呼召、召喚或激發回應的積極回應。因此,解構是天職——對呼召的回應。」[4]

可是,我們始終是活在文本的「這邊」(this side of the text),那麼「那邊」的他者(the Other of the other side)真是可及的嗎?為了保障他者的未來開放性,這最終會否變成一種「沒有彌賽亞的彌賽亞精神」(Messianicity without Messiah)?[5] 即一種源於猶太民族苦難意識之永遠應許,但這應許卻指向一個不能實現的未來,它只能是一種不能在歷史中現身、卻被永遠期待著的「禮物」(*don*)。[6]

當然,我們也明白德里達對這種開放性的苦心:終末仍未來到,「這邊」的人不能強說我們已經擁有全部的真實,一切都是向「那邊」敞開的;當下任何的真理宣稱(truth claims)以至是神學論述,都不可能是完全的,它僅有指向性,要求我們對那位全然他異者(*tout autre*; wholly other)委身。瓦德(Graham Ward;或譯沃德)不也提醒我們嗎——「我們乃是在被釘十字架與復活之間來做神學的。我們的時間是聖星期六時期、聖星期六之前的時期」?[7]

沒錯,終末還沒有來到,羔羊的筵席還未開始,但我們不已是年復年地慶祝過復活節了嗎?用我們老掉牙的說法:我們是活在第一和第二次來臨的中間,既濟和未濟之時。誠然從來沒有人見過上帝,但在父懷裏的獨生子不是已把祂表明出來了嗎?初熟的果子既已啟示出來了,神聖的痕迹已然留下來,難道這不算是一種邊界的跨越以至神聖的「禮物」嗎？既是如此，「這邊」的人對「那邊」的事不應也有至低限度的理解嗎？作為猶太裔的思想家，德里達或許認為保有一種對彌賽亞的期盼已經足夠了，但基督教神學不應該有「多一丁點兒」的要求嗎？

當然這「多一丁點兒」並不好說，因這始終是從「那邊」走向「這邊」的贈與（*donner*），一個不留神，弄不好的話又會再陷於在場形而上學（metaphysics of presence）中。但解構的立場卻似乎頗清晰地顯明，作為全然他異者的「上帝」是痕迹的效應（或應倒過來說），所以解構的跟隨者如卡普托（John Caputo）和赫特（Kevin Hart）等，[8] 縱然否棄了神聖在場式的神學，卻又抵受不了一種神聖「恩典」式的神學論述誘惑。說到底，即使德里達自己一再的否定，「這邊」的人很難不把語言的痕迹和延異視為一種否定神學的信號，[9] 誠如瓦德所說：「雖然我們不能談論上帝或對祂有任何知識，但也不能不談論上帝，因為我們總是預設對祂有所認識。」[10]

2. 利科的立場

相對於德里達那份不可能的恩典或禮物，摹擬（μίμησις; mimesis）在利科的作品中是用來對真實或真理作出勘探的重要手段。不論是一九七〇年代的《活的隱喻》（*La Métaphore vive*）[11] 或一九八〇年代之《時間與敍事》（*Temps et récit*），[12] 摹擬在其中都為一舉足輕重的概念。

摹擬概念在西語思想傳統中由來已久，可指向一切具佈局（plot）的象徵、神話（μῦθος; myth）、文字、戲劇等，也累積了許多的誤解，常被以為是參照某種原型（archetype）的模仿（imitation）。但即使單從亞里士多德（Aristotle）的《詩學》（*Poetics*），我們也可看出摹擬並不指枯燥地複製，而是要創意地產生故事、神話或敍事的塑形（configuration）。因此，摹擬在古典哲學中是言說意義和真理的一種方法，用以表示想像力對人類真實活動的「創意模仿」。它指向著一連串事物之間的聯繫，以至是存在之間的比擬（scale of being），故此不獨思想，就連詩詞歌賦和藝術作品，也可反映出不同層次的真實和傳遞意義。

到了伽達瑪（Hans-Georg Gadamer）的手裏，遊戲（*Spiel*; play）概念便清楚顯明摹擬的作用：藝術作品的存在為其鑑賞者開顯（*erschliessen*; disclose）著一個特殊的世界，它是理想的又是真實的（ideal and real），是智性的又是現象的（intelligible and phenomenal）。開顯和理解同時存在也須臾不能分離，因為遊戲正是一種摹擬事件，它將真理展現於一個藝術的架構（*Gebilde*; figuration）中，[13] 所以伽達瑪甚至說：「把一切藝術建立在摹擬，即模仿概念基礎上的古代藝術理論，顯然是從這樣一種遊戲出發的，即作為舞蹈的遊戲就是神性東西的表現（*die Darstellung des Gottlichen*）。」[14] 由於真實或真理在當中傳遞著，因此這種遊戲的表現（*Darstellung*）是神性的，而藝術作品或活動則將這遊戲轉化為其塑形架構（*die Verwandlung ins Gebilde*）。[15]

利科對摹擬的理解正是建基於這傳統之上，一切的文本，尤其是敍事，皆為對真實或真理的摹擬，所以它們能使人經驗到「事實真理」（factual truth）以外的一種「隱喻真理」（metaphorical truth），《時間與敍事》中所提的三重塑形架構（摹擬一：預塑形〔prefiguration〕、摹擬二：塑形〔configuration〕、摹擬三：再塑形〔refiguration〕）正是從這裏發展出來的。與德里達相仿，利科的闡釋很大程度上是得力於海德格（Martin Heidegger）的思想。[16] 沙樂曼（Robert P. Scharlemann）曾以非海德格式語言生動地勾畫出利科的議程：

> 文本中我們不單可處身於一個非物質性的世界，更可與另一個自我相遇，那就是文本的「聲音」。這就如我們與其他的人相遇一樣，而且這文本之音並不一定等同於文本作者本人。[17]

換句話說，文本世界就是另一世界和另一（他者的！）聲音之存在於此（being-there），猶如每一個人皆是在所關注的世界中之此在一樣。[18] 然而，由於這存在模態是部分地取決於文本，故我們不可能不處理文本結構和其意義而與它相遇。滕格毅（László Tengelyi）也精闢地指出，這種海德格式對真實的自我顯現或存在的解蔽的闡釋，顯示出一個動態的歷程，使得原沒有被期待的真理自我呈現於經驗中，因此這並非一種單純的命題與事實的對應，更不是可以被預期和操控的。但利科又很著意地把這種真實/真理的自我顯現與語言表述（如隱喻和敍事）拉上關係，使得不同的表述都可能成為通向真理的閘門。[19]

不過，倘若德里達因強調延異而使得聖道難以真正入世，那麼利科對摹擬和隱喻的理解，又會否使真理過於馴化（domesticated）而貶損了其超越性（他異性）？既然基督已經復活了，我們是活在既濟與未濟之間，又為何要強行在死人中找活人呢？我們現有的豈不僅是對原有的生命之道的見證（痕迹！）而已嗎？由此看來，隱喻這種對真實之再描述（redescription）顯然是要求著一種獨特的本體論，使得這種摹擬過程不只是一種主觀的模仿或對某種已給定的（given）客觀對象之描繪，而當中又要求著語言描述的參與。但究極來說，這種「隱喻真理」與「事實真理」之間的距離究竟是怎樣構作出來的？後者不也是對真實的一種描述嗎？那麼前者又是怎樣的一回事？它最終會否誘導出一種無根的主觀意願？這些正是解構主義和後結構主義向來所遲疑的重點。

3. 對利科的回應

按著這個方向，瓦德對這種動用隱喻轉化來處理神學的方法提出很尖銳的批判。[20] 他認為利科對隱喻的看法，或說其指涉功能有異於一般語言的描述功能時，是一種對亞里士多德《詩學》的新柏拉圖式解讀，意即文本的歷史和字面層僅為一種生存性開顯（existential disclosure）的載體而已，故此必令一些文學批評家遲疑。在《活的隱喻》裏，利科除了引用《詩學》中的摹擬概念外，也由於牽涉到語言的作用，屢次使用了索緒爾（Ferdinand de Saussure）、列維—斯特勞斯（Claude Lévi-Strauss）、弗雷格（Gottlob Frege）和雅各森（Roman Jakobson）對語言之詩意（poetic）功能的看法，即指出在一特定情況下，語言的一般指涉會被懸擱，以致為真實的再描述提供可能性，這即所謂「指涉分離」（split-reference）的狀況。[21] 換另一個說法，利科認為隱喻能啟示「真實如行動」（the Real as Act），[22] 正如亞里士多德在《修辭學》（*Rhetorics*）中提過隱喻能顯示真實「猶如在一種活動的狀態中」（ἐνεργοῦντα σημαίνει），[23] 所以利科在《活的隱喻》的起始與結束的篇章皆明確地提到：[24]

> 活的表述就是道出了活的生存（L'expression vive est ce qui dit l'existence vive）。[25]
>
> 活的表述就是道出了活的經驗（L'expression vive est ce qui dit l'expérience vive）。[26]

這種表述的重要性在於其與真實和真理密不可分，因為隱喻就是以語言來道出這種活生生的生存／經驗的表述方式，不管那是一般文學意義下的隱喻，甚至乎是以寓言、故事或神話來傳述一個非字面上的真實/真理指涉，正如利科所說：「詩意論述為語言帶來一前客觀的世界，我們本是植根於此，而在此我們又籌劃出我們最內在的可能性（project our innermost possibilities）。」[27] 其核心問題是，隱喻的詩意論述之指涉功能要求對一般語言的顛倒，其中出現了一種兩難情況：當利科要求意義的含混性時，便指出字面意義和隱喻意義兩個層次是同等源初的（equiprimordial）；惟當他希望達致一種本體論上的次序時，卻又主張兩者之間具有層級（hierarchical）分別。[28]

按照本書第三部分的討論，利科的聖經詮釋議程，是把神聖啟示在歷史中的出現視為一種累進式（culminative）的過程。利科似乎認為，按基督宗教的傳統，在聖經所載的不同事件中，可看出同一位完全他異者之上帝的自我顯現，其內容卻因在不同歷史語境中出現分別，但新的內容卻又確是藉一種隱喻式真理開顯出來，並不勾銷過往的啟示，這是他所稱的互文性（intertextuality）現象的一個具體表達案例。范浩沙（Kevin J. Vanhoozer）曾清晰地把利科的聖經詮釋策略分為四個層次：首先是舊約內的互文性，即舊約不同文類（genres）或論述（*discours*; discourse）之間和連結在一起時的互動現象；第二是舊約和新約間的互文性，尤其是耶穌的講論包含和重解舊約的信息；第三是新約中的互文性，尤其是耶穌的不同講論在福音書中的相互作用，並其行事與受苦敍事的交互作用；最後是聖經文本和讀者生命的交互作用。[29] 在這些運作中，利科的文本詮釋理論皆被應用為聆聽宣道（kerygma）的器具；舊約在新約中被重釋，新約則被讀進讀者的生命中。縱然這四個層次有著時序上的先後，但在利科的閱讀中卻應被看為平行的運作。范浩沙正確地指出：「利科視互文性為隱喻的一種類型」，他又「視互文性為其隱喻理論的延伸」。[30] 簡言之，他是把隱喻看為文學作品的縮影，而文學作品則為隱喻的大規模擴展。文本能夠產生一個比其個別句子意義之總和更大的信息，一種超越語文學的意義盈餘（*surplus de sens*; surplus of meaning）是處理詩意文本的合理期望。[31]

瓦德以雅各森的語言觀為基礎，指出利科這種對字面閱讀的轉義要求並非把文本看為隱喻，而是換喻（metonymy）。[32] 對雅各森來說，隱喻和換喻基本上是共同運作的，二者不會把論述僅視為一些修辭技巧，且皆源於論述的本質，某些形式的論述會較著重隱喻，而另一些則傾向換喻。隱喻往往是透過一些因語境而變化了的相似性來運作的，這可以說是利科所理解的縱向層級式過程；惟利科關注的是聖經論述的預表式（typological）或象喻式（figural）閱讀，卻較傾向於一種因溝通而產生的橫向變化。但由於兩者皆是隨著論述而同時出現，故此在溝通的象徵過程（symbolic process）中便有可能出現二者爭競的現象。[33] 因此，聖經論述能被多層重釋的現象，便不能單單靠賴隱喻或換喻閱讀來理解，我們是首先有了某種肯定的語句以後，其語意才開放給其他的可能詮釋，這恰恰是德里達解構思想之洞見。所以在瓦德看來，利科在處理隱喻以至建立其互文性聖經神學時的最大問題，就是混淆了語言和文本的縱向和橫向維度的討論。事實上，利科自己也曾說過，互文性本就是隱喻式意義轉化的其中一個方式，並以其和隱喻化（metaphorization）及比喻化（parabolization）同義。[34] 這些說法似乎完全應對了瓦德的批評；然而，筆者往下希望指出，即使利科在使用述詞時可能出現了混淆，但這些問題並不影響到其要處理聖經詮釋時的整體意向，甚至可能是因為他要提出比後結構主義者更激進地顛覆以往對符號學和語言學的看法。

4. 對德里達的回應

事實上，當論到「互文性」這述詞時，首先教人想到的，應是述詞的首創者克莉斯蒂娃（Julia Kristeva）及其他後結構主義式的理論家（如德里達）而非利科的想法。對克莉斯蒂娃來說，文本也存在著橫向和縱向的兩軸，前者把作者和讀者連接起來，而後者則將不同的文本貫通，當中將兩軸結連著的固然就是文本中的文字編碼。克莉斯蒂娃的互文性意念，本是要將索緒爾的結構性符號學（semiotics）和巴赫金（Bakhtin）的對話主義（dialogism）綜合起來，甚至欲指出意義並不由作者直接傳遞給讀者，而是透過編碼的中介過程運作，因此，當中牽涉的相互主體性（intersubjectivity）應被互文性所取代。[35]

克莉斯蒂娃的這種理解與利科的設想既有很大程度的重合，但卻也顯出兩個與別不同的立場。首先，二人都強調了文字作為意義中介的重要角色，甚至都把索緒爾一類的語言學和符號學納入他們的理論範疇。可是，大家的討論最終卻出現了南轅北轍的結果：克莉斯蒂娃要求以互文性來取代相互主體性，而利科卻是以此來建構其意義的傳遞者與接收者的主體間架接。這種分歧，正是隱喻與換喻兩種縱向和橫向式的不同方向性運作的強調各有不同。

雙方討論的不同，關鍵在於對作為編碼的文本的不同看法所致，而這又涉及二者對索緒爾的不同詮釋。克莉斯蒂娃、德里達及其他後結構主義者較為著重語言的縱向符號作用，因此索緒爾和列維—斯特勞斯等把符號（sign）分拆為能指（signifier）和意指（signified）的二層架構，這對他們來說是重要的：被意指者並不等同於某一能獨立於意符的實體或概念，而符號意義的產生則在乎不同符號間的分別，被意指的有時可變成為意符，這便把意符視為「物質性或具體性之形象」和把意指視為「表述之思想或概念」的傳統看法完全顛覆。由此意念，德里達更稱：

> 沒有元素能不指向另一自身也在場的元素，而作為一個符號來產生功能的。這種交織造成了每一「元素」——音位或字母——在痕迹的基礎上，透過串聯或系統內的其他元素建立起來。[36]

這可以說是後結構主義和解構主義的一般看法，因此延異或他異性而非一致性或在場必定被視為最基礎的現象。

從正面地理解，他們的主要目的，並非如通俗地理解為對任何符號系統的徹底摧毀，而是要保證系統中有充足的開放性這一重要洞見。如此一來，他們也並不是要否認文本有其語言以外的指涉，只是要對其界限和整個意指架構（signifying structure）嚴加規管，意思是說，我們不能隨意地以形而上學、歷史或心理學等方式指稱文本有一超越於寫作（writing）以外的指涉，[37] 所以德里達能說：「只有一本書，而這同一本書是分佈於所有的書中。」[38]

相對於這種立場，我們曾在第五章指出，利科也引用了索緒爾把語言分解為系統（*langue*; language as system）與演繹（*parole*; language as performance）兩個維度的看法，不過他要做的卻不是要作出如後結構主義者般的分析，反倒是要把兩個層面作出整合，如他曾說：「思考語言（*le langage*），應該是要思考由索緒爾拆解之真實的統一性——語言（*la langue*）與說話（*la parole*）的統一性。」[39] 利科甚至認為，惟有這樣，（對主體的）現象學所面對的最大挑戰才能被克服，那就是「意指關係（signification）的觀念是被置於一個與主體的意向性目標有所不同的領域之中」。[40] 簡單來說，利科的看法就是不把語言看為一個完整的系統，而是將其置於一個更大的體系——論述——之內。利科的立場預設了語言是為提供一語意功能（semantic function）的載體；或者更應該說，利科從不把語言、文字或寫作等視為單獨事物，它們反倒是為了服務於論述才存在（當然也是互倚而生）。[41] 而所謂論述的最基本定義，即「一個主體欲表述自己的作為；而此表述是指向另一主體所作的；在此作為中表述主體欲傳遞一些資訊或影響對方」。[42] 因此，這是一種溝通行動，而語言、文字以至文本皆未能完全把它承載下來。[43] 若忽略了此角度，則語言便很容易會被化約為一封閉的符號系統（如通俗對解構的理解）。基於這種理念，布爾古瓦（Patrick L. Bourgeois）指出解構主義的立場要比利科的更靠近結構主義，因為利科的根本目的，是要對索緒爾或列維—斯特勞斯的語言層級觀作出徹底的顛覆。[44] 順此推想，利科應能接受後結構主義以他異性為首出的想法，但卻認為他們忽略了寫作僅是語言表達的其中一種形式而已，因此，他才會同時確認語言之表現（illocutionary）和表達效果（perlocutionary）活動之意義；也因為這些元素難以被寫作所記錄，詮釋才容易出現含混性。[45]

如此一來，對利科來說，不單語言有內外之分別，文本也可以有內外之分別，因為那本包羅萬象的書只存在於想像之中。當然，德里達也意識到：「寫作……就是認識到那書不存在，且永遠將有更多的書。」[46] 不過，利科相對於德里達更著重於書與書之間的個體（作為他者的人和上帝！）和事物，因為書寫（和閱讀）僅是論述的其中一環，不管那環多麼重要。因此，主體的形成以至相互主體性的討論，也不必因要強調互文性而被輕忽，利科甚至多次把反思（*réflexif*; reflexive）主體視為其詮釋學之核心元素，正如他曾說過：

> 理解並非要把一己投射進文本之中，而是將一己向其敞開；致使我們能透過將一些由詮釋所開展之建議世界加以挪用（*Aneignung*; appropriation），而得著一擴展了的自我。總括來說，這是文本的一方給予讀者主體性的維度，故主體

便不再擁有理解構成之鑰……閱讀將我引介至自我的想像變化中。〔文本〕演示中之世界變形也是自我的演示性變形（metamorphosis）。[47]

正是在這個基礎上，利科把自己的文本詮釋理論應用於聖經之上，成為聆聽從全然他異者之上帝而來的宣道的器具；舊約可以在新約中被重釋，新約則應被讀進讀者的生命中而產生轉化。因此，若試圖僅從利科的哲學思想（如隱喻理論）來理解其聖經詮釋，將無法得到一幅對其思想的整全圖像。所以本書第三部分曾指出，利科在這段期間所掙扎的，並非僅為建構一種處理隱喻以至敍事的哲學理論，更涉及如何理解聖經論述能引導讀者被宣道「感動」（inspired）而作出轉化式閱讀的過程。

三　會遇文本以外的上帝

在繼續討論之前，需要補充的是：本章的重點不在評價利科和德里達或其他後結構主義的優劣，其實雙方都可各自形成一種具圓融性的思想進路，分別只是各把甚麼預設為最後界限。[48] 不過，利科式的進路對發展一種基於（聖經）文本的神學來說，似乎是較為有利的，因為既然文本的性質可以自然而然地被敞開成有內有外，而且外面參與論述過程的個體（包括人和上帝！）和事物皆可成為檢閱對象，則利科對痕迹的理解也必定與德里達的大異奇趣，而不一定僅能從文本角度來思考。正是在這個基礎上，利科在討論痕迹時能很大程度地開放給歷史和其他人文科學參與，[49] 以致其對聖經詮釋的討論可與傳統的歷史批判法融合起來。[50] 往下，我們將發現這是要在現代學術語境中以聖經文本來發展神學的一大優勢，並且能會遇那位文本所指涉著的上帝，使讀者可與其相遇，轉化自我。

1. 利科式的痕迹與歷史

首先，讓我們繼續檢視利科對痕迹看法的獨特處。對他來說，痕迹不僅僅與延異有關，更應先從一般意義上來理解，例如文件和石碑等。它們雖然在此時此刻存在，但卻是從另一個（曾在的）世界之某物而來的殘餘或遺迹。正如利科所說：「如此，痕迹是一現存（present）的東西，它代表著（*vaut*）一缺席的過去（an absent past）」。[51] 或用《時間與敘事》的說法，痕迹乃「曾是但不再是之東西的遺骸和符號」。[52] 由此可見，利科對痕迹的看法是很具體和歷史性的，亦基於這種對痕迹的看法，利科在《時間與敘事》中能發展出一種與德里達有著深刻分別的時間和歷史觀，以致他曾聲稱，痕迹可帶來一種現象學，它把「活著的當下（living present）與點一般的瞬間（point-like instant）混和起來」。[53] 利科這種對「點一般的瞬間」之看法，豈不正針對著德里達那種一閃即逝的痕迹論嗎？因此，這種與痕迹有密切關係的時間和歷史觀，值得我們作進一步的疏解。

利科以上對痕迹的看法的一個重要源頭為西米昂（François Simiand），簡單來說，即把歷史視為從痕迹而來的知識。在這視角下，痕迹是在生活時間（lived time）與物理時間（physical time）之間的架接器（connector），[54] 也構成了利科的歷史時間（historical time）觀的重要線索。事實上，相類於西米昂，利科歷史時間觀的最主要功能是要橋接內在時間（internal time）和宇宙時間（cosmic time），在其中共設有三個層次的架接器。第一是月曆上的時間（calendar time），它把天文學上的時間（astronomical time）和人世間的制度（human institutions）連繫起來，正如中國人向來是按著季節時令來進行其農耕和祭祀工作，古以色列人也按時守著節期、期待上主賜下秋雨春雨，這些措施使人的生活與宇宙秩序協調起來。第二種架接器是跨代之間的連繫（the sequence of generations），例如舊約律法和先知中之祝福與咒詛，就把生活時間和生理時間（biological time）連繫起來，亦與天文學上的時間連結。第三種就是我們最感興趣的文件和石碑等痕迹，這當然也包括了聖經等古代文獻和考古學的發現，由於它們的含混本質，即既現存卻又代表著過去，故成為了結連不同時間秩序的關鍵。[55]

布爾古瓦精闢地指出，正因著痕迹與這幾重時間序的關係，利科的現象學能提供一種海德格之時間觀無法達致的功能，[56] 而這又恰恰是利科賴以超越德里達式意義延遲的根基。簡單來說，對德里達而言，意義之形成只因有延異，「意指關係只形成於延異的空洞中：只形成於間斷與分散的空洞中，形成於不顯現之東西的轉向與逆轉中」，[57] 所以延異在德里達的思想中始終是首出的，但以分散性（discreteness）為始的討論，最終結果自然是全然的同一性或極端的他異性，而這也是德里達和解構主義所得出之合理結論。既然分散性為一初始設定，則要將不同瞬間的時間接連起來的構想便注定失敗，而一種基於痕迹的詮釋學或現象學也難以建立起來。[58] 與此相反，利科是傾向於一種具連續性、有持續（*durée*; *Dauer*; duration）和以整體來運動（moves as a whole）的觀點，因為這是人類具體存活之生活時間的特徵。如此一來，利科與德里達對痕迹以至整個符號系統的處理雖然呈現出不少相似性，但利科卻會說：

> 如早在《聲音與現象》（*Speech and Phenomena*）中所見，德里達並沒有對痕迹誤解為「一種不獨必須佔據現在之純粹實現的可能性，也必須透過其所引入之差異的運動所構成」……他更進一步指出，「這種痕迹比現象學源初的東西更『源初』」。[59]

這恰恰是利科要駁倒的一點，以致能建立起一種能把「活著的當下與點一般的瞬間混和起來」的現象學，免致出現一種胡塞爾式對「源初」的鄉愁（*nostalgia*）。[60]

以上的觀點與摹擬或（聖經的）隱喻和敘事又有何干？滕格毅十分精彩地指出，「敘事是設計來馴化（domesticate）時間之原始能力的。敘事把真實的再塑形或可視為這馴化的一種嘗試」。[61] 正如以上我們已提出過，利科認為隱喻能啟示「真實如行動」，[62] 敘事所啟示的真實則不單只透過行動，更是透過歷史 —— 一個具連續性而非分散的維度。所以滕格毅續稱，「不難看出利科整個見解的關鍵意念是將歷史性（historicity）看為真實的一種內在和全方位特徵，並在故事中找到最合宜的表述」。[63] 故問題變成是：利科如何能藉歷史性敘事進行這種建構性論述，一方面既能言說真實，另一方面又能避免後結構主義式的批判？

綜合上文，利科的方略顯然是要發展出一種能包含他者與詮釋者自身的歷史敘事的基礎本體論，當中的他者不是在場形上學式的存在者，而是要能讓文本不斷地開放給出多元的詮釋，並能容讓被持續地進行解構和批判的對象。[64] 從《時間與敘事》來看，利科的處理方法從黑格爾（Georg W. F. Hegel）思想得益不少。[65] 利科留意到人類的確有將歷史總體化（totalization）的持久衝動，而這又是要調和主觀（內在）和客觀（外在）兩種時間的重要手段。當然，利科並無意如黑格爾般欲建構一種玄思式（speculative）哲學體系，但他似乎是要藉個別主體和其獨立敘事，一點一滴地重新組織起時間經驗，這也就是他的歷史時間觀。若對照本文起始時的隱喻真理描述，這裏有兩點是特別有意思的：第一，利科堅持歷史之活的經驗，經常能在敘事中找到恰當表述；第二，利科清楚表示在敘事中經常有這類經驗的不同可能表述。簡單來說，即沒有任何單一的

（宏大）敘事能完全把捉著普遍歷史（universal history），然而又沒有單一的歷史不是由眾多故事構成的。正因如此，真實或真理是不會被隱喻的一再描述所窮盡的。敘事之所以在利科的後期思想中取代了隱喻的地位，無非因它能更清楚地闡述出這種歷史時間中通過不同個體（他者）的詮釋循環，而這種循環又是由講故事者和故事中的人所構成和傳遞的。所有人都會發現自己只能在某種屬於歷史的故事中發現他人，而自己的故事又有不同的他者參與著，我們也參與在許多他者的故事中，所以個人歷史與集體的歷史也是相互交織而成的，一己與他者皆持續地在這詮釋循環中被一而再地再塑形（refigured）著，這正是利科之所以堅持相互主體性之不能被輕棄之因。[66] 以下，我們將發現這種看法對他發展一種基於聖經文本的神學討論是十分重要的。

2. 作為互文性文本的聖經並其指涉的上帝

以上對敘事所指出的兩層次辨識，即人類一方面有對歷史進行總體化的衝動，但另一方面又意識到這種衝動無不是由個別的零散故事所組成，這似乎在聖經中也找到一致的對應。利科在其吉福特講座（Gifford Lectures）系列的一個神學講演中，[67] 便曾按著這種觀念，勾畫出一個基於對聖經作互文性閱讀的神學藍圖。

在〈經卷之鏡中的自我〉（“The Self in the Mirror of the Scriptures”）一文中，利科有意識地引進了弗賴（Northrop Frye）在《偉大的巨碼》（*The Great Code*）中之意念，把聖經視為一巨大的發展網絡，內中佈滿著新、舊約中事件和角色之間的對應。譬如出埃及與復活、妥拉與登山寶訓、創造與約翰福音序言、約書亞與耶穌等便有互相對照的關係。用保羅的說法，它們是預表與本體（types and antitypes）的關係；舊有的事物不會簡單地被新的所取代，但在新的事物中可以看到舊有事物的影兒，因此若沒有了舊事的話，新的也無法被理解，兩者之間便形成了一個累進和彼此強化的串聯。由此，利科試圖指出，整部聖經的合一性是以一種具貫徹的預表功能來塑形的，並且這種預表過程很大程度上是在敘事的維度上運作著，印證了人類對歷史進行總體化的衝動。弗賴的巨碼正是要從創世記到啟示錄揭示這預表的序列，而它更挑動讀者以此巨碼的角度來理解自己，令自我對巨碼作出對應和肯定。換句話說，利科認為這預表過程正是聖經之隱喻語言和敘事塑形的特色，所以他自己也嘗言：「我們就是那些在接受文本時，把自身適應在其中並以此書為一面鏡子。」[68]

縱然如此，利科也注意到聖經中所展現的不同文類或論述，恰恰是對一種「想像性合一」(imaginative unity)看法的反抗。利科所謂之文類或論述，是指聖經中不同形式表述的「信仰告白」(confession of faith)，當中包括了敘事、先知、比喻、詩歌等不同的細小部分；[69] 他明白到在當代的聖經研究討論中，這些多元的文類或論述正顯現出聖經沒有單一之神學中心以至合一性。然而，利科也小心地指出，「預表式合一」和「不同文類的展示」這兩種進路不一定是彼此對抗的：

> 若預表式合一是在文本的前 (pre-) 或超 (hyper-) 隱喻層次來維繫的話，文類在這裏的提出，便藉一種歷史批判式註解的偶然結連和聖經神學提升至「神學前言」(*theologoumena*) 的地步。[70]

利科似乎是想以「前－」和「超－」這些歐語詞彙前置，來標識預表閱讀為字面閱讀的一種延伸，因而可把它們放在同一領域來討論。然而，更重要的是，利科是把文類的劃分置於另一個討論維度上，因他知道不同聖經論述的標示，並非聖經文本的一種內在要求，而是現代文學批評的一種討論方向。[71] 去追索一個文本的字面和象喻意義時，讀者仍可在文學世界中操作著；但若以文學批評的角度來標示和分析不同文類，則此現代追問者已經是把工作轉向了另一層次，而非於文本的內在世界（intra-textual world）中運作了。

然而，聖經敘事正是在這種既期待著合一卻又意識到無法完全統合的情況下，一代接一代地傳遞下來的，且能促成自我尋索和產生出一些有意義的「神學前言」。利科在其吉福特講座中便指出，上帝在舊約中是以第三人稱的英雄，在許多不同的個別敘事中被指稱著的，又以第一人稱的角色，活現於先知神諭的聲音中。律法和敘事或先知的互動作用，則使後者添上了倫理色彩，而智慧文學和詩詞又提供了一種總體性的互文性現象。利科認為，這種標識為上帝塑形了一個多元的形象，並且這是扣緊聖經文本來作成的，也就是他所謂「神學前言」的意思。因此之故，我們必須注視所有的論述以認識所指涉的上帝，但這也指明了有限的人類認知並不能窮盡此指涉的意義。[72] 這位全然他異者可在不同的歷史、文化語境中向不同時代的人贈予嶄新的形象，並留下痕迹；而不論是這痕迹的記述者或詮釋者，皆成了這位神聖他異者的見證人。

利科固然明白這種歷史、文化語境的差異可帶來體認見證（痕迹）的連串問題，但卻沒有視此為詮釋神聖他異者之自我啟示的消極面，反倒認為：

> 神聖者的消失是當下直接性與中介的轉折點，因此，在可見之在場與圖像的詮釋之間……這直接性的消失，正是其自身顯現之普遍化的必須條件。[73]

利科指出，初期教會對歷史人物耶穌作出了神聖顯現的原初肯認，但是這種認信告白，卻不僅僅是一種生命歷程的記錄，一種事件與意義之辯證已然發生在原始的見證中。利科這樣說：

> 通過稱呼耶穌為上帝的兒子、彌賽亞或基督、審判者、君王、祭司、邏各斯，原初教會開始了對意義與事件關係的詮釋，其重要性為詮釋不外在於見證，而是隱含於其最初的辯證結構之中。[74]

在這一意義上，辯證過程發展了信仰羣體中的神聖意識，正如原初教會在猶太傳統中重新詮釋了復活的主，以至從希臘文化增添了額外元素。從黑格爾的角度來詮釋，利科寫道：

> 羣體的意識就是表象內容植根於真實顯現之處，並且指向著其向精神的自我意識之回歸。我們也許會懷疑羣體意識是啟示，其表象顯現以及其哲學性再詮釋。[75]

這就是說，絕對精神（對應於基督教傳統即可視為聖靈）向信仰羣體的自我意識顯明自身，也同時將文化因素任用於其中，因此，在新約重新解讀舊約的過程中便產生了剩餘意義。神聖他異者藉以顯現自身的外在形式可能會改變，但在過程中要詮釋的主題卻總是不變的，即神聖他異者的自我啟示。

利科雖然認為新約這種「嶄新性」能被概括為「以基督形象作為基督教閱讀聖經之中心」的功能，但他也提醒我們：

> 耶穌所宣講的是「上帝的」國度，復活也是「上帝的」作為，而歷史的耶穌——從信仰的基督來理解——是被認信羣體以「其生

存被他宣告的上帝決定的那位」(the man determined in his existence **by the God** that he proclaims)來詮釋的，正如潘寧博(Wolfhart Pannenberg；或譯潘能伯格)所言。[76]

如此一來，神聖之名的顯現和撤離的辯證沒被消除，即使新約把基督此個體等同於聖經之想像性合一的中心。儘管如此，我們以為利科僅想堅持神學作為一種人的理解，並不能完全把捉上帝，因此他強調「『上帝』此詞，不能被理解為一哲學概念，即使是存在亦然，不論這是以中世紀或跟隨海德格的觀念」。[77]

總括而言，利科並不反對弗賴的「想像性合一」，這屬於敘事層面的討論，因此他可以說：「我可以與弗萊同說，聖經的讀者最終被邀請把自己認同於那書，而那書是生成於上帝之言和基督之個體間的隱喻性認同。」[78] 不過，利科宣稱這是一種第二序的認同，這是說我們必須藉聖經鏡像所提供的對話結構作出對應和肯定。如此一來，利科之「神學前言」觀念的重要性，除了在於它標示出基督教上帝的多元形象，更可使我們在會遇聖經不同部分之聲音時，也產生出多元的自我形象。再者，上帝的多元形象意味著我們永遠無法窮盡這不可命名之名，在其面前我們必須謙卑，去除那自戀式的自我(solipsistic self)，並渴求在這神聖之完全他者面前得到「再塑形」。[79] 換句話說，信徒身分不可能是靜態的，讀者必須不斷重閱聖經文本以會遇那位神聖他異者，並在那鏡中反映裏尋求一恰當的形象。

四　結語

總結而言，倘若我們返回利科與德里達的比較，那就會發現，正因前者這種對歷史性敘事的歸屬性(belonging-to)的堅持，便產生出一種與後者截然不同的理念解讀痕迹進路；意思是說，利科在時間性之討論中寧可提說變更（modification）而非延異，[80] 而他對「身分」（*identité*; identity）的構成觀念亦有賴於此。用《一己猶如他者》（*Soi-même comme un autre*）的說法，[81] 即身分並不一定要求著絕對的「同樣性」（*idem*; *même*; *gleich*; sameness），而更應是在敘事過程中產生流變的自我（*ipse*; *soi*; *selbst*; selfhood）觀念。所以，縱然利科同樣能擁抱他異性的觀念，以至肯定解構式的批判，可是他卻以為這些並不應是「終極的」要求——意思是，他不如德里達般要求無限的延遲，而是認定真實／真理以至是全然的他者，仍可透過對「文本」的詮釋而閃現，一己的身分更可因透過與他者在敘事中交往的豐富生存經驗而更新。這也是互文性與相互主體性之交織互動而成的結果，無怪乎利科無懼於把瓦德仔細區分之文本橫向與縱向的維度整合起來處理，因為這正是讓讀者與經文所指涉著之全然他異者相遇的機制，並可藉生命之交流，一代一代地把這種對痕迹的見證傳遞下去。

註 釋：

1. 本章修訂自林子淳：〈營救文本以外的上帝〉，曾刊於《山道期刊》第二十四期（2009 年 12 月），頁 173～196；初稿曾於二〇〇九年的中華神學人週年會議上宣讀。
2. Jacques Derrida, *Of Grammatology*, trans. C. C. Spivak（Baltimore: The John Hopkins University Press, 1976）, 158.
3. 過往不論是中西方學界，都曾錯誤地把此名句理解為「文本以外無一物」，而把德里達和解構視為無限後退的詮釋循環；卡普托（John D. Caputo）的整理廣為英語學界所接受，參其"The Good News about Alterity: Derrida and Theology," *Faith and Philosophy* 10/4（1993）: 453～470；漢語的疏解性論述可參鄧紹光：〈德里達有（甚麼）（神學思考）的意義？〉，《道風：基督教文化評論》第二十期（2004 年春），頁 89～102。
4. 中譯文轉引自鄧紹光：〈德里達有（甚麼）（神學思考）的意義？〉，頁 97；原出於 Richard Kearney, *Dialogues with Contemporary Continental Thinkers*（Manchester: Manchester University Press, 1984）, 118。

5. 參胡繼華：〈德里達：解構的剩餘物〉，載《解構與漢語神學》，曾慶豹編（香港：道風書社，2007），頁 130 及以下。
6. 有關德里達所帶來禮物的討論，漢語論述可參卡普托：〈不可能者的使徒——德希達與馬西翁的上帝概念與贈禮概念〉，鄧元尉譯，《道風：基督教文化評論》第二十期（2004 年春），頁 51 ~ 87；夏可君：〈禮物的精神——德希達思想禮物及其對神學的解構〉，《道風：基督教文化評論》第二十期（2004 年春），頁 103 ~ 129；曾慶豹：〈禮物的不可能性與否定之路〉，《道風：基督教文化評論》第三十一期（2009 年秋），頁 247 ~ 275。
7. 中譯文轉引自鄧紹光：〈德里達有（甚麼）（神學思考）的意義？〉，頁 100；原出於 Graham Ward, "Why is Derrida Important for Theology?," *Theology* 95（1992）: 266 ~ 267。
8. 參 John Caputo, "Mysticism and Transgression: Derrida and Meister Eckhart," in *Derrida and Deconstruction*, ed. Hugh J. Silverman（London: Routledge, 1989）, 24 ~ 39；Kevin Hart, *The Trespass of the Sign*（Cambridge: CUP, 1989）, esp. Ch. 3。
9. 德里達與否定神學的關係可參 Harold Coward and Toby Foshay, eds., *Derrida and Negative Theology*（New York: State University of New York Press, 1992）；漢語學界的疏解可參陸揚：〈德里達：避免言說否定神學〉，《道風：基督教文化評論》第二十期（2004 年春），頁 131 ~ 147；曾慶豹：〈禮物的不可能性與否定之路〉。
10. 中譯文轉引自鄧紹光：〈德里達有（甚麼）（神學思考）的意義？〉，頁 101；原出於 Ward, "Why Is Derrida Important for Theology?" 267 ~ 268。
11. Paul Ricoeur, *La métaphore vive*（Paris: Seuil, 1975）；英譯為 *The Rule of Metaphor*, trans. Robert Czerny with Kathleen McLaughlin and John Costello（London: Routledge, 1978）；中譯本為《活的隱喻》，汪堂家譯（上海：上海譯文出版社，2004）；為免混亂，下引此著之腳註以所屬語文書名標出；這方面的另一部主要專著為 *Interpretation Theory*（Fort Worth: Texas Christian University Press, 1976）；另外 John B. Thompson 編譯的 *Hermeneutics and the Human Sciences*（Cambridge: CUP, 1982），也編收了利科這方面許多重要論文。
12. Paul Ricoeur, *Temps et récit*, 3 vols.（Paris: Seuil, 1983~1985），英譯為 *Time and Narrative,* 3 vols., trans. Kathleen McLaughlin, Kathleen Blamey, and David Pellauer（Chicago: University of Chicago Press, 1984 ~ 1988）；以下若無特別提及，所指為英譯本頁碼。
13. William Schweiker, "Beyond Imitation: Mimetic Praxis in Gadamer, Ricoeur, and Derrida," *The Journal of Religion* 68（1988）: 26.
14. 伽達默爾：《真理與方法》，洪漢鼎譯（北京：商務，2007），頁 160。
15. 伽達默爾：《真理與方法》，頁 156；另參 Schweiker, "Beyond Imitation," 24。
16. 參本書第三部分的討論。
17. Robert Scharlemann, "The Textuality of Texts," in *Meanings in Texts and Actions: Questioning Paul Ricoeur*, ed. David E. Klemm and William Schweiker（Charlottesville: University Press of Virginia, 1993）, 21.

18. Scharlemann, "The Textuality of Texts," 15.
19. László Tengelyi, "Redescription and Refiguration of Reality in Ricoeur," *Research in Phenomenology* 37/2 (2007): 164～166.
20. 他的批判不單針對利科，更泛指包括特雷西(David Tracy)和麥菲(Sallie McFague)等神學家，見 Graham Ward, "Biblical Narrative and the Theology of Metonymy," *Modern Theology* 7 (1991): 336～338。
21. 但我們必須留意的是，上列學者對語言向度的劃分，往往未如利科般的清楚明確。
22. Ricoeur, *The Rule of Metaphor*, 43.
23. Artistotle, *Rhetorics*, 3.11.1411b24 ～ 25；參 Tengelyi, "Redescription and Refiguration of Reality in Ricoeur," 163。
24. Tengelyi, "Redescription and Refiguration of Reality in Ricoeur," 162，指出了這精微分別。
25. Ricoeur, *La métaphore vive*, 61.
26. Ricoeur, *La métaphore vive*, 391.
27. Ricoeur, *The Rule of Metaphor*, 306.
28. Ward, "Biblical Narrative and the Theology of Metonymy," 338.
29. Kevin J. Vanhoozer, *Biblical Narratives in the Philosophy of Paul Ricoeur* (Cambridge: CUP, 1990), 199.
30. Vanhoozer, *Biblical Narratives in the Philosophy of Paul Ricoeur*, 200.
31. 我們在此不能詳述此觀點，參 Paul Ricoeur, "Metaphor and the Central Problem of Hermeneutics," in *Hermeneutics and the Human Sciences* (Cambridge: CUP, 1981), 165 ～ 181；同參 Dabney Townsend, "Metaphor, Hermeneutics, and Situations," in *The Philosophy of Paul Ricoeur*, ed. Lewus E. Hahn (Chicago & La Salle: Open Court, 1995), 193～209；Mary Gerhart, "The Live Metaphor," in *The Philosophy of Paul Ricoeur*, ed. Lewus E. Hahn, 215 ～ 232; Eugene F. Kaelin, "Ricoeur's Aesthetics: On How to Read a Metaphor," in *The Philosophy of Paul Ricoeur*, 237～253，當中正確地指出閱讀「剩餘意義」此主題能在利科有關象徵、隱喻和敘事的作品中察覺得到。
32. Ward, "Biblical Narrative and the Theology of Metonymy," 343.
33. Roman Jakobson, *Fundamentals of Language*, 2nd ed. (Le Hague: Mouton, 1975), 92～95.
34. Ricoeur, "The Bible and the Imagination," in *Figuring the Sacred* (Minneapolis: Fortress, 1995), 148～149, 160～161.
35. 詳參原著 Julia Kristeva, "Word, Dialogue and Novel," in *The Kristeva Reader*, ed. Toril Moi (New York: Columbia University Press, 1986), 34～61。
36. Jacques Derrida, *Positions*, trans. Alan Bass (Chicago: University of Chicago Press, 1981), 26～27.
37. Jacques Derrida, *Of Grammatology*, 158.
38. Jacques Derrida, *Writing and Difference*, trans. Alan Bass (London: Routledge & Kegan Paul, 1979), 9.

39. Paul Ricoeur , *The Conflict of Interpretation*（Evanston: Northwestern University Press, 1974）, 85.
40. Ricoeur , *The Conflict of Interpretation*, 250.
41. 德里達在一次研討會中，曾明確地向利科表示完全認同建立一種關於論述理論的需要，可是卻不能認同把寫作看為論述或言說的重現，參“Philosophy and Communication: Round-table Discussion between Ricoeur and Derrida,”in *Imagination and Chance: the Difference between the Thought of Ricoeur and Derrida*, ed. Leonald Lawlor（Albany: State University of New York Press, 1992）, 140。
42. Paul Ricoeur,“Philosophical Hermeneutics and Theological Hermeneutics,”*Studies in Religion* 5（1975）: 17.
43. 利科對論述的觀點也可參其 *Interpretation Theory: Discourse and the Surplus of Meaning*（Fort Worth: Texas Christian University Press,1976）。
44. Patrick L. Bourgeois,“Recognizing Ricoeur: In Memoriam,”*Research in Phenomenology* 37（2007）: 177 及以下；本節的討論深受此文影響。
45. 參 Ricoeur, *Interpretation Theory*, Ch.1; Paul Ricoeur, *Hermeneutics and the Human Sciences*, trans. John B. Thompson（Cambridge: CUP, 1981）, 134～135。
46. Derrida, *Writing and Difference*, 9～10.
47. Ricoeur, *Hermeneutics and the Human Sciences*, 94.
48. 事實上，兩人的思想有頗多相近處，並且也曾作出一定程度上的認同，參“Philosophy and Communication,”esp. 136～140；Lawlor, *Imagination and Chance* 也作了相當程度的比較。
49. 利科對痕迹的探討，最重要的固然是《時間與敍事（卷一）》（*Time and Narrative*, vol.1, trans. Kathleen McLaughlin and David Pellauer [Chicago: University of Chicago Press, 1984]）和《記憶、歷史、遺忘》（*Memory, History, Forgetting*, trans. Kathleen Blamey and David Pellauer [Chicago: University of Chicago Press, 2004]）；從哲學的討論，這正是利科能架接內在時間（internal time）和宇宙時間（cosmic time）之歷史時間觀（historical time）的重要原因，有興趣的讀者可參 Bourgeois,“Recognizing Ricoeur,”187～194。
50. 利科與拉可克（André LaCocque）的合著 *Thinking Biblically*（Chicago & London: University of Chicago Press, 1998）正是一個好例子。
51. Paul Ricoeur,“Narrated Time,”*Philosophy Today* 29（1985）: 264.
52. Ricoeur, *Time and Narrative*, vol.3, 5.
53. Ricoeur, *Time and Narrative*, vol.3, 283 n.12.
54. 參 Bourgeois,“Recognizing Ricoeur,”188。
55. Bourgeois,“Recognizing Ricoeur,”187 ～ 188; 亦參 Ricoeur, *Time and Narrative*, vol. 3, 104～126。
56. Bourgeois,“Recognizing Ricoeur,”188f.
57. Derrida, *Of Grammatology*, 69.

58. Bourgeois, "Recognizing Ricoeur," 192.
59. Ricoeur, *Time and Narrative*, vol. 3, 283 n.12.
60. 利科這種批判的疏理可參 Tengelyi, "Redescription and Refiguration of Reality in Ricoeur," 189f.。
61. Tengelyi, "Redescription and Refiguration of Reality in Ricoeur," 170.
62. Ricoeur, *The Rule of Metaphor*, 43.
63. Tengelyi, "Redescription and Refiguration of Reality in Ricoeur," 170.
64. 參 Linda M. MacCammon, "Jacques Derrida, Paul Ricoeur, and the Marginalization of Christianity," in *Paul Ricoeur and Contemporary Moral Thought*, ed. John Wall, William Schweiker, and W. Daniel Hall (New York & London: Routledge, 2002), 198。
65. 當然，利科一直宣稱自己是一位「後黑格爾—康德主義者」，當中含意可參本書第二部分。
66. 本段討論參考了 Tengelyi, "Redescription and Refiguration of Reality in Ricoeur," 170 ～ 173。
67. *Oneself as Another*, trans. Kathleen Blamey (Chicago & London: University of Chicago Press, 1992)，並非利科原初之吉福特講座形式，由於他把此書轉化為哲學著作，故原來兩篇神學討論便常被遺忘，綜覽式的探究可參下一章。
68. Paul Ricoeur, "The Self in the Mirror of the Scriptures," in *The Whole and the Divided Self*, ed. David E. Aune and John McCarthy (New York: Crossroad, 1997), 210.
69. Ricoeur, "Philosophical Hermeneutics and Theological Hermeneutics," 22.
70. Ricoeur, "The Self in the Mirror of the Scriptures," 210.
71. Ricoeur, "The Self in the Mirror of the Scriptures," 210 ～ 211.
72. Ricoeur, "The Self in the Mirror of the Scriptures," 211 ～ 213.
73. Paul Ricoeur, "The Status of Vorstellung in Hegel's Philosophy of Religion," in *Meaning, Truth and God*, ed. Leroy S. Rouner (Notre Dame & London: University of Notre Dame Press, 1982), 78 ～ 79.
74. Paul Ricoeur, "The Hermeneutics of Testimony," *Anglican Theological Review* 61 (1979): 455.
75. Ricoeur, "The Status of Vorstellung in Hegel's Philosophy of Religion," 84.
76. Ricoeur, "The Self in the Mirror of the Scriptures," 219；強調為筆者所加。
77. Ricoeur, "The Self in the Mirror of the Scriptures," 213; 參 Paul Ricoeur, "Naming God," in *Figuring the Sacred*, 227。
78. Ricoeur, "The Self in the Mirror of the Scriptures," 219.
79. Ricoeur, "The Self in the Mirror of the Scriptures," 213, 219.
80. Ricoeur, *Time and Narrative*, vol. 3, 26 ～ 28.
81. Paul Ricoeur, *Soi-même comme un autre* (Paris: Seuil, 1990).

9

反思自我現象學的神學案例[1]

一　引言

在上一章裏，我們已經點提到利科在一九八五至八六年度於愛丁堡主講的吉福德講座（Gifford Lectures），他藉這享負盛名的系列講座的稿講，修訂為其主要作品《一己猶如他者》（*Soi-même comme un autre*）的重要基礎。[2] 這過百年歷史的老牌講座，其設立目的本是關乎「自然神學」（natural theology）的，[3] 而利科之原來講座系列中也包含了兩篇神學講演，只是由於他希望把《一己猶如他者》顯為哲學作品，故沒有把這兩篇講稿包含進去，[4] 而這便構成了這兩篇講稿歷來常被受忽略的主要原因。尤有進者，兩篇講稿的後者是首先被正式刊出的，[5] 而英文版的編者華萊士（Mark I. Wallace）在出版時更指出第一篇講稿並沒刊出過，甚至指引讀者參考利科一些相關題目的作品，[6] 這使一些學者至今也以為這是一篇無法獲取的文稿。[7] 可是當這篇講演後來被刊出時，利科卻在首句便直言：「我的最後兩篇吉福德講座形成一個不可分割的整體。」[8] 這是否意味著若沒有了這首篇講演，後者根本難以被正確理解？倘是如此的話（這至少是筆者個人的閱讀體驗），難怪歷年來對這兩篇吉福德講座的嚴謹析讀甚為稀少，因為許多人根本沒有把握完整資料，以致無法作出解讀或忽略其意義。

《一己猶如他者》乃是利科思想歷程中一部位置特殊之作，它猶如這位哲學大師畢生思想的一幅概括路線圖，並明顯地是接續著其詮釋學作品而來，尤其是他的三卷本鉅著《時間與敘事》（*Temps et récit*）。[9] 再者，在這部作品出版後的十多年間，利科積極地探討倫理與政治問題；[10] 而在另一邊箱，聖經信仰在其寫作領域裏似乎也佔了一個不算太小的園地，[11] 當然內中也不乏涉及倫理與政治的原素。如此一來，對兩篇吉福德講稿的析讀，不單有助於神學研究的反思，也可能對理解利科晚期思想有所裨益。事實上，倘若單純從神學研究的視角來看，利科的兩篇吉福德講稿內容不算是很有突破性的作品，難怪華萊士當年會指引讀者注意與其題目相關的著作。反倒若把它們置於利科原初吉福德講座系列的整體中去看，卻顯為一個能清楚闡明其哲學議題的案例，猶如海德格（Martin Heidegger）早年在弗來堡所做的宗教現象學講座一樣。[12] 順此，本章將先簡單概覽《一己猶如他者》對自我的現象學計劃，然後針對利科這兩篇吉福德講稿作一概覽式評註（running commentary），尤其關注其內容如何反映出利科晚期有關敘事身分的思想，並利用聖經信仰在西方思想史中的發展成為一種說明實例。

二　《一己猶如他者》——一個自我本體論的追索

利科當年吉福德講座的原主題為「論自我性：個人身分的問題」（"On Selfhood: The Question of Personal Identity"），他在起始時重述了西方哲學和神學中自我觀念的構成，並指出了兩條當代西方的主要路徑。第一種是以笛卡兒（René Descartes）為象徵的客觀主義或奠基主義（foundationalism）路線，以為自我的根源能奠立於主體性之中，並視之為一種不能動搖的根基。另一種進路則以尼采(Friedrich Nietzsche)為代表，這類型思想家通常把自我僅視為一種文化建構下的產物而已，故很容易演化成一種流俗的相對主義或解構主義。利科對這兩種路線的表述固然是比較方向性和化約性的，因此也顯得不以為然，但總意是為要嘗試探索第三條路徑，即要創建一種較謙和(modest)的自我觀，它並不擁有自身，卻又堅持可透過詮釋自我而得著一種本真的可能性(possibility of authenticity)。[13]

正如以上所述，利科為此嘗試而面對極大的掙扎，因他過往的詮釋學探索在一段長時間內主要是在理論層面上的討論，極少涉及倫理、政治等實踐性領域，但由一九八〇年代起的敍事論述，卻迫使他嚴肅面對此一範圍，尤其當自我成為核心問題以後。因此，雖然《一己猶如他者》仍在很大篇幅中處理語言問題，但卻是置於一更廣泛的、關乎行動的框架內，正如利科在一九八六年出版的《從文本到行動》(*Du texte à l'action*)的〈序〉中已及：

> ……我在說我向那裏走。一點一點地，在這爭鬥性的詮釋事業當中，一個主導性的課題主動浮現，即文本理論漸漸地重回到行動理論中。[14]

利科留意到，當代學者在討論「甚麼」(what)行動的理論時，往往傾向於以「為何」(why)行動來解釋。但「為何」問題卻無可避免地必關聯至執行者(agents)的意向，故便與「誰人」(who)行動相結連，這也為利科提供了把行動或事件的敍事性(*narrativité*; narrativity)與執行者的身分之連繫，而倫理、政治等意向因素也必須被同時考慮。[15]這也可能是利科聲稱《時間與敍事》失敗了的原因，因為若時間性必須為一自我所覺知，而自我的構成又不只關乎敘事，則敘事確非通往時間的惟一途徑。[16]

儘管如此，利科不打算只停留在敘事主角身分的討論上，他希望探索這種規劃能如何應用於自我的構成上。由於利科從一開始便拒絕了一種自戀式（solipsistic）的自我，他明白到他需要一種以「我」為發問主體、又能包含「誰人」問題的本體論框架。在其中主體必須首先能與「我」保持距離，以致能在終點時才達致一被詮釋的「自我」。為達成此目的，《一己猶如他者》中對自我的探索提出了三重的辯證。[17] 第一種表現在解釋（*explication*; *Erklärung*; explanation）與理解（*compréhension*; *Verstehen*; understanding）之間，如其普遍詮釋理論一向以來所反映的。在自我的探索中，一種對一己的理解必先要敘述自我行動的軌迹，用《時間與敘事》的說法，這種敘事只能以一種情節化（*la mise en intrigue*; emplotment）的方式來達致，而情節是否合理本身必須經過一種解釋過程，故對自我的理解和對情節的解釋是緊密相連的。第二種辯證則在於「同樣」（*idem*; *même*; *gleich*; sameness）與「自我」（*ipse*; *soi*; *selbst*; selfhood）之間，它們皆為西語中身分或同一性（*identité*; identity）的相關和合理概念，這在書名首詞"*soi-même*"（直譯：自我—同樣）中已經表現出來。當敘事中行動執行者的身分成為議題時，縱然任何個體在歷時過程中必曾經歷轉變，但「同樣」（同一個）的「（自）我」應被視為一經歷連串不同事件之沉澱後（sedimented）的角色，所以，那經過時間轉化後的自我，如何被主體認定為同一個人，便成為另一種辯證關係。不過，最廣泛和在書中被受關注的辯證則屬於第三種，即在自我與他者之間。任何行動執行者皆不會獨立地存在，而必然與一（些）有意義的他者在事件中產生互動，這些他者可以是另一個人或事物，因此利科寫著：「每一行動皆有其執行者及其承受者（patients）。」[18] 故此，這必然會帶來不對稱的權力結構，倫理和政治思考便也必被涉及於這層辯證關係中。書名 *Soi-même comme un autre* 反映出對這層辯證之特別關注，而利科也明言"*comme*"在此不止「猶如」（英語的"as"或"like"）之意，而有一強烈的意涵，應理解為"*en tant que…autre*"（英語的"inasmuch as"），所以全書主題或可看作「自我—同樣性乃鑑於他人」。[19]

既然這層辯證關係有其獨特地位，利科在討論自我與他人的互動時因而特別闡述了關乎被動性（passivity）或他異性（alterity）的三重經驗，以致一種本真的自我能建立於其上。[20] 第一種自我的他者並不在「一己」（oneself）的肉體以外，「我自己的身體」便為最直接的有意義他者。它參與在世界中，使我們能有「一個屬於自己」（one's own self）的感受，因它能在自我與外在世界之間作中介。第二種他者是最自然的，即其他人。他們是其他的「身體」，其他的諸「我」。自我與他者之間，或說這些諸「自我」間產生互動而形成了多樣的敘事及其權力結構。如此一來，人獲取其自身的敘事身分時，也必同時接受一種倫理性責任（ethical responsibility），他者也變為一種反向或對話性自我（the self of reciprocity or dialogue）的構成成分。第三種自我是回應性自我的結果，它也在「一己」之外，但卻以一種在我之內的「聲音」出現，即作為他者的良知（*Gewissen*; conscience）；這是自我在交互主體世界中行動時「證成」（attest）自己的一種能力。它為主體提供了激情（*véhémence*）去越出自己，以建立與他人的關係，同時又成為了使自身作成一種「他者」聲音的資源。

利科在繼續對自我的深入探索前要面對的一大問題，就是在解構式的質疑下，一種奠基性的自我觀已經不再可能，則以上所說的一種能超出自身的觀念如何可能？尤其若敘事的行動要求著解釋的話，則知識論上的探討乃不可迴避，而這卻似乎是奠基主義在面對當代挑戰下的要害。利科認為，笛卡兒的困難是他要求一種一勞永逸的檢證（verification），因此自我的存在便要借助於上帝的能力來保證，以至要費力去證明上帝的存在，但對利科來說，這卻是沒有必要的。譬如海德格便把真理的開顯視為一種本真的存在模式，致使它不帶有強烈的認知性（cognitive）。按其理解，人發現自己永遠不是獨自存活的個體，乃是活在一種已經存在的關係網絡中，並且擁有各種回應的可能性，這即海德格之實際性（*Faktizität*）和現身情態（*Befindlichkeit*）概念所展示的。[21]

利科一定程度上繼承著這條進路，但也並不完全認同海德格的看法，因為後者在《存在與時間》中發展其獨特的生存論時，恰恰忽略了知識論上的關注。但如上所述，利科卻認為「誰人」尤其身分的問題是必然地糾纏於「為何」與「甚麼」的發問。要作為一本真的自我，人必須尋索理解自我在那「所予」（given）的實際世界的理據何在，以至尋求其合法性。尤有進者，若本真的可能性是真實可能而非幻象的話，則我們不可能任由一己在那「所予的世界」中以機械式過程生成。前段提及之「生存性激情」（ontological vehemence）[22]概念，正反映利科傾向於肯定自我能對世界有一定的委身和作用。自我能越出自身與他者互動，以至影響實際世界構成的原因，不僅為要對真實（reality）或行動世界作出肯定，也是一種自我性的生存模態（a mode of existence of selfhood）；利科稱之為「證成」（attestation），而與它最接近的海德格觀念當數操心（*Sorge*）。[23]換句話說，利科似乎認為吾人會被內在良知的聲音所激活，藉著運用本真的可能性，成為一種「創造世界」（world-making）的存在者，甚至在過程中是因與他者交遇而成就的，因而不致陷入了海德格在《存在與時間》中的非本真共在（*Mitsein*）或本真之獨我的二元對立窠臼，[24]但這也必帶來自我與他者間的倫理與政治性複雜關係，非單純從本體論維度可以完全承擔的討論。

利科既拒絕了笛卡兒式奠基性主體的概念，良知便不可能成為這種討論的絕對基石，而僅為一種詮釋的結果。因此，在知識論的層面上，要「證成」真實世界便不能為笛卡兒式的檢證所承擔，故利科便稱這種生存模態為「證成」。自我的生存模態首先顯示為一種信念（*croyance*; belief），但卻不以「我相信甚麼……」（*je crois-que*; I believe that……）為形式，以致強調了知識內容，而是以一種「我確信於……」（*je crois-en*; I believe in……）的告白形態出現，即證成這種説法是對某些立場的一種「見證」（*témoignage*; testimony），[25] 猶如在法庭上的證人所作出的，故最終利科就著良知的概念宣稱：

> 或許作為哲學家需要承認，我們不知道也不能説這他者，這訓諭的來源，是另一位人物，他是我可看到其面相的或看著我的、或是沒有代表的我的祖先們，很大程度上我是因他們才能建構我的自己、或者是上帝——活著的或缺席的、又或是一空檔。哲學論述必須以這他者的疑難作為終結。[26]

利科的「純粹」哲學論述在此終結，使良知現象中關鍵性的內在聲音源頭留下了空洞，但其「神學」論述卻在此才正式起步，也即是其長期被遺忘之兩篇吉福德神學講演內容，而我們也必須以利科以上對自我存在模態的現象學詮釋理念來析讀這兩篇講稿，並將發現它們為其自我的本體論尋索，展示了一個有趣的西方思想史説明案例，卻是公開讓讀者作出裁決的。

三　吉福德神學講稿析讀：聖經信仰中的自我構成

1. 聖經作為一面鏡子：作為回應性自我的他者

在兩篇吉福德神學講演首篇之初，如上所述，利科聲明它們為一不可分割的整體，然後他便指出：

> 在一方面，我在其中討論自我是如何被猶太和基督教聖經之宗教傳統所指導著的；在另一方面，我也討論自我回應這教導的內在資源，即那決定其為一沒有強加限制形式的呼召。[27]

利科指出在這種呼召與回應的關係中，哲學為提出問題的一方而卻沒有提供答案。可是他相信，作為一個猶太或基督教徒，是回應了一種來自內心的呼召，並且是因那呼喚使人成為一具回應的自我（responsive self），[28] 所以這兩篇講稿是為利科對以上自我探尋的一個具體實例說明。

利科認為《一己猶如他者》必須以現在的形式結束，因為此以他者形式出現的內在聲音並不來自於哲學；哲學能夠發現它，卻不能確認它及其源頭。但對猶太或基督徒來說，這呼召是「從聖道而來，藏身於經卷中，並由傳統和由這些寫作而出之諸詮釋傳統傳遞」。[29] 因此，聖經便在這呼召與回應關係中，成為了一有意義之他者的角色。它具體上確為人身體以外之他者；它在閱讀過程中也成為對話的伙伴；而我們也將看到它發出呼聲，甚至可轉化成一內在樣式，召喚我們作出本真的回應行動。當然，如利科所說，這也僅為一種信念和立場，故吾人無法為其找到終極的檢證。因此，利科聲稱只有「神學」而非哲學可在這關係中提供「答案」，但「神學」在這裏並不指學科中之系統或教義神學（systematic or dogmatic theology），乃是一種回應的形式——一個被神聖召喚著的自我之回應，它遵照透過聖經而提取出來的意義所構成。[30] 因此，在首篇講演中，利科著重處理聖經作為一本書和一面鏡子之隱喻的意義，並分四個部分來處理，以下我們將作概覽並評註。

A. 聖經信仰的語言和經卷傳遞

在林貝克（George Lindbeck）討論後自由主義時代中之宗教和神學的名著《教義的本質》（*The Nature of Doctrine*）出版以後，[31] 我們知道由利科一九七〇年代起所屬的芝加哥大學神學院，和耶魯大學神學院之間有一場所謂對宗教之經驗和語言何者屬優先的爭論。雖然這種討論把雙方立場都化約了而產生失真，卻又漸漸成為一個約定俗成的討論典範，[32] 不過，利科在這講演的開端嚴正地指出，宗教的經驗和語言的緊密聯繫。一方面，宗教經驗包括士來馬赫（Friedrich D. E. Schleiermacher）所言的絕對依賴感（a feeling of absolute dependence）看來是任何宗教詮釋的源頭，信仰作為一種「經驗」或作為海德格式的存在模式，似乎是比任何語言或言說行動（speech act）更加優先的。可是從另一方面看，若信仰以至宗教經驗並不先被語言所勾勒，則其根本不能被認知和傳遞。因此，巴特（Karl Barth）的「語言事件」（*Wort Ereignis*; word event）或後繼者類似的表述才備受關注，它們所指向的無非是「言述上帝」（naming God）的可能性。對猶太—基督教社羣來說，聖經信仰和其他宗教不同的特別地方，乃言述上帝的行動是藉其正典而成就的，宗教經驗和語言表述都從那裏得來，經卷為信仰者提供了一個權威性的詮釋網絡，以至是第一層次的宗教語言。意思是說，一個人能言述上帝，是因向這人言說的聖經已經言述了上帝；而當讀者的自我面向經卷時，卻能聆聽到那位哲學不能確認之神聖他者的聲音，以致能成為一個回應的自我。[33]

這個起始性的聲言，除了為《一己猶如他者》提出之內在聲音提供了（一無法檢證的）出處外，也為現象學尤其是詮釋學設定了一個很「源初的」（*ursprunglich*）開端。對於德里達式的解構思想，文本以外的他者是難於把握的對象，吾人往往只能知曉受其影響而形成的蹤迹（trace），因此才有強調延異（*différance*）和他異性之說。[34]利科這種做法恰恰是反其道而行，從猶太—基督教傳統這一具體案例先設定了源初的他者在文本以外存在並造成影響，才去探究其形成之蹤迹——（諸詮釋）傳統——之由來，並作為詮釋者之自我的構成原素，這也成為了他把這兩篇講演排除於「哲學」作品之外的重要原因。

B. 聖經的想像性合一

隨著把源初的他者設定了後，利科要做的就是闡釋清楚何以聖經能形成一個意義傳遞網絡；用他自己的話來說，這甚至形成了一面鏡子，使自我能從其中映照出來。利科意識到，這種說法首先要求把聖經作為一個想像性的整體來理解，其內在文本結構之關聯更必先被考慮，而這應很能展現出《時間與敍事》中塑形（configuration）和再塑形（refiguration）理念的運作。[35]不過，或許因他當時要針對較廣泛背景的聽眾，利科並沒有很著意地引用這些深邃的哲學概念，反倒以弗賴（Northrop Frye）在《偉大的代碼》（*Great Code*）一書中，以文學評鑑方法所表述的意念作出闡釋。[36]

弗賴視聖經為一巨大的分枝網絡，其所用之隱喻語言對現代人來說是很陌生的，卻透過其預表功能（typological functioning）使聖經顯為一種想像性的合一（imaginative unity）。舉兩個文學性的串連例子來作說明，聖經中似乎存在著這樣的一個配對，從伊甸園、應許之地、律法和錫安之賜予、第二聖殿、耶穌宣講的天國、被期待的彌賽亞和基督徒盼望之再來之日成為一組高峯，失樂園與該隱、在埃及勞役、受非利士人和巴比倫人欺凌、第二聖殿被沾污、羅馬與尼祿等則顯為一系列深淵，它們之間在詩意結構上似乎展示出一種時間上的序列。用保羅在新約聖經中的說法，它們是預表與本體（types and antitypes）的關係；舊有的事物不會簡單地被新的所取代，但在新的事物中可以看到舊有事物的影兒，因此，若沒有了舊事的話，新的也無法被理解，兩者之間便形成了一個累進和彼此強化的串聯。用德里達式的說法，這是神聖他者遺留下的蹤迹；用《時間與敍事》的述語，這則是文本意義轉化的再塑形過程。再者，利科指出這種預表過程主要是在敍事平面上進行的，弗賴的《偉大的代碼》正是從創世記到啟示錄作一連續的預表性閱讀來展開的，它挑起讀者在這代碼中理解自己的意欲，以建構出重要理據來使自我對應且肯定它。[37]

倘若從《時間與敍事》和《一己猶如他者》的思想來察看，值得留意的是利科除了設定源初之他者，並聖經作為傳遞言述上帝的中介外，更把讀者置於對話的另一端，把聖經視為一面鏡子的類比也必須由此來理解。從利科較早期的文本詮釋理論，我們知道他對論述（*le discours*; discourse）的理解為：「一個主體欲表述自己的作為；而此表述是指向另一主體所作的；在此作為中表述主體欲傳遞一些資訊或影響對方。」[38] 因此這是一種溝通行動，而語言、文字以至文本皆未能完全把它承載下來。[39] 順此，聖經作為一面鏡子的意思，便是作為源初他者之上帝與接受此文本的讀者之溝通論述。不過，這個文本所載情節之塑形，在正典匯集成冊以前，長時間以來是開放著給讀者去重閱的，以致在歷史中繼發地出現了讀者之再塑形創作。譬如出埃及的經典故事在新、舊約聖經中便一而再地為不同時代的先知和詩人所引用，成為了信仰羣體用以詮釋當下救贖經驗的一個原型（archetype），有些後來更被納入正典文本以內，成為了上述高峯式的串連。利科指出，在正典成書以後，「正正由於除了我們作為其以外者，這文本沒有針對自身以外的東西，我們在接受這文本時，把自己與之同化並使此書成為一面鏡子」。[40]

C. 聖經作為一部多元文本

雖然聖經可以串連成一個巨大網絡，但利科也意識到對現代評鑑者來説，聖經中是存在著多元文類（genres）的。文類在這裏是指聖經中以不同形式表述的「信仰告白」（confession of faith），當中包括了敍事、先知、比喻、詩歌等不同的細小部分。[41] 利科明白到在當代的聖經研究討論中，這些多元的文類正顯示出聖經沒有單一之神學中心以至合一性。然而，利科也小心地指出，「預表式合一」和「不同文類的展示」這兩種研究方向不一定是彼此對抗的：

> 若預表式合一是在文本的前（pre-）或超（hyper-）隱喻層次來維繫的話，文類在這裏的提出，便藉一種歷史批判式註解的偶然結連和聖經神學提升至「神學前言」（*theologoumena*）的地步。[42]

利科似乎是想以「前－」和「超－」這些歐語詞彙前置，來標識預表閱讀為字面閱讀的一種延伸，因而可把它們放在同一領域來討論。然而，更重要的是，利科是把文類的劃分置於另一個討論維度上，因他知道不同聖經論述的標示，並非聖經文本的一種內在要求，而是現代文學批評的一種討論方向。[43] 去追索一個文本的字面和象喻意義時，讀者仍可在文學世界中操作；但若以文學批評的角度來標示和分析不同文類，則此現代追問者已經是把工作轉向了另一層次，而非於文本的內在世界（intra-textual world）中運作了。

這種文學分析即使添上了神學評論，對於講座的主題「論自我性」有甚麼意義？恰恰是由於如以上所分析的，在猶太—基督教信仰這個案例中，文本以外的源初他者，就是聖經多元文類皆最終指涉著的上帝。雖然不同文類皆言述著上帝，但這種文學上的多元性，卻反映出沒有任何一種文類能窮盡這位源初的他者，要從不同文類總結成之合一形象也總是延遲（deferred）著的，因為人類的理解總是有限的。相應而言，因為面向著這面鏡子而構成的自我形象也會是多元的，正如聖經中所展示出人類之多樣性回應一樣。[44] 譬如申命記便常常要求讀者「記念」上帝曾為其子民作成的事，即意味著現實上許多人是「忘記」了的，猶如先知書所記載著。[45] 總的來說，利科所指的神學前言，並無任何教條性的核心，它是聖經文本所彰顯的一種對話性結構，在其中信仰者必須面向上帝之聖道與行動，並給出一己的回應。

D. 臨界表述

以上的內容已經涵蓋了從源初他者、傳遞的文本和讀者的自我，看來頗為完滿了，然而，利科在這以外仍加入了以「臨界表述」（limit expressions）為題的一節為首篇神學講演作結，其用意是要解釋是甚麼機制，避免了吾人將對上帝的多元言述化為黑格爾式的絕對知識。利科的答案是：因上帝雖然在溝通中被言述著，卻又同時是會撤離的一位，產生出德里達式的蹤迹現象，以致文本的指涉難以被完全把捉，並且可在聖經信仰中找到許多說明例子。譬如出埃及記三章中，上帝回應摩西為自有者（I am who I am）的經典例子，在新約中耶穌雖然是道成肉身的上帝，但其宣講主要卻關乎上帝之國，而且相關之比喻和格言也往往超越人言所能描述者。[46]在這些例子中，文本的字面意義往往指向著一些讀者無法完全被把捉的隱喻意義，源初他者似乎是藉文本展現了其既顯現又撤離（manifestation and withdrawal）的現象。在聖經信仰中，上帝這種多元的形象意味著我們永不能窮盡這位不能命名者之名的意義，也表示在這源初他者面前讀者必須謙卑，放下自戀式自我，並冀求在這神聖的完全他者面前得著再塑形，以成全一更完美的自我，雖然那應同樣會是一永遠延遲著的「想像性合一」，[47]卻應成為一個理想的目標。

2. 對神聖他者的見證：被召喚的主體

倘若兩個吉福德神學講演的首部分，是要闡釋聖經如何成為猶太—基督教傳統中承納神聖他者聲音之鏡子，則下篇是在這前提下，說明主體怎樣回應這他者之召喚，而成為回應性自我的一些片斷。有趣的是，利科從希伯來聖經、新約聖經、奧古斯丁（Augustine）和近現代哲學取出了四個片斷來作說明，它們表面看來是一些沒有相干的例子，但利科卻巧妙地展示出它們之間的結構相似性，即皆對應著（神聖）他者對主體的呼召此一基本主題，而自我也由此而構成，看來這是暗示了在西方思想史的發展中，它們之間有著《時間與敍事》所提出的敍事再塑形關係。利科沒有證明這發展關係的必然性，並且也沒有此意圖，這正是何以《一己猶如他者》沒有把這兩篇講稿收入的原因。因為如上所說，這並非哲學檢證所能承擔的工作，而僅為回應主體的一個（神學性）「證成」，所以利科指出「基督徒生命模式是一種打賭和命運」，與爭競對手間並不存在可相互比較的判斷標準，[48]故有待讀者作出本真的抉擇，以致能成為一回應神聖他者的自我。

A. 先知召喚

利科以希伯來先知召命敘事，來闡述其首個回應性自我的典範，這當然包括上帝對摩西、以賽亞、耶利米等的經典性呼召與差遣例子，主角在敘事中也經歷過本真的猶豫和抉擇，但最終被上帝的話語所肯定，以致轉化為一些能在羣眾中間證成神聖他者之立場的代表性人物。[49] 利科認為這些敘事帶有一種(《一己猶如他者》式的)對話結構，人類的回應總是對應著上帝的話語和行動，這對其整個系列性的檢視有很重要的示範作用。

其中有幾點，筆者認為是特別值得提出的。首先，先知對神聖他者之源初啟示經驗固然是絕對個人性的，這沒有甚麼檢證可言，但對其個體的呼召和差遣，卻是針對一羣體而作的，因此那個體的宗教經驗以至判斷，竟導致了一整個羣體要嚴肅聆聽並作同樣的本真抉擇和回應。[50] 先知的獨我繼後弔詭地被信仰羣體取過來成為了其自我性(*ipseity*)的根源；故縱然這本關乎一個個別自我的構成，卻又關連至一個信仰羣體的身分建構。其次，這些個別例子正由於事關重大，因此原來的孤獨個人性敘事給記錄了下來，原來的生活處境(*Sitz im Leben*)化為了文字處境(*Sitz im Wort*)給傳遞，也要面對歷史上開放的多元詮釋。故此，先知的差遣並不僅對其時代和處境有所意義，其召命敘事的典範型式一旦被記述下來，便成為了該民眾的宗教傳統，這也為《時間與敘事》的再塑形循環提供了例子。[51] 第三，這些先知並非單純的傳話人，他們是在與羣眾的互動中傳述神諭，而聆聽者也不一定認同所傳遞的內容。因此，縱然其立場無法被完全檢證，卻又有合理化解釋的知識論訴求，並且這本真的抉擇可以帶來認同與不認同者之間的緊張關係，以至個體生活倫理的變化。故此，回應者在聖經敘事中往往也是受苦的中介者，其中的典型代表，當然要數第二以賽亞所載的受苦僕人，[52] 此形象也挑起了後來新約聖經作者對被釘十字架之耶穌的諸多想像和詮釋，弗賴的「巨碼」便是這現象的一個闡釋。因此，利科建議基督徒羣體應跟從猶太羣體，以這種「被召的主體」(summoned subject)來詮釋自己。[53] 這種狀況更明確反映出「證成」或作「見證」這種自我存在模式的樣式，即吾人無法提供終極的檢證，而僅能在風險中展示一己所傾向的立場。

B. 轉化成基督形象

順著以上思路，利科很自然地檢視在新約聖經中，保羅勸勉哥林多人要認同於基督的形象(參林後三 18)，並解釋這種做法何以可能、且沒有把基督變為偶像。由於希伯來律法禁止人類為上帝鑄造偶像，利科指出，保羅的理據乃在於把基督的形象析讀成反映確立於西奈山上的「上主的榮耀」(參出二十四 15～16；申五 22)，因而並非由受造物而來。但除了在信仰傳統中提供一種神學理據外，筆者認為這個基督形象典範值得注意的地方，是保羅把原本作為超越之神聖他者化成了一可見的塵世形象，並且對這形象的理解，也是對希伯來聖經文本的再塑形閱讀：基督形象權能的隱喻，既已為第二以賽亞的受苦僕人所倒置著，神聖榮耀便可由此形象所反映；故當早期教會宣認耶穌的死、生、復活是上帝榮耀的顯現時，正是延伸著這種象徵性閱讀。按著這種理解，日後基督徒的自我塑形便可以基督為模範(christomorphic)，並成為了基督教靈修傳統的奠基性隱喻。[54]

C. 內在教師形象

緊接著兩個新、舊約聖經的例子以後，利科把其論述延伸至對奧古斯丁有關「內在教師」(inner teacher)的討論，並明說這代表著「西方思想路徑中內化神聖呼召和人性回應之對應關係的重要發展」。[55] 利科指出，奧古斯丁之《教師》（*The Teacher*）中他及其子的角色，就猶如在《美諾》（*Meno*）中蘇格拉底和奴僕的位置，語言也成為了對話的主題，而兩個要留意的特徵則是：第一，老師永遠高於學生，所以他們是不能互換位置的；第二，教師看來是外在於學生，但這特徵卻被奧古斯丁所淡化，因為最終是那內在的人在一己中發現了真理，教師僅提供了協助。[56] 這情況與《懺悔錄》（*Confession*）卷十中對記憶的討論有點相仿，記憶成為了永恆真理的儲藏庫，而新柏拉圖主義的影響也比較明顯，在塑造這新形象的內化過程中起著重要作用。

不過，利科欲指出聖經的原素在這過程中也不能被忽略掉，因為希伯來聖經早已把永恆真理收歸其傳統中，譬如箴言八章 22 至 31 師的著名篇章提到，智慧在上帝創世之時已猶如工程師般參與其中，故可廣現於人世間的事物中。再者，保羅書信也曾把永恆智慧與基督形象相對連起來，以弗所書三章 16 至 17 節甚至稱聖靈就是這其中的重要聯繫，歷世歷代的信徒能以理解基督，也因他能「住在你們心裏」。[57] 但若如這些不同的智慧傳統所言，對真理的探索是不假外求的話，在自我建構的過程中，源初之呼召與回應結構，尤其外在話語的位置便幾可被忽略，故現代人對良知的討論便可出現自律式（autonomous）觀點，這也是以下最後一項利科要專門討論的形象。

D. 良知的見證

利科以回應的自我最內化的表達形式（the most internalized expression of the responding self）——良知——來完結其吉福德講座。雖然他明白到，從啟蒙時代起的倫理傳統傾向把良知視為一種自律樣式，但他認為這形象與最起始之先知召喚的結連並未切斷。利科首先指出，對良知的詮釋至少有兩點特徵是必須注意的：第一，良知作為一種內在聲音，表明其仍有著呼召的結構，而操心則是其來源；第二，良知需要作出判斷，但見證總是優先於指控（accusation），意思是一己總是先試圖證成其存在的能力，以後才可能測度出其不隸之處。[58] 綜合起來，自我便好像在召喚自身，要求一個見證自己有能力本真地存活的回應，因此，良知與自我這種作為呼召與回應的對話結構，與先知的回應和效法基督的自我便可接連起來，而利科認為一種對這現象的神學詮釋，甚至可能顛覆對良知的自律形象。

利科指出，保羅是首位把良知視為一個一般現象、並結連於超越的上帝及其宣道（kerygma）的人，正因不論是希臘人或猶太人皆有良知（συνειδήσις；參羅二 15），「因信稱義」的說法才有可能出現。在保羅的詮釋中，良知是作為一種自我知識，它把一己與善惡分別的一些步驟接連起來，但同時它也是對有關基督之宣道的接收組織。[59] 人能被稱為義，正因內在的自我回應了作為呼召的宣道，「所以良知便成為了這裏的人類學前設，沒有了它，『因信稱義』會成為一種極端外在的事件」。[60] 順此，利科認為把「良知的自律」（autonomous conscience）和「信仰的順服」（obedience of faith）對立起來是錯誤的，[61] 因為二者皆存在一種呼召與回應的結構。在這兩個神學講演開始時，他指出哲學僅能發現一把內在呼聲而無法確認它，看來已是一種暗示。

承上所述，利科甚至把康德（Immanuel Kant）和海德格對良知的理解接連至這保羅傳統上來。《一己猶如他者》將「證成」作為一種存在模式，本就是對海德格之良知分析的一種再詮釋，因此，我們才會說這兩篇神學講演是利科對自我之現象學探索給出的一個說明案例，但卻不能給出可檢證的根基：他從聖經和西方思想傳統作為反思素材，試圖重建良知的譜系；透過對自我的現象學詮釋，達到的終點是一回應呼召的自我，而這聲音是經由聖經和思想史傳遞之超越他者的呼喚。在這過程中，利科與海德格相仿，指出良知作為一種個體化原則（principle of individuation），是先於指控和判斷的：[62] 上帝個別地挑戰著吾人去承擔面向他者的責任。華萊士對此的評語是頗有見地的：「往自我性的趨向與回應他者的懇求之能力是同樣源初的（co-originary）。」[63] 然而，我們亦必須與利科一樣強調，信仰的順服在保羅傳統中並不簡單地指上帝對我們的良知說話。基督徒不因為擁有一種普遍良知而被稱義，而是因透過它得以聽到神聖呼召並作出回應，而「因信稱義」本身也是保羅因著基督復活的確信，而對固有之希伯來信仰傳統的一種嶄新詮釋，因此，難免會如先知神諭一樣，引起羣眾的不同反應和遲疑，用利科的話來說：

> 基督徒是那位在良知的呼召中辨明「認同基督形象」者。這種處理就是一種詮釋，且這詮釋是掙扎於真實可靠和理智誠實的結果。在良知的判決和效法基督的信仰之間，並不會給定或獲取「綜合」。任何綜合都仍為一種風險，一種「可愛的風險」（柏拉圖）。[64]

對利科來說，信仰永遠為一種掙扎和帶來張力，且這種狀況永不可能因著某些哲學性的虛假保障而消失。[65] 這也是信徒的命運，因此他們必須冒險相信，透過閱讀見證上帝話語和行動的聖經，認清呼召並作出回應，在塵世中見證他而構築出自我身分。這是一個永不止息的實踐使命，正如希伯來先知和新約使徒在許久以前所作過的。

四　結語

綜上所述，我們發現利科的兩篇吉福德神學講演，從猶太—基督教的聖經信仰傳統為其自我尋索哲學提供了一具體案例。作為見證人的聖經作者，把超越上帝的一些源初性啟示，包括神諭或行動以文字記載下來。這些記述被信仰羣體所閱讀和確認而流存下來，甚至引起繼後的詮釋，而這些源初和繼發的見證，皆被歷史羣體收納進正典中，成為一個巨大的網絡。後來的人在面對這些經卷時，便猶如通過一面鏡子，有可能接通往源初啟示的神聖他者，甚至聆聽到源發的呼召，可以作出回應和行動而形成本真的自我。因此，在這種面向神聖他者之呼喚而塑形自我的過程中，必定會呈現出呼召與回應的結構。可是，在經歷過不同的歷史時代和不同文化的影響後，原來超越之神聖呼聲可以進入塵世甚至變得內在，自我對其的反應便猶如一種對一己發出之聲音所作回應，形成現代對良心的自律形塑，甚至無法辨認出聲音之來源。

倘若超越之神聖呼聲的始源無法辨認，那麼自我之塑形不能覓得穩固奠基便是自然的後果，而這也是笛卡兒以後之西方思想所遭遇的掙扎。因此，自我的存在模式便顯為一種信念，要向他者「證成」一己有能力去活出本真的樣式，於是「見證」必然先於「指控」的地位。至於這種把自我和他者結連起來的動力則是本體性激情，以致會引起倫理和政治性的思考。但若說這種生存性激情是這麼重要，有見證一己的能力過於對一己不隸的指控，則一種康德式對美好生活的盼望是必然地預設著；而所謂見證，即一己在當下和未來的行動，是忠誠於過去的意向和確信。如此一來，對記憶的現象學便成為了整個探索遺下未解決的缺門，這和其相關的主題，也是利科在其末後作品《記憶、歷史、忘記》（*La Mémoire, l'histoire, l'oubli*）所要處理的，[66] 也是本書最後一章要展開的課題。

註 釋：

1. 本文曾宣讀於二〇一〇年年十月八至十一日同濟大學現象學與基督教哲學會議，感謝與會者的意見。
2. Paul Ricoeur, *Soi-même comme un autre*（Paris: Seuil, 1990）；英譯：*Oneself as Another*, trans. Kathleen Blamey（Chicago: Chicago University Press, 1992）；以下主要引用此譯本。
3. 當然，各被邀學者如何詮釋此術詞，以及如何把講座內容與之關連，歷年來皆是各司各法的，沒有一定的規範，講座詳情可參其官方網頁：http://www.giffordlectures.org。
4. 詳情讀者可參其自己的解說，載 Ricoeur, *Oneself as Another*, 23～25；對於這種「不可知論式」（agnosticism）做法，學者歷來有不同評語，有興趣者可參 Pamela Sue Anderson, "Agnosticism and Attestation: an Aporia concerning the Other in Ricoeur's *Oneself as Another*," *The Journal of Religion* 74（1994）: 65～76；Mark I. Wallace, "From Phenomenology to Scripture? Paul Ricoeur's Hermeneutical Philosophy of Religion," *Modern Theology* 16:3（2000）: 301 ～ 313；Glenn Whitehouse, "Ricoeur on Religious Selfhood: a Response to Mark Wallace," *Modern Theology* 16:3（2000）: 315～323。
5. Paul Ricoeur, "Le sujet convoqué. A l' école des récits de vocation prophétique," *Revue de l' Institute catholique de Paris* 28（1988）: 83 ～ 99；英譯："The Summoned Subject in the School of the Narratives of the Prophetic Vocation," in Paul Ricoeur, *Figuring the Sacred: Religion, Narrative, and Imagination*（Minneapolis: Fortress, 1995）, 262～275；但這原來應是一英語講座。
6. Ricoeur, "The Summoned Subject in the School of the Narratives of the Prophetic Vocation," 262 n.1 editor's note.
7. 譬如 Dan R. Stiver, *Theology after Ricoeur: New Directions in Hermeneutical Theology*（Louisville: Westminster John Knox, 2001）, 234～238；Peter Kenny, "Conviction, Critique and Christian Theology: Some Reflections on Reading Ricoeur," in *Memory, Narrativity, Self and the Challenge to Think God: The Reception within Theology of the Recent Work of Paul Ricoeur*, ed. Maureen Junker-Kenny and Peter Kenny（Münster: Lit, 2004）, 93 n. 2；兩篇章似乎也未留意到首篇講演已經出版。
8. Ricoeur, "The Self in the Mirror of the Scriptures," in *The Whole and Divided Self*, ed. David E. Aune and John McCarthy（NY: Crossroad, 1997）.
9. Paul Ricoeur, *Temps et récit*, 3 vols.（Paris: Seuil, 1983～1985），英譯 *Time and Narrative*, 3 vols., trans. Kathleen McLaughlin, Kathleen Blamey, and David Pellauer（Chicago: University of Chicago Press, 1984～1988）；以下主要引用此譯本。
10. 利科在一九九五和二〇〇一年出版了兩卷以《公義》（*Le Juste* [Paris: Seuil, 1995]; *Le*

Juste II [Paris: Esprit, 2001]）為主題的著作，而一九九九年當他訪問北京大學時，也以死刑為主題作了〈公正與報復〉（"Justice et Vengeance"）的學術報告（載《利科北大演講錄》，杜小真編〔北京：北京大學，2000〕，頁 1～21）。

11. 最重要的必須要數 *Lectures 3: aux frontières de la philosophie*（Paris: Seuil, 1994）和與 André LaCocque 的合著 *Penser la Bible*（Paris: Seuil, 1998），另 *Figuring the Sacred* 也收集了不少利科的單篇論文。
12. Martin Heidegger, *Gesamtausgabe Band 60: Phänomenologie des religiösen Lebens*（Frankfurt: Vittorio Klostermann, 1995）.
13. Ricoeur, *Oneself as Another*, "Introduction".
14. Paul Ricoeur, *From Text to Action*, trans. Kathleen Blamey and John B. Thompson（London: Athlone, 1991）, xiv.
15. Ricoeur, *Oneself as Another*, First to Fourth Study, esp. 101 ～ 111；同參 John van den Hengel, "Paul Ricoeur's *Oneself as Another* and Practical Theology," *Theological Studies* 55（1994）: 464～466。
16. 因此《一己猶如他者》的第七至九篇便關注到行動中的倫理和道德決定，另參Paul Ricoeur, "Pastoral Praxeology, Hermeneutics, and Identity," in Ricoeur, Figuring the Sacred, 303～314。
17. Ricoeur, *Oneself as Another*, Tenth Study；比照 van den Hengel "Paul Ricoeur's *Oneself as Another and Practical Theology*," 466～468。
18. Ricoeur, *Oneself as Another*, 155.
19. 參 Ricoeur, *Oneself as Another*, 3（原著頁 14）；另參 Anderson, "Agnosticism and Attestation," 67。
20. Ricoeur, *Oneself as Another*, 318 ～ 355；比照 van den Hengel, "Paul Ricoeur's *Oneself as Another* and Practical Theology," 468～469。
21. 除了《存在與時間》外，其全集第六十三卷（Martin Heidegger, *Ontologie Hermeneutik der Fatkizität* [Frankfurt: Klostermann, 1988]）是另一重要資料。
22. 利科在 *The Rule of Metaphor* 中的用語，轉引自 van den Hengel, "Paul Ricoeur's *Oneself as Another* and Practical Theology," 470。
23. Ricoeur, *Oneself as Another*, 310；比照 Martin Heidegger, *Being and Time*, trans. John Macquarrie and Edward Robinson（NY: Harper & Row, 1962）, ¶12, esp. 83～84；利科在《一己猶如他者》中運用了亞里士多德（Aristotle）的 *energeia* 和 *entelekheia* 以及斯賓諾莎（Baruch Spinoza）的 *conatus* 來重釋自我和在世存在的關係，十分精彩；惟因篇幅和主題關係，未能在此表述，讀者可參 Ricoeur, *Oneself as Another*, 314f.。
24. 筆者也理解到《存在與時間》是否必然導致這種困境，在學界中是仍在深入探討中的，但非本文所要處理的課題。
25. Ricoeur, *Oneself as Another*, 21（原著頁 33）；「見證」乃利科思想中的一個關鍵性觀念，詳參本書第二部分的討論。

26. Ricoeur, *Oneself as Another*, 355.
27. Ricoeur, "The Self in the Mirror of the Scriptures," 201.
28. Ricoeur, "The Self in the Mirror of the Scriptures," 201～202.
29. Ricoeur, "The Self in the Mirror of the Scriptures," 202.
30. Ricoeur, "The Self in the Mirror of the Scriptures," 202.
31. 林貝克：《教義的本質》，王志成譯（香港：漢語基督教文化研究所，1997）；原著 George Lindbeck, *The Nature of Doctrine: Religion and Doctrine in a Postliberal Age*（Philadephia: Westminster John Knox, 1984）。
32. 對這種狀況的評論可參 M. A. Higton, "Hans Frei and David Tracy on the Ordinary and the Extraordinary in Christianity," *The Journal of Religion* 79（1999）: 566～591；尤其註一中諸種文獻。
33. Ricoeur, "The Self in the Mirror of the Scriptures," 206～207.
34. 參本書上一章的討論。
35. 參本書第八章的討論。
36. Northrop Frye, *The Great Code*（London, Melbourne & Henley: Routledge & Kegan Paul, 1981）.
37. Ricoeur, "The Self in the Mirror of the Scriptures," 208～209.
38. Paul Ricoeur, "Philosophical Hermeneutics and Theological Hermeneutics," *Studies in Religion* 5（1975）: 17.
39. 利科對論述的觀點也可參其 *Interpretation Theory: Discourse and the Surplus of Meaning*（Fort Worth: Texas Christian University Press, 1976）。
40. Ricoeur, "The Self in the Mirror of the Scriptures," 209～210.
41. Paul Ricoeur, "Philosophical Hermeneutics and Theological Hermeneutics," 22.
42. Ricoeur, "The Self in the Mirror of the Scriptures," 210.
43. Ricoeur, "The Self in the Mirror of the Scriptures," 210～211.
44. Ricoeur, "The Self in the Mirror of the Scriptures," 212～213.
45. Ricoeur, "The Self in the Mirror of the Scriptures," 216.
46. Ricoeur, "The Self in the Mirror of the Scriptures," 216～217.
47. Ricoeur, "The Self in the Mirror of the Scriptures," 217～219.
48. Ricoeur, "The Summoned Subject," 263.
49. 利科對這典範的文類結構（*Gattungsstruktur*）仔細分析可參 Ricoeur, "The Summoned Subject," 264～267。
50. Ricoeur, "The Summoned Subject," 266.
51. Ricoeur, "The Summoned Subject," 264.
52. Ricoeur, "The Summoned Subject," 263～264；現代詮釋者認為，以賽亞的僕人詩歌共有四組：賽四十二 1～9，四十九 1～13，五十 4～9，五十二 13～五十三 12，其中以最後一組篇幅最長也最為著名，記述了受苦僕人的悲慘命運，最終卻被上帝顯以為義，成為新約作者用以詮釋基督事件的重要對象。

53. Ricoeur, " The Summoned Subject, " 266～267.

54. Ricoeur, " The Summoned Subject, " 267～268；利科也曾選擇馬可福音作為一個解讀受苦人子的案例，參其" Interpretive Narrartive, " in *Figuring the Sacred*, 181～199。

55. Ricoeur, " The Summoned Subject, " 268.

56. Ricoeur, " The Summoned Subject, " 269.

57. Ricoeur, " The Summoned Subject, " 270.

58. Ricoeur, " The Summoned Subject, " 270.

59. Ricoeur, " The Summoned Subject, " 271～272.

60. Ricoeur, " The Summoned Subject, " 272.

61. Ricoeur, " The Summoned Subject, " 274.

62. Ricoeur, " The Summoned Subject, " 273.

63. Wallace, " From Phenomenology to Scripture? " 309.

64. Ricoeur, " The Summoned Subject, " 274～275.

65. Wallace, " From Phenomenology to Scripture? " 303.

66. Paul Ricoeur, *La Mémoire, l'histoire, l'oubli*（Paris: Seuil, 2000）；英文版 *Memeory, History, Forgetting,* trans. Kathleen Blamey and David Pellauer（Chicago & London: University of Chicago Press, 2004）, xv。

10

歷史記憶的救贖能力[1]

一　引言

在以上各章我們已看到，利科是一位創作力驚人的當代思想家。按照於二〇一〇年底成立的利科館藏（Fonds Ricoeur）所載，[2] 在其許多主要作品中，最後列出的一項是其死後才被整理出版的手稿《至死活著》（*Vivant jusqu'à la mort*），[3] 內中主要是他生命中最後十年（1995～2005年）裏的一些反思片斷，並非有意識地撰寫另一部完整著作。然而，值得留意的是，這段期間正值陪伴了他六十三年的妻子患上了衰退性的疾病，並在一九九八年初去世。兩年後，利科出版了晚期力作《記憶、歷史、忘記》（*La Mémoire, l'histoire, l'oubli*），[4] 並在之前的校閱過程，向一位摯友指出他正在反思著我們「必須要死」（having-to-die）的生存狀況，卻仍堅持生命是承載著盼望的。[5] 到了二〇〇三年夏天，利科自己九十多歲的身體在當年的熱浪中也轉壞，卻仍能完成翌年出版的《承認的歷程》（*Parcours de la Reconnaissance*），[6] 並堅持片斷式的寫作直至二〇〇五年五月去世。在最後的歲月裏，利科也深刻地感受到自己將不久於人世，而在這段期間，我們從現有的殘篇發現，這位思想深邃的人文學者在深思著生存、死亡、歷史、信仰、復活等一些臨界經驗（limit experience），並似乎與其末後的幾部重要著作有著相干性。本文即希望透過解讀這些篇章，回溯式評介利科晚期的重要思想並作相應的神學反思。當然，由於《至死活著》的殘篇性質，這種解讀無可避免地是筆者的一種詮釋，然而，這正好成就了作者在書中的一個核心觀點：藉著作品的閱讀，使曾在者得以在仍在者當中活著。

二　死亡作為主題

孔子雖然早便斬釘截鐵地提出「未知生、焉知死」的斷語，然而，以「死亡」作為考察的主題，在中外思想史中始終絡繹不絕，因為這是一個真正意義上的普遍人文議題。立足於現象學傳統的利科，首先要考慮的是死亡作為其反思主題的對象若何。在上述的生平背景觀照下，當時對利科最切身的固然就是一位被愛的他者之死亡，並可把討論擴展至論及不知名的他者之死亡，以及因此而帶來的思緒、感受等。利科指出吾人在這種光景中常會出現的問題是「他仍在嗎？在哪裏？還有其他地方嗎？在甚麼形式下他對我們的眼目而言是可見的？或在別些方式下是可見的？」[7]

利科指出「死者以甚麼形式存在」這個恆久的問題，不單把死亡與死者接連，也把被愛者與一切不認識的第三者之消逝接連起來，因此，即使在一個世俗化社會中，人與死者的關係總是沒完沒了。可是，利科卻清醒地指出，不分種族國界，事實上以上皆是「活人」的提問，也可能是死亡作為主題的第一個實事（fact），即「仍活著的他人營活他們自己的死者」（others still alive survive the death of their own）。[8]故此，即使在時序上有所混亂，存活者會提出死者是否仍在，甚至是以何方式存在之提問，猶如他們跟仍在者是平行地活在同一種模態中，值得注意的是，這實事也揭示出死亡這主題最終關連至生存的問題。

順此，死亡作為主題所要檢視的第二個方向，就是從生至死作為一種消逝和終結的事件。倘若死者是因生者而仍活著的話，利科推想到他人也會照樣營活自己。那麼，我們也會期待（anticipate）人家如何營活我們，猶如在死亡以前已看到自己的死，但我們卻只能活著到一己生命的終結。可是，「在一個意義上，我明天的死（my dying tomorrow）與我明天已然死了（my being-already-dead tomorrow）是在同一個面向上」。[9] 一個在死者（dying person；如患上了末期病患者，利科和其妻子即在其中）雖然仍活著，卻是參與著一個要與生者分離、邁向無法設想之點般瞬間的歷程中。

如上所述，死亡最終是活人的提問，那麼在死者「仍然活著」（still living）這狀況便變得關鍵。利科從垂死狀態思考：生命最深層次的資源是甚麼？就是我仍然期待著，以至乎我不能不期待，即使在生命中最後的半小時仍是如此。所謂「對死之恐懼」（fear of death），正是人的內在期待因無法逾越死亡那點般瞬間之邊界所帶來的混雜意義。可是死亡卻是普遍的現象，也因此它反映出生命中的一種本質性（the Essential），甚至可說是宗教性（the religious）的維度，即人對活著懷有恩悅，縱然在生命歷程中人往往是漫不經心地度過。[10]

作為一位現象學家，利科意識到以上對垂死者的凝視，並非一種第一身對死亡之體驗，故必惹來學理上的詰難。可是正因如此，這更反映出由死作為主題轉移向生這實事的重要性。因為我們是把「在死者」視為「仍在者」，而非僅作為期待「已死者」的旁觀者，才能看到生命的本質性。利科指出，這是一種帶有憐恤（compassion）的凝視，共同受苦（suffering-with）也僅可由此理解。在這裏，「共同受苦」便是一種能與他者分享的陪伴（accompanying），二者間保持著合適的距離而非等同，卻似乎可分享著一種超越個體而內在化了的本質性，因此，死亡甚至能撕破具體宗教及其語言的帷幕，成為一個普遍的主題。[11]

然而，正是在這種理解下，利科也明白到這最終可能僅是一種擬人式的修辭技巧而已。若把在死的情況推至極端，如大瘟疫或奧斯維辛（Auschwitz）大屠殺，在大規模的死亡中，根本就沒有凝視在死者的共在者可言，那麼我們還可以如何談論死？這便使利科將筆鋒一轉至其第三方面有關惡（Evil）的討論，因為利科認為，若沒有惡的推波助瀾，死亡的威脅不會把在死者和已死者混同起來[12]——死亡根本就不是一種「經驗」（experience），而是一種在事情發生以後才出現，卻又經常迫在生者眉睫的「想像」（imagination）。[13]倘若要把大規模的在死者與死亡接連起來，死亡的威脅便往往是有計劃且針對性的，這也是根本惡（absolute Evil）的表現。故此，從古至今罪與死也經常在刑罰性神學中結合起來，因為每次的死亡都會帶來消滅，而愛則與其對敵。利科順此把問題變轉化為：「在甚麼情況下，普通的死亡會被臨界性的死亡（death at the limit）、『可怖的』死亡（"horrible" death）所污染？」當然，更重要的是，「怎樣才能掙脫這種假象？」[14]

利科指出，只有「亡魂」才可能有「死亡的記憶」（如在文學作品中），而記憶又是對過去的一種數算（recounting），這種數算倘沒有聽聞者卻不能發生，故要解決死的可怖性和因惡而起之迷惑的路徑似乎是：

> 若可怖的典範是消滅，則一般性之可怖的魔咒，必要通過記憶的作為和哀悼的作為來產生，並伴隨著那些從消滅性死亡、非一般死亡中「返回」者，以亡魂的形式作為見證人（witnesses），[15]因

此能超越——揚棄（*Aufhebung*）——文學或生命之二選其一狀況。[16]

換句話說，解決的方法惟有通過哀悼，及其居間的幫助——記憶——來消除，對那些曾活著者的記憶必須強於「對死亡的記憶」，即把他們活著的經驗傳遞下來，以致那些「亡魂」猶如仍活在我們當中，這便是對付一般死亡之必要處方。[17]

這樣緊隨利科的殘篇走了一圈以後，[18] 我們發現作為一位現象學家，他在瀕死這種臨界經驗中，仍持守著其一貫的不可知論（agnostic）哲學原則，[19] 即拒絕想像實事以外的另一面，試圖客觀化彼岸世界，而僅對此岸對象作出現象學反思。但在這種反思的同時，我們也不難察驗利科提出對曾在者的記憶作為已死者的存活方式，並由與在死者共同受苦的分享經驗，說至對死亡可怖性的治療，暗含著對《存在與時間》中的向死存在（*Sein zum Tode*）和共在（*Mitsein*）概念提出異議。當然，這批判的明確形式在《記憶、歷史、忘記》中最終出現了，正如利科詰問道：「難道吾人不應在能在被向死存在擄掠前先探索其經驗資源嗎？」[20] 而記憶固然也是此著作的一個核心概念，這便把討論引向利科更廣闊的晚期思想領域中。

三　通往晚期思想之棧道

長期以來，歷史都是利科的重要探究對象，人類在其內的實踐活動，也是他關注的重點，他的早期著作《歷史與真理》（*Histoire et Vérité*）就是一部代表性作品。[21] 當然，在其三卷本鉅著《時間與敘事》（*Temps et récit*）中，[22] 歷史更是核心探索對象之一。人類一般經驗顯明，歷史與記憶之間具有千絲萬縷的關係，也是歷來哲學探究的重點問題。利科從《時間與敘事》步向《記憶、歷史、忘記》，走了共十七年的路程，在往下的闡釋中，我們將發現這晚期的思想棧道，延續了其早年一些重要主題，包括歷史、見證、公義、信仰等，似乎要為其超逾七十年的思想歷程畫上完滿的句號，值得學界關注。

從《時間與敘事》的理路來看，利科把自我和他者結連起來的關鍵是敘事的情節化過程（*la mise en intrigue*; emplotment），在其中，他甚至發展出對時間以至歷史的人性化理解。[23] 利科的著作最後往往列出一張清單，以該書經已解答和仍待探索的問題作結束，但《時間與敘事》卻是一個例外。[24] 雷根（Charles E. Reagan）曾就此詢問利科，他回應説《時間與敘事》的確指出了一個尋索敘事身分的方向，但仍掙扎於如何組織起來，因為這無可避免地要涉及倫理與政治性的討論，而這些都是他過往的詮釋理論（指一九七〇年代起至八〇年代中期以前）較少處理的。[25] 利科甚至坦承當倫理與政治成為了議題後，「敘事便非惟一可通往時間問題的路徑」，[26] 因此他稱：

> 我可以説《時間與敘事》失敗了，但正因我説過，我們透過敘事的創造性來回應時間性的兩難（*aporia*），我們才能説這嘗試本身是兩難的（*aporetic*）。[27]

這誠然是一位哲學家在其事業高峯時的誠實告白，在隨後的十多年間，利科的確更積極地探討倫理與政治問題，[28] 而緊隨著《時間與敘事》出版的《一己猶如他者》（*Soi-même comme un autre*）便預示了這歷程的開端，[29] 因此該書在利科思想歷程中具有獨特的位置。不過，利科對自我、他者、敘事、歷史等素材的反思並不止於此，故學者近年從這路線把《時間與敘事》、《一己猶如他者》和《記憶、歷史、忘記》視為一個三部曲是一很合理看法。[30]

利科在《一己猶如他者》中指出，把自我和他者結連起來的動力是一種生存性激情(ontological vehemence)，[31] 在《至死活著》和《記憶、歷史、忘記》中提到了生命深層中的經驗資源，正好在存在者狀態的(ontical)層次上和應著，並應是可勾起倫理和政治性思考的原素，故利科在其沉思中也提及惡和其診治的問題。正如我們在以上《記憶、歷史、忘記》的引文中看到，利科欲探討的是能在的積極可能性以至是生存性激情，在《一己猶如他者》中利科把這種自我性的生存模態(a mode of existence of selfhood)稱之為證成(attestation)，並有意識地與海德格(Martin Heidegger)的操心(*Sorge*; care)觀念對照起來。[32] 簡單來說，利科認為吾人會被內在良知的聲音所激活，藉著運用本真的可能性，成為一種「創造世界」(world-making)的存在者，甚至在過程中是因與他者交遇而成就的，因而不致陷入了《存在與時間》中的非本真共在或本真之獨我的二元對立窠臼。[33]

證成作為一種生存模態，固然不會強調知識論上的內容，乃是對某些立場的一種「見證」，[34] 猶如在法庭上的證人所作出的。換句話說，證成有見證一己的能力過於對一己不隸的指控(accusation)之傾向，且是源於能在的生存性激情，則一種康德式對美好生活的盼望是必然的預設；而這裏所謂的見證，便指向一己在當下和未來的行動，是要忠誠於在過去盼望著的意向和確信。如此一來，則對記憶的現象學便成為了整個探索遺下未解決的缺門，這也是利科在《記憶、歷史、忘記》的〈前言〉中所肯定的。[35] 再者，按照利科的理解，美好生活的期盼，必然是包含著一己和他者一起的敘事，故此所牽涉的記憶，也肯定具有個體性和集體性的維度，後者便很大程度上構成了歷史的原素。

在經歷過對象徵、隱喻、文本、敘事、自我等主題的探討後，理解（*compréhension*; *Verstehen*; understanding）和解釋（*explication*; *Erklärung*; explanation）在《記憶、歷史、忘記》中對利科來說依然是重要的辯證配對。在歷史的探索上，雖然我們力求測試和檢證歷史記錄，可是吾人最終必須讓路給一種僅具可能性的知識論，因為人類總只是在掙扎著盡力憶起和表述過去，歷史學者筆下的集體性我們（collective we）也是如此形成的。[36] 不過，利科對這過程的反思已經超越了《時間與敘事》的說法，至少歷史性敘事已經不再是《記憶、歷史、忘記》中最核心的關注，替代了的是那些（曾）活著之人的記憶，如何會轉化成「外在」的歷史知識、而不是給忘記掉，這也明顯地反映在《至死活著》中的一些深思片斷中，因此，對記憶的現象學探索，在《記憶、歷史、忘記》中也置於歷史寫作之前。[37]

除卻因天真或意識形態宰制導致的忘記外，利科認為由記憶至表述的過程，必須透過一種公義的念記（just remembering）促成，關鍵正是要在表述之後，可回饋至給提供記憶者檢視，故見證的能力便十分重要。利科在《記憶、歷史、忘記》中，對此程序作了頗具體的闡述，由於證人的見證住往是我們通向事件的惟一途徑，因此見證的知識論是基於一種相信其內容（believing-that）和信賴其人（trusting-in）的結合，這和應著《一己猶如他者》的說法，即我們相信證人所說之見證是真確的，部分是由於我們信賴他為一可靠的人。然而，這不是說見證可免於受批評，因此，有時我們需要多位證人並作出作分辨，讓聆聽見證者在這交互主體世界中，作出最終接受或拒絕的判斷。[38] 這或許解釋了為何利科晚期一度對法庭和刑罰產生研究興趣，[39] 因為它們恰恰是在控辯雙方交遇之外，一個在羣眾監察下要求第三者參與仲裁的過程，符合了利科要把其現象學和詮釋學擴展至具體、涉及倫理並他者語境的意願。

利科在一九八六年的吉福特講座系列（Gifford Lectures）中，最後一篇關於先知召喚的案例，正好説明了這種抽象的討論。[40] 典型的希伯來先知神諭，往往是就著以色列人當下的社會不公現象作出批判，其中固然是環繞著一些敍事性描述，連先知宣告上帝子民未來將遭遇的困境和悔改回轉後的願景，都以敍事來承載。正如利科在講演中指出，雖然在先知敍事中僅有一個人被召喚和差遣，可是整個羣體都要聆聽並作出回應。作為聽眾的不一定會相信先知的傳言，因為在同一時間的羣體內，也可能出現敵對的聲音，所以見證者是會被質疑的。對神諭的完全確認，必須等到事情在未來發展成為定局之後，但傳言人當時很可能已不在世，而由一羣堅持確信此傳言者所見證，並將他們的記憶——對先知和其神諭的——繼續存留下來。[41]

從以上的理論和案例可見，利科是有意識地把證成的（準）知識論，應用於記憶與歷史之上，意思是説，我們除了記憶以外，已經沒有其他東西可以用來確證我們記憶的真實；除了見證和對其的批判，也沒有甚麼可以用來肯定歷史學者對過去的表述。[42] 如此一來，見證對於歷史的功能，就等同於證成對於一己生存能力的自我認知。順此，歷史學者的工作，僅是歷史運作的其中一環，其結束則在於讀者的評判，但這也是一不斷給開放著的過程，以致這工作能被確認為可「代表」（*représentance*）真正（*eigentlich*）發生過的事情。[43]

猶如在《至死活著》中利科提出以記憶作哀悼來診治根本惡的問題，《記憶、歷史、忘記》也談及記憶的責任（the duty of memory）。[44] 在面對奧斯維辛類型的根本惡面前，記憶必須在兼及他者時懷抱公義、不止於保存物質性痕迹（material trace），而是要對我們的先行者負責任，並且道德的優先性應屬於受害者。[45] 昆德拉（Milan Kundera）小說中的一句話，正切中了這當中的關鍵：「人與強權的掙鬥，實是一場記憶與忘記的掙鬥。」[46] 故此相應來說，仍活者對已死者的責任，便是把這批創生歷史（*faire l'historie*）者的記憶寫成歷史(*faire de l'histoire*)，[47] 並將此過程開放給後繼世代評鑑，[48] 讓在哀悼中受害者「亡魂」的聲音得被聽聞而非給吞噬，以致可能帶來還予公道的盼望，成就一診治性以至是救贖性的詮釋。[49]

四　復活記憶神學

在上節的敘述中，我們看到記憶在晚期利科思想中的關鍵位置，現在應補充一點他在《記憶、歷史、忘記》中的分析，以便帶出利科反思現象學對復活的特殊理解，以致幫助我們進行神學反思。

「記憶」一詞，在許多語言的表述中，既可作為名詞來指向其內容，也可作為動詞來指稱人類對過去的回溯能力，利科按著柏拉圖的分析把二者分為回憶（memorires; *mneme*）和念記（remembering; *anamnesis*），記憶的基本要義便是要在「當下」忠誠地重現（re-presentation）某些影像（image; *eikon*），而非無根地想像。然而，亞里士多德（Aristotle）卻指出，記憶本就已預設著一無法逾越的歷時差距，要完美地恢復原初性的「過去」是不可能的，因此利科認為，我們僅能在兩端之間取得平衡，他引用柏格森（Henri Bergson）在《物質與記憶》（*Matière et Mémoire*）中的一段話說：

> 想像（*imaginer*）不是念記（*se souvenir*）。無疑當念記在真實中傾向於活在一影像中，但反過來說卻是不行的。那純粹和質樸

> 的影像不會指向過去，除非它真是在過去而我也在尋找它，因此它才會順著一連續過程，並將其從黑暗中帶進光明裏。[50]

因此，記憶與一般影像的分別，恰恰是那從過去中尋索的念記能力，但這在實際情況中，也往往是一種掙扎，尤其是在惡的干擾之下。當然，催逼吾人要把那些已然不再（*n'est plus*; no longer）事件視為曾在（*a été*; having been）的，就是證成所展現的生存性激情，希冀從憐恤的共在對惡作出診治，然而這卻不能單單看成是主體的能力，而是人類處身的一種活生生的「歷史狀況」，[51] 利科認為：

> 感動（affections）是要存活、堅持、存留、持存的一種源初屬性，使得缺席和距離的印記仍得保留，其中的原則是無法在表層的痕迹中尋找得到的。[52]

倘是這樣，那麼人類整體的歷史記憶最終歸屬誰呢？這不單是一個跨代且普世性的問題，按著以上的討論，這很顯然關乎政治倫理，以至根本惡的最終解決問題，甚至涉及宗教性的思考。

有趣的是，利科在《至死活著》的手稿中有如下的一段草稿：[53]

> 盼望　—跨代的
> 　　　—普世政治的
> 　　　—教會的；如同雲彩的見證人 [54]
>
> 活著與死了的？不，活著與在活者記憶中對死者的記憶。記憶的連繫
>
> 人算甚麼，你竟顧念他！[55]

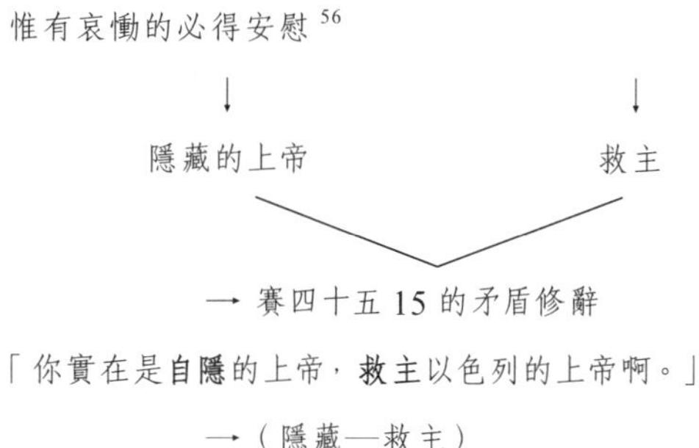

在以上一些哲理性課題的沉思當中，看來利科也從其基督信仰找到啟發。[57] 在西方思想史裏，解決根本惡的思考從來都與神義論（theodicy）扯上關係；倘若解決根本惡的方法要求一種跨世代的普世歷史（universal history）的記憶的話，那麼，僅能由一位無始無終的上帝才能處理。

如此一來，利科下一步便要設法澄清「上帝記（顧）念我（人）」的說法，因為將人置於上帝的記憶中，很容易會與把肉體生命作想像性延伸混為一談，以致違背對死亡作現象學反思的原則。利科在這裏嘗試以懷特海（Alfred North Whitehead）的歷程哲學作伴來解決這一問題。「上帝記念我」只能在其永恆的現在（eternal present）中，才能符合時間與永恆的垂直關係。利科認為，在歷程思想中，上帝的「成為」（becoming）可疇劃出（康德〔Immanuel Kant〕先驗感性論意義上的schematize）對這種神聖關切之永恆現在，甚至可使僅有瞬間存在之人的意義在上帝中產生印記，並在其中「造成實際分別」（"makes a difference" in God）。[58] 在這種想法中，利科首先處理的，是如何把這種神聖記憶的範疇論，與一種永續生命的想法區分開來。首要的是對恩典的堅信，人不能對自己期待甚麼，並且要捨棄一切的幻想，接受死者不再（與活人一樣）存在的事實，但卻深信上帝會隨其意思對自己作出所當作的，盼望也要在繼續存在的欲望之外生出。但問題是，如此一來，在上帝的記憶中我們能盼望甚麼樣的救贖？[59]

利科指出，在這裏我們需要一種對保羅式贖罪觀作出根本性的煉淨，對審判的觀念要根本性地給解神話。在上帝的記憶中，寬恕並非一種計算性的法庭性概念，人的意義問題應設想為在上帝的記憶中，在一種非連續性的時間性中，或說一種累進性的厚時（thick temporality）中，一個可給無限壓縮的總體性瞬間，其生存會否給重述（recapitulation）？[60] 這個「重述」並不容易理解，利科選擇此字，似乎有意與早期基督宗教的萬物復歸觀拉上關係，[61] 由此而產生出救贖性意義。然而，在目下這種永恆現在的範疇中，這種復歸必須給予重新解釋。在這裏，利科後來在《記憶、歷史、忘記》中積極發展，把記憶分成作為影像的回憶和念記的作為便變得重要。人僅存留在逝去回憶的影像中，在上帝永恆現在的記憶裏是沒有意義的；更重要的是那「不再」的過去（the pastness of the "no longer"）被念記，被轉化或說拯救成為「仍在」的曾在（the "still there" of the having been），為上帝所操心（God's care）。如此，我們才能避免把一種永續生命的觀念偷運回來，又能為救贖的盼望重釋意義，而上帝則仍是活人的上帝，而非死人的上帝（路二十 38）。[62]

從小便活於基督信仰傳統中的利科，明悉這種想法不很「正統」（以下我們將發現這僅與流俗的見解相左而已），然而，他卻從耶穌的說話中為其立場找到根據，並發展出一進非替代犧牲式的救贖觀。他從萊昂—迪富爾（Xavier Léon-Dufour）的著作得到啟發，[63] 指出福音書中多次引用耶穌的格言：「凡想要保存生命的必喪掉生命；凡喪掉生命的必救活生命。」（參太十 39；可八 35；路九 24，十七 33；約十二 25）這悖論性的組合，正符合了以上的構想，因為其中所指向的是兩種不同的生命，被捨棄喪掉的是塵世不能無限延續的生命，被救贖的生命卻是活在上帝操心的永恆現在中，[64] 因此，在「死亡」這一節的手稿中，利科從開頭便把「完全脱離」(perfect detachment)和「堅信於上帝的操心」(confidence in God's care)兩組思想，在圖表上平行地對照起來：[65]

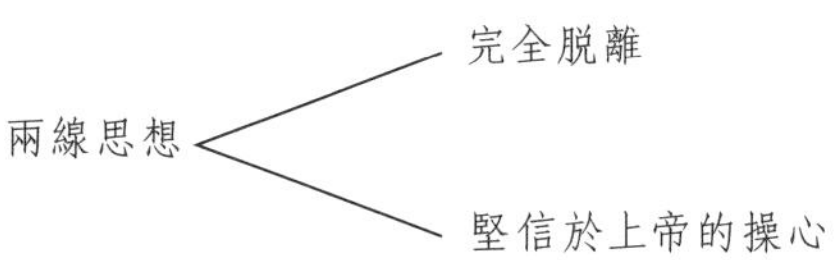

然而，在傳統基督宗教的角度仍得要問的是，那麼耶穌的死與復活有何功效？若非以一種代贖犧牲式概念為藍本，並且以肉身復活作根礎，何以這功效甚至可傳遞給他人？利科指出，問題在於我們如何理解死的效益所指向(die for the benefit of)。他留意到馬太福音二十章28節和馬可福音十章45節都提出：「人子來……並且要拾命，作多人的贖價」的公式，但這不等同於必須通過一種物質性的復活，而「贖價」更無需看作一種犧牲，關鍵是人子如何作成這種服事。[66] 在同期的一次專訪中，利科對復活這主題闡釋得更詳細。作為一個哲學家，他坦承更傾向於接受黑格爾(Georg W. F. Hegel)的看法，即把復活看成是基督教社羣內的事件。意思是説，復活基督的肉身就始於五旬節的社羣中，克勝死亡並不異於「服事」別人——被釘者的他者，復活的完滿成就也顯於這個嶄新的共同體內。[67] 藉不涉及死後生命而創生社羣的這個觀點，利科甚至談及聖餐禮，因為這餐的分享，正是一種創生社羣的禮物—服事(gift-service)。耶穌將其生命傾倒，為的就是服事在教會中被重新聯合而仍在的眾人，故其死—後續生命(death-afterlife)就展現在以聖餐形式如此行來記念祂的共同體當中，成為生命的禮物（gift of life），[68] 使這種感動或生存性激情，在這歷史性的信仰羣體中持續地點燃下去。

與此相仿，就如本文開始時闡釋過，我們的生命也可藉後來者的記憶繼續營活，而無需作出死後生命的玄思式推想。但復活的信仰在這裏仍是具有意義的，因為生命比死亡更強，不單是因其可橫向地伸展及他者，也可縱向地超升至「上帝的記憶」中。[69] 因此，在利科死前數週，當感受到肉體生命行將耗盡時，仍能寫出以下信箋與友人分享：

親愛的馬利：

在衰退之時刻

復活此詞驀然而生。超出

每個奇蹟的段落。從生命的深處，

一股力量忽然出現，它訴説存在是

抵抗死存在（being against death）。

與我一起相信這個吧。

您的友人

保羅 R.[70]

五　評論與補記

利科的「復活信仰」對於較傾向保守的大部分華人教會信徒來説或許比較陌生，甚至顯得過激。然而，正如以上數次提及，利科十分持守其哲學家身分，[71] 尤其站在現象學傳統裏，來處理這臨界經驗課題。因為不論在任何角度下，死亡與死後生命確是非當下即能作出客觀檢視的實事，多作奢談在學術平台上反變成畫蛇添足之舉，故倒不如從死轉向生，或如利科般探討生者如何理解死的問題。事實上，基督宗教的復活信仰，也從未取消過人類受時間限制這個人類學理解，因為這等同於取消了人的個體性。當代新教神學家雲格爾（Eberhard Jüngel）就曾設想：「如果一個人已經生存於誕生之前（無稽之談！），那他顯然是另一個人。可以同樣以此反駁這種荒唐的假設：人的生命可以在死之後繼續存活。『我』雖然變為無限，但『我』不再是我。根據這個普通道理，復活希望必然有別於無限延續之希望。」[72]

在漢語學界熟悉的歐陸神學家中，不少對此都心領神會，甚至與利科一樣深受黑格爾之復活觀念所啟發，來發展神學的社羣性討論。譬如近年深受華人教會稱頌的潘霍華（Dietrich Bonhoeffer；或譯朋霍費爾）在其社羣神學的奠基性作品之一《行動與存在》（*Akt und Sein*）中，便藉吸納黑格爾的復活觀來發展其「基督存活成活眾」（Christ existing as congregation）的意念，用以針對他所謂巴特（Karl Barth）之「啟示實證論」（positivism of revelation）問題。[73] 巴特後來似乎對此也有所感，順這路線來發展其「信仰的類比」（*analogia fidei*），試圖藉聖靈在教會中的經世活動，來闡釋基督當下仍可在此世中向世人啟示的課題。[74] 晚一輩的雲格爾在其早年作品《死論》（*Tod*）中，已發展出有如利科上述對復活和救贖的理解：

> 對復活的希望實質上是對上帝的希望。只有將實施拯救的上帝奉圭臬，拯救之希望才不致落空。拯救的實質在於，這個已經度過的生被拯救，而不是將人贖出這個生。拯救意味著：上帝解救已經度過的生，受到限制的塵世生命分有上帝的生命，終將結束的生命時間分有上帝的永恆，負有罪過的人類生存分有上帝的榮耀。分有上帝的榮耀意味著負罪的人生獲得光榮的拯救。有限的生命

> 作為有限的生命獲得永恆。但恰恰不是通過無限延長：靈魂不死乃欺人之談，而是通過分有上帝自己的生命。我們的生將庇護於他的生之中。在這種意義上，復活的希望可以簡潔地表達為：「上帝是我的彼岸」，即我們的曾在，他當之無愧。我們的個人將是我們的敞開的歷史。[75]

在提出這個看法時，雲格爾表明他乃受到巴特的影響，甚至直接題引後者在《教會教義學》（卷三/2）（*Kirchliche Dogmatik* III/2）中的說法：

> 人作為人沒有彼岸。作為人的造物主、同盟者、審判者和救主，上帝已經在人的生之中並最終、完全和絕對地在人的死之中，過去、現在和將來都是人的忠實的相對者，這就是人的彼岸。人作為人是此岸的，所以他走向終結和死亡，所以他終將不復在，如像他過去不曾在。即使作為這種曾在者，他也不是虛無，而是將分有上帝的永恆生命，這就是他在這種與上帝的相對關係中獲得的承諾，這就是他的希望和信念。[76]

我們當然不是說，漢語學人對復活和救贖的反思必須沿著這條進路前行，可是它卻顯出幾個好處。首先，靈魂不朽本非源自繼承猶太信仰的基督宗教之學說，即使是向希臘文化人說話的早期東方教父，基督復活的救贖意義，在他們來說，也並非時間上無限延續意義上的不朽，而是對死亡的克勝，以致能發展成可征服一切惡勢力的萬物復歸論，也是信徒在基督裏能對上帝抱有終末盼望的原因，在這點上，我們從上文已看到利科的觀點極具親和性，故有潛力為現代人發展出一種具哲理性的教義論說。

第二，順著這種哲理邏輯，利科發展出與雲格爾相仿的觀點，但他卻是取道於英美的歷程思想，並更傾向於關注上帝的永恆現在性。從這方向我們不單也可發展出神學與哲學的對話，更是歐陸與英美思想的對話，現象學與歷程哲學的對話。當然，長年穿梭於英、法、德學界的利科，從來都是作批判性綜合與對話的佼佼者。漢語人文學界過去個多世紀以來，都竭力在吸納和轉化西方思想，以上所提的幾方面，無不是這幾十年來中國學人的關注點，故利科的說法，也給我們從死亡這個真正普遍的論題上，提供一個方便的切入點，與諸種西方思潮對話。

第三，筆者以為在這個論題上，不論漢語或西語學界不應單就利科照著講，也應接著講，因為在其中我們不難找出仍待完善處。譬如就著救贖這個主題來看，即使我們認同利科可不費勁去談死後生命，又或以計算式或經濟學的腦袋來設想拯救，但若惡是如此的根本，而公義原則又必須貫徹，則難免會產生出一種裁決式思想，以致發展出他欲迴避的刑罰性神學。再者，若我們已肯認了死對肉體生命延續的絕對中斷，而若惡是如此的根本，則分有上帝永恆之生，豈非令所有人也擔負了無可挽回的罪責，尤其已死者已無可能再糾正生之種種？這也正是基督教教義一直堅持探討人要從罪中拯救這觀點的原因。

在這點上，筆者認為學人值得考慮發展《記憶、歷史、忘記》中有關忘記的討論，因為這可引申至對寬恕的思考，但利科卻承認這是他完成全書後才發現的重要主題，故只能在後記中發揮。[77] 利科在書中所言的忘記，主要針對的並非因過去痕迹磨滅了而產生的那種，而是指向在歷史現實中人類記憶的有限制性，卻對其存在所產生的正面功能。倘若記憶涉及人念記過去回憶的能力，則忘記除了顯示人類這方面能力的有限性外，也告訴我們總有一些資源是在我們能力以外存留著的，所以我們有時能記起，有時卻忘記。這即是說，縱使那些過去了的事件不再在，卻無人可令它們變成不應在。因此，最終我們牢記著甚麼和忘記了甚麼便與倫理問題緊密相連，也牽引著寬恕這課題。

倘若吾人是因與他者共在而產生生存性激情，並因對根本惡而生出憤慨和堅持公義，則寬恕絕不可能是淺薄地塗抹某些真相的回憶。正如以上已經指出，利科認為哀悼正是透過讓真相大白，使事件得到公義的評價，致使惡的問題得到修復，那麼寬恕也不能繞過這程序而行。相反，寬恕的精神是要在一個沒有憤怒的平和狀態中指出惡的問題。[78] 故此，有過犯者永不能與過去的過犯事件分離，因為這不單不符合公義原則，也違背了已成就的事實（無法變成不應在）。但正如忘記顯示出記憶能力的有限，而實事卻遠超於此；照樣，過犯也彰顯了人類整體行動能力的有限性，但寬恕的精神卻相信過犯者的存在能力（能在）應超逾其在過犯中所顯明的。[79] 然而，利科恰當地指出，寬恕並非一種責任，它僅能是一種祈願式（optative mood），[80] 它盼望創造出一個復和的空間，讓過犯者顯出其潛在可有的能力。再者，由於寬恕既可以是私下的，也可以是公開的，因此它不單盼望著過犯者個體生存的重生（regeneration），也期待他可與羣體重建關係。[81]

當然，《記憶、歷史、忘記》所處理的是此岸的問題，但以上的論點不難引發出神學性思考。那個被期待著可在個體與羣體層面上得著重生的過犯者，豈非就是活在路德（Martin Luther）設想的「同時是義人與罪人」（*simul iustus et peccator*）的狀態中嗎？活在永恆現在中的上帝，豈非應是一位記憶能力沒有限制的絕對他者嗎？倘若公義必須堅持，難道受赦罪的人豈不是沐浴於上帝寬恕式解放的恩典中嗎？並且，這位施恩者盼望人要念記這因寬恕而來的生存性激情而邁向至善，用基督教義的說法，這即漫長人生中要努力不懈的成聖（sanctification）之途，或許也是一個可與中國修身觀念展開對話的重要議題。[82] 故此，當人生命一日尚未殆盡，利科在此書末了的話著實值得吾人細味：

在歷史之下，記憶與忘記。

在記憶與忘記之下，生命。

但寫作生命是另一個故事。

尚未完成。[83]

註 釋：

1. 本章修訂自林子淳：〈歷史記憶的救贖能力——對利科後期著作的神學性解讀〉，將載於《道風：基督教文化評論》第三十五期（2011 秋）。
2. 參 http://www.fondsricoeur.fr；瀏覽於 2010 年 12 月 21 日。
3. Paul Ricoeur, *Vivant jusqu'à la mort*（Paris: Seuil, 2007）；英文版 *Living up to Death*, trans. David Pellauer（Chicago & London: University of Chicago Press, 2009），本篇引文主要譯自此版本。因寫作本文時未能接觸原法語版本，故抱歉未能為讀者提供關鍵詞彙的原文。
4. Paul Ricoeur, *La Mémoire, l'histoire, l'oubli*（Paris: Seuil, 2000）；英文版 *Memeory, History, Forgetting*, trans. Kathleen Blamey and David Pellauer（Chicago & London: University of Chicago Press, 2004）。
5. Ricoeur, *Living up to Death*, 93～94.
6. Paul Ricoeur, *Parcours de la Reconnaissance*（Paris: Seuil, 2004）.
7. Ricoeur, *Living up to Death*, 8.
8. Ricoeur, *Living up to Death*, 10.
9. Ricoeur, *Living up to Death*, 12.
10. Ricoeur, *Living up to Death*, 13～16.
11. Ricoeur, *Living up to Death*, 17～18.
12. Ricoeur, *Living up to Death*, 22～26.
13. Ricoeur, *Living up to Death*, 30.
14. Ricoeur, *Living up to Death*, 29～30.

15.「見證」(*témoignage*, testimony)在利科的整體思想中佔有極重要的地位，詳參本書第二部分。

16. Ricoeur, *Living up to Death*, 31 ~ 32.

17. 利科早在一九八九年一篇紀念猶太人大屠殺的演詞中，已提出過通過記憶之悼念這途徑，參 Paul Ricoeur, "The Memory of Suffering," in *Figuring the Sacred*, by Paul Ricoeur, (Minneapolis, MN: Fortress, 1995), 289 ~ 292。

18. 至此，我們仍徘徊在《至死活著》(*Living up to Death*)的首篇文稿 "Up to Death: Mourning and Cheerfulness"。

19. 對利科這種不可知論的做法，學者歷來有不同評語，有興趣讀者可參 Pamela Sue Anderson, "Agnosticism and Attestation: an Aporia concerning the Other in Ricoeur's *Oneself as Another*," *The Journal of Religion* 74 (1994): 65 ~ 76；Mark I. Wallace, "From Phenomenology to Scripture? Paul Ricoeur's Hermeneutical Philosophy of Religion," *Modern Theology* 16:3 (2000): 301 ~ 313；Glenn Whitehouse, "Ricoeur on Religious Selfhood: A Response to Mark Wallace," Modern Theology 16:3 (2000): 315 ~ 323。

20. Ricoeur, *Memeory, History, Forgetting*, 357；整體的批判參頁 352 ~ 393。

21. Paul Ricoeur, *Histoire et Vérité* (Paris: Seuil, 1967 3rd ed.)；中譯本：《歷史與真理》，姜志輝譯(上海：上海譯文，2004)。

22. Paul Ricoeur, *Temps et récit*, 3 vols. (Paris: Seuil, 1983 ~ 85)，英譯 *Time and Narrative*, 3 vols., trans. Kathleen McLaughlin, Kathleen Blamey, and David Pellauer (Chicago: University of Chicago Press, 1984 ~ 1988)。

23. 對此著作中一些重要概念的漢語闡釋和神學反思，可參本書第七章。

24. Charles E. Reagan, *Paul Ricoeur: His Life and His Work* (Chicago: Chicago University Press, 1996), 112.

25. 但這並不是說，利科出道以來都不談這些問題，其早年有關意志哲學的作品便明顯地針對實踐哲學範疇；對其思想的概覽可參本書第一部分。

26. Reagan, *Paul Ricoeur*, 114.

27. Reagan, *Paul Ricoeur*, 114 ~ 115.

28. 利科在一九九五和二○○一年出版了兩卷以《公義》(*Le Juste* [Paris: Seuil, 1995]; *Le Juste II* [Paris: Esprit, 2001])為主題的著作，而一九九九年當他訪問北京大學時，也以死刑為主題作了〈公正與報復〉("Justice et Vengeance")的學術報告(載《利科北大演講錄》，杜小真編〔北京：北京大學，2000〕，頁 1 ~ 21)。

29. Paul Ricoeur, *Soi-même comme un autre* (Paris: Seuil, 1990)；英譯：*Oneself as Another*, trans. Kathleen Blamey (Chicago: Chicago University Press, 1992)；漢語學界對此著作的討論及神學解讀，可參上一章。

30. 譬如：Mark D. Gedney, "The Hope of Remembering," *Research in Phenomenology* 36 (2006): 318；Michael A. Johnson, "Review on *Memory, History, Forgetting*," *Anglican Theological Review* 89 (2007): 105。

31. 利科在 *The Rule of Metaphor* 中的用語，轉引自 John van den Hengel, "Paul Ricoeur's *Oneself as Another* and Practical Theology," *Theological Studies* 55（1994）: 470。
32. Ricoeur, *Oneself as Another*, 310；比照 Martin Heidegger, *Being and Time*, trans. John Macquarrie and Edward Robinson（NY: Harper & Row, 1962）, 12, esp. 83～84；利科在《一己猶如他者》中運用了亞里士多德的 *energeia* 和 *entelekheia* 以及斯賓諾莎（Baruch Spinoza）的 *conatus* 來重釋自我和在世存在的關係，十分精彩；惟因篇幅和主題關係，未能在此表述，讀者可參Ricoeur, *Oneself as Another*, 314f.。
33. 筆者也理解到《存在與時間》是否必然導致這種困境，在學界中是仍在深入探討中的，但非本文所要處理的課題。
34. Ricoeur, *Oneself as Another*, 21（原著頁 33）。
35. Ricoeur, *Memory, History, Forgetting*, xv.
36. Ricoeur, *Memory, History, Forgetting, part 2*, 133～280.
37. Ricoeur, *Memory, History, Forgetting, part 1*, 1～132.
38. Ricoeur, *Memory, History, Forgetting*, 163～166.
39. 參上註 28 的作品。
40. 在此值得一提的是，利科在這地位崇高的講座裏原包含了兩篇神學講演，但因他希望《一己猶如他者》以哲學著作形式出版，故僅在別處分拆刊出，使得這兩篇神學講演鮮有討論。兩次講演現刊於"The Self in the Mirror of the Scriptures," in *The Whole and Divided Self*, ed. David E. Aune and John McCarthy（New York: Crossroad, 1997）, 201～220；"The Summoned Subject in the School of the Narratives of the Prophetic Vocation," in *Figuring the Sacred*, by Ricoeur, 262～275；這方面的探討可參上一章。
41. Ricoeur, "The Summoned Subject in the School of the Narratives of the Prophetic Vocation," 263～267.
42. Ricoeur, *Memory, History, Forgetting*, 278.
43. Ricoeur, *Memory, History, Forgetting*, 236, 248, 274 ～ 278；同參Johnson, "Review on *Memory, History, Forgetting*," 109。
44. Ricoeur, *Memory, History, Forgetting*, 86f.
45. Ricoeur, *Memory, History, Forgetting*, 89.
46. 米蘭・昆德拉：《笑忘錄》，莫班平譯（北京：社會科學，1992），頁 2。
47. Ricoeur, *Memory, History, Forgetting*, 297～298.
48. Ricoeur, *Memory, History, Forgetting*, 333.
49. Ricoeur, *Living up to Death*, 39～40；在這論題上的進一步闡釋，可參鄧紹光：〈記憶之救贖力量〉，載氏著：《終末・教會・實踐——莫特曼的盼望神學》（香港：基道，1999），頁 147～148。
50. Ricoeur, *Memory, History, Forgetting*, 52（原著頁 63）。
51. Ricoeur, *Memory, History, Forgetting*, 280.
52. Ricoeur, *Memory, History, Forgetting*, 427（原著頁 554）。

53. Ricoeur, *Living up to Death*, 4；強調為文稿原有。
54. 應指向新約希伯來書十二章 1 節。
55. 應指向舊約詩篇八篇 4 節。
56. 應指向新約馬太福音五章 4 節。
57. 利科在手稿中也有談及其生來而在的基督信仰傳統，並其與哲學的關係，但因篇幅和論題所限，在此不表，讀者可參 Ricoeur, *Living up to Death*, 62 ~ 70。
58. Ricoeur, *Living up to Death*, 43；編者指出 "makes a difference" 這片語在利科的手稿上是以英語寫出的，之後在頁 86 連 "in God" 二字亦然；若對照於利科同期的一個專訪，這片語應是取材於歷程神學家哈爽（Charles Hartshorne）的 *Concept of God: Philosophical and Theological Responses*（Dordrecht: Kluwer, 1990）；參 Paul Ricoeur, *Critique and Conviction: Conversations with François Azouvi & Marc de Launay*, trans. Kathleen Blamey（Cambridge: Polity, 1998）, 158。
59. Ricoeur, *Living up to Death*, 44.
60. Ricoeur, *Living up to Death*, 46.
61. 這種觀念許多早期教父包括愛任紐（Irenaeus）和俄利根（Origen）都提出過，並有深厚的保羅神學淵源，簡論可參林榮洪：《基督教神學發展史（一）》（香港：中國神學研究院，1990），頁 207 ~ 211；帕利坎：《基督教傳統：大公傳統的形成》，翁紹軍譯（香港：道風書社，2002），頁 214 及以下。
62. Ricoeur, *Living up to Death*, 47 ~ 48.
63. Xavier Léon-Dufour, *Life and Death in the New Testament: the Teachings of Jesus and Paul*, trans. Terrence Pendergast（San Francisco: Harper & Row, 1986）.
64. Ricoeur, *Living up to Death*, 49 ~ 51.
65. Ricoeur, *Living up to Death*, 41.
66. Ricoeur, *Living up to Death*, 53；馬太福音二十章 28 節整句原為：「正如人子來，不是要受人的服事，乃是要服事人，並且要捨命，作多人的贖價。」
67. Ricoeur, *Critique and Conviction*, 152 ~ 153；這觀點在利科的早期思想中已經出現，並成為他建構其「後黑格爾—康德主義」（post-Hegelian Kantianism）的原素，詳參本書第二部分。
68. Ricoeur, *Living up to Death*, 54 ~ 55.
69. Ricoeur, *Critique and Conviction*, 159.
70. Ricoeur, *Living up to Death*, 96.
71. 利科甚至在 *Living up to Death* 的一份殘篇中，一開始便表明「我不是一位基督徒哲學家」，其意思是哲學家就如畫家和音樂家，加上了「基督徒」一詞作修飾對原來的專業身分是沒有區別的，參頁 69。
72. 雲格爾著：《死論》，林克譯（香港：三聯書店，1995），頁 128；利科早在一九八四年一篇論及馬太福音十六章 25 節的佈道文末處也已提到過雲格爾，故其對死和復活的看法或許也受到他的影響，參 "Whoever loses their lives for my sake will find it," in *Figuring*

the Sacred, by Ricoeur, 284 ~ 288。

73. 參 Charles Marsh, *Reclaiming Dietrich Bonhoeffer*（New York & Oxford: OUP, 1994），81 ~ 109。

74. 漢語學界的綜合性討論可參林子淳的兩篇文章：〈巴特：啟示實證論者？——從潘霍華看巴特的啟示觀〉，載《巴特與漢語神學》，鄧紹光、賴品超編（香港：道風書社，2008 再版），頁 241 ~ 260；〈論巴特思想中的觀念論痕跡與可能出路〉，載《巴特與漢語神學II：巴特逝世四十周年紀念文集》，歐力仁、鄧紹光編（香港：道風書社，2008），頁 197 ~ 214。

75. 雲格爾：《死論》，頁 128 ~ 129。

76. 轉引自雲格爾：《死論》，頁 130 ~ 131。

77. Ricoeur, *Memeory, History, Forgetting*, 494.

78. Ricoeur, *Memeory, History, Forgetting*, 456.

79. Ricoeur, *Memeory, History, Forgetting*, 460 ~ 462.

80. Ricoeur, *Memeory, History, Forgetting*, 418, 456.

81. Ricoeur, *Memeory, History, Forgetting*, 495.

82. 溫偉耀在這方面已作出了一定的貢獻，參溫偉耀：《生命的轉化與超拔——我的基督宗教漢語神學思考》（北京：宗教文化，2009），第二部分的幾篇文章。

83. Ricoeur, *Memeory, History, Forgetting*, 506.

附錄：術語對照表

a été; having been　曾在
absolute　絕對
accusation　指控
Addresse　收信人
Affections　感動
agents　執行者
alienation　異化
allegorical reading　寓意式閱讀
alterity　他異性
anamnesis; remembering　念記
anticipate　期待
Aneignung; appropriation　體認；挪用
Anwendung; application　應用
apodictic　必然真的
aporia, aporetic　兩難
apprehension　統覺
approximation　向近性
archetype　原型
ascription　歸屬法
astronomical time　天文學上的時間
atemporal　無時間性
attest, attestation　證成
audience　聽眾
authorial-discourse interpretation　原論詮釋
autonomie; autonomy　自主性
Befindlichkeit　現身情態
being against death　抵抗死存在
being-there　存在於此
being until death　至死存在
biological time　生理時間
calendar time　月曆上的時間
canonical criticism　正典評經法
canonical status　正典地位
christomorphic　基督為模範
common sense　一般共識
compassion　憐恤
comprendre de soi; self-understanding　自我理解
compréhension; *Verstehen*; understanding　理解
confession of faith　信仰告白
configuration　塑形
configurative　塑形化

configured time　塑形時間
consensus　共識
cosmic time　宇宙時間
creative repetition　創意重複
croyable disponible
可行的可信性
croyance; belief　信念
culminative　累進式
Dasein　此在
Darstellung　表現
deconstextualizing,
decontextualized　去語境化
deferred　延遲
demystification　去神祕化
Denken　思想
diachronic　歷時性
dialogism　對話主義
différance　延異
discours; discourse　論述
discreteness　分散性
dissimulative　掩飾性
distanciation　間距化、遠離化
domesticated　馴化
domination　宰制
don　禮物
donner　贈與
durée; *Dauer*; duration　持續
eigentlich Möglichkeit
本己可能性
eikon; image　影像
empirical verification　經驗檢證
Entfremdung　剝奪
Entäusserung　外在化
entwerfen　籌劃
episodic　片斷性
equiprimordial　同等源初的
Erkennen　認識
Erschliessen; disclose　開顯
eschatology　終末論
eternal present　永恆的現在
ethical existence　倫理存活狀態
exegesis　註釋
existence　生存
existential disclosure
生存性開顯
existential interpretation
生存論詮釋
existential recognition
生存論確認
explication; *Erklärung*; explanation
解釋
exterioriztion　外在化
fact　實事
Faktizität　實際性
figural　象喻式
figurative　圖像化的
foundationalism　奠基主義
fully mediated　完全傳遞
Gebilde; figuration　架構
genre　文類
geoffenbarte Religion　啟示宗教
Gestalten　形式
Gewissen; conscience　良知
gift of life　生命的禮物

gift-service　禮物—服事
Given　給定的
God's care　上帝所操心
hermeneutics of suspicion
　懷疑詮釋
hierarchical　有層級
historical time　歷史時間
human institutions
　人世間的制度
hypothetical　假說的
ideal moment　理想時刻
idem　同樣
identité; identity　身分、同一性
illocutionary　語言表現
immanence　內蘊性
imitation　模仿
immediacy　當下直接性
immediately present　當下在場
in-der-Welt-sein, being-in-the-world
　在世存在
inspiration　靈感
integration　統合
intensification　強化效果
intentional fallacy　意向性謬誤
interiorization　內在化
internal time　內在時間
intersubjectivity　相互主體性
intertextuality　互文性
intra-textual world
　文本的內在世界
intrigue; plot　情節
ipse; ipseity　自我、自我性

kenosis　自我降卑
kerygma　宣道
langue　語言
Lebenswelt　生活世界
limit experience　臨界經驗
limit expressions　臨界表述
lived time　生活時間
living present　活著的當下
locutionary　非語內表現
manifestation　顯現
médiation; mediation
　傳遞、中介
memorires; mneme　回憶
metonymy　換喻
métaphore; metaphor　隱喻
metaphorization　隱喻化
mimesis; μίμησις　摹擬
la mise en intrigue; emplotment
　情節化、情節構築活動
Mitsein　共在
Myth; μῦθος　神話
n'est plus; no longer　不再
naming God　言述上帝
narrativité; narrativity　敘事性
natural theology　自然神學
non-ostensive reference
　非實體指涉意
normativity　規範性
nostalgia　鄉愁
objectification　客觀化
objectivation　客體化
operative　運作性

parabolization 比喻化
parole 話語
particularity 個殊性
passivity 被動性
patients 承受者
perlocutionary 語言表達效果
physical time 物理時間
poetic 詩意
point-like instant 點一般的瞬間
possible world 可能世界
post-Hegelian Kantianism
後黑格爾—康德主義
practical wisdom 實踐智慧
prefiguration 預塑形
prefigured time 預塑形時間
prescription 處方
productive reference
創造性的指涉
proposed world 建議世界
propositional content 命題內容
recapitulation 重述；萬物復歸
reconciled 調和
reconstruct 重構
recontextualizing 再語境化
redescribe 再描述
reenactment 重演
référence; Bedeutung; reference
指涉意
referent 指涉
refiguration 再塑形
refigured time 再塑形時間
réflexif; reflexive 反思
reflexive self 反思自我
regeneration 重生
remake 重造
responsive self 回應的自我
retrospection 回溯式觀望
Sachkritik 主題批判
sacrificium intellectus
理智的犧牲
sanctification 成聖
schematise 圖式化
second naïveté 第二次天真
sein zum Tode 向死存在
Selbst-Darstellung 自我表現
self-denial 捨棄自我、捨己
semantic autonomy 語意自主性
semantic function 語意功能
semantic innovation 語意發明
sens; *Sinn*; sense 本意、意義
sign 符號
signified 意指
signifier 能指
signification 意涵
signifying structure 意指架構
Sitz im Leben 生活處境
Sitz im Wort 文字處境
Sorge; care 操心
speech act 言說行動
Spiel; play 遊戲
split-reference 指涉分離
structural analysis 結構分析
structuralism 結構主義
subjectivation 主體化

suffering-with　共同受苦
summoned subject　被召的主體
surplus de sens; surplus of meaning 意義盈餘
synchronic　共時性
témoignage; *Bezeugung*; testimony 見證
temporal　歷時
thematic　主題性
theodicy　神義論
theologoumena　神學前言
totalization　總體化
tout autre; wholly other 全然的他者
trace　蹤迹、痕迹
transcendental illusion　先驗幻相
transfigure　轉化
troop　借喻
types and antitypes　本體
typological　預表式
Umwelt　周圍世界
universal history　普世歷史
universel; universality　普遍性
ursprunglich　源初的
utopia　烏托邦
vehemence　激情
verification　檢證
Vernunft　理性
Verstand　知性
Verwandlung　轉化
Vorstellung; representation　表象
Welt; world　世界
withdrawal　撤離
world-making　創造世界
the world of the text　文本世界
Wort Ereignis; word event 語言事件

緊扣時代服事教會

以文字傳揚基督真道

讀者意見表

衷心多謝你購買本社書籍。本社一直致力以出版事工服事教會，幫助信徒扎根於神的話語，促進靈命增長。為使我們的出版更能滿足你的需要，請填寫下列各項資料，並寄回或傳真予本社。

所購書籍：____________________

本書最吸引你的地方：

☐作者 ☐適切性 ☐文筆 ☐設計 ☐實用性

☐其他：____________________

購買本書地點：

☐基道書樓 ☐基督教書店 ☐非基督教書店

性別：☐男 ☐女 職業：____________________

信仰：☐基督徒 ☐非基督徒

年齡：☐ 16 歲或以下 ☐ 17～25 歲 ☐ 26～35 歲 ☐ 36～55 歲 ☐ 56 歲或以上

學歷：☐中三或以下 ☐中五 ☐預科 ☐大學 ☐研究院

☐我欲更多了解基道出版社的事工及考慮支持，請寄給我下列資料：

☐機構簡介 ☐新書資料 ☐基道會員通訊

☐《基道文字事工通訊》

姓名：____________________電話：____________________

地址：____________________

____

傳真：____________________ 電子郵件：____________________

其他意見：____________________

____

多謝賜教！

基道出版社

意見表可以傳真（2687-0281）或直接郵寄以下地址：
香港沙田火炭坳背灣街26號富騰工業中心1011室
基道出版社編輯部收